Peter Bender

ZWEIMAL DEUTSCHLAND

Eine ungeteilte Nachkriegsgeschichte 1945–1990

Mit dem Essay
»Erinnern und Vergessen« (2008)

Pantheon

Das Buch ist zuerst 2007 unter dem Titel »Deutschlands Wiederkehr. Eine ungeteilte Nachkriegsgeschichte 1945–1990« im Verlag Klett-Cotta, Stuttgart, erschienen.

Den Essay »Erinnern und Vergessen. Deutsche Geschichte 1945 und 1989« hat Peter Bender kurz vor seinem Tod in SINN UND FORM 5 (2008) veröffentlicht; Abdruck mit freundlicher Genehmigung von SINN UND FORM.

FSC
Mix
Produktgruppe aus vorbildlich bewirtschafteten Wäldern und anderen kontrollierten Herkünften
Zert.-Nr. SGS-COC-1940
www.fsc.org
© 1996 Forest Stewardship Council

Verlagsgruppe Random House FSC-DEU-0100
Das für dieses Buch verwendete FSC-zertifizierte Papier
Munken Premium liefert Arctic Paper
Munkedals AB, Schweden

Der Pantheon Verlag ist ein Unternehmen der Verlagsgruppe
Random House GmbH.

Erste Auflage
Januar 2009

Umschlaggestaltung: Büro Jorge Schmidt, München
Karten: Rudolf Hungreder, Leinfelden
Druck und Bindung: GGP Media GmbH, Pößneck
Printed in Germany 2009
ISBN 978-3-570-55074-8

www.pantheon-verlag.de

INHALT

Das wahrste Studium der vaterländischen Geschichte wird dasjenige sein, welches die Heimat in Parallele und Zusammenhang mit dem Weltgeschichtlichen und seinen Gesetzen betrachtet, als Teil des großen Weltganzen, bestrahlt von denselben Gestirnen, die auch anderen Zeiten und Völkern geleuchtet haben, und bedroht von denselben Abgründen und einst heimfallend derselben ewigen Nacht und demselben Fortleben in der großen allgemeinen Überlieferung.

JACOB BURCKHARDT, *Weltgeschichtliche Betrachtungen*

I.

DAS VERGESSENE LAND

Wir sind alle in Deutschland zu Haus.

BUNDESKANZLER WILLY BRANDT
in seiner ersten Regierungserklärung 1969

»Was ist Deutschland?« fragte Anfang der siebziger Jahre ein Propagandist der DDR und gab gleich selbst die Antwort: »Der Name eines Hotels in Leipzig«. Bald danach hieß auch dieses Hotel nicht mehr »Deutschland«, sondern »Hotel am Ring«. Kurz zuvor hatte der Herr des sowjetischen Imperiums den künftigen Herrn der DDR in die Pflicht genommen: »Deutschland gibt es nicht mehr, das ist gut so.« Was Leonid Breschnew seinem deutschen Gefolgsmann Erich Honecker verordnete, das hatte François Mauriac mit böser Ironie in ein geflügeltes Wort gebracht: »Ich liebe Deutschland so sehr, daß ich zufrieden bin, daß es zwei davon gibt.« Breschnew und der französische Nobelpreisträger sprachen aus, was fast alle wünschten und hofften, die mit einem der deutschen Staaten im Bunde standen.

Andere zweifelten, daß die deutsche Zweistaatlichkeit Bestand haben werde, besonders Franzosen und Polen vermochten sich nicht vorzustellen, wie eine Nation für immer geteilt bleiben könne. Staatspräsident Charles de Gaulle erklärte im März 1959: »Die Wiedervereinigung der beiden Teile in ein einziges Deutschland, das vollkommen frei sein soll, scheint uns das normale Schicksal des deutschen Volkes zu sein.« Mieczyslaw Rakowski, der letzte Ministerpräsident der Volksrepublik Polen, hegte unbeirrbar die gleiche Überzeugung. Beide waren sich einig über die Zweitrangigkeit aller Ideologie, der Franzose verachtete sie und sah nur auf die »nationale Persönlichkeit«, der Pole sprach aus der Erfahrung seines Landes, nach der Nationen länger lebten als politische Glaubensbekenntnisse.

Unbezweifelbar ist: Deutschland existierte bis zum Herbst 1949, also bis zur Gründung zweier neuer deutscher Staaten, und es existierte wieder nach dem 3. Oktober 1990, also nach der Vereinigung von Bundesrepublik und DDR. Sollte es dazwischen Deutschland nicht gegeben haben? Hat es sich wie der Phoenix verbrannt und stieg dann aus der Asche neu hervor? Möglich erscheint das durchaus. Schon in den achtziger Jahren war umstritten, ob man weiter von Wiedervereinigung sprechen solle oder von Vereinigung, also Neuvereinigung. Für die große Mehrheit der Westdeutschen war die Bundesrepublik geworden, was ihr Name sagte: Deutschland; das Land zwischen Elbe und Oder war die DDR. Der Mehrheit lagen die westlichen Nachbarstaaten, frei, wohlversorgt und leicht zugänglich, näher als der ärmere, unfreie und schwer zugängliche Osten des eigenen Landes. Bei den Ostdeutschen fragt sich: Wohin sind sie nach der Maueröffnung gelaufen, in den Westen oder nach Deutschland? Wären sie auch gelaufen, wenn hinter der Westgrenze der DDR Frankreich gelegen hätte? Sehr wahrscheinlich nur wenige. Wären sie gelaufen, wenn die Bundesrepublik ärmer gewesen wäre als die DDR und ebenso unfrei? Sehr wahrscheinlich nicht. Sie liefen, übersiedelten in immer größerer Zahl und wählten im März 1990 die Parteien, die sich für eine Vereinigung mit der Bundesrepublik stark machten, weil sich der Westen in deutscher Gestalt darbot und Deutschland in westlicher Form.

Aber auch wenn die Deutschen Deutschland seit den sechziger Jahren allmählich vergaßen, im Osten weniger, so besagt das noch nichts gegen seine weitere Existenz. »Man kann von einem Erbe zehren, ohne viel davon zu wissen ... Menschen handeln, denken und fühlen, geleitet von einem Bewußtsein, dessen Wurzeln ihnen nur selten deutlich sind«, schrieb der Althistoriker Werner Dahlheim über die Nachwirkung Roms. Die Nachwirkung Deutschlands wird erkennbar im Handeln, Denken und Fühlen der Deutschen in Ost wie West. Gemeinsam waren ihnen die prägende Erfahrung Hitler und Krieg, die niederziehende Kenntnis von Auschwitz und die unentrinnbare Notwendigkeit, mit den Folgen fertigzuwerden. Sie mußten nicht nur ihr verwüstetes Land wieder aufbauen, sondern auch die politischen und seelischen Verwüstungen zu heilen versuchen, die Deutsche in Europa angerichtet hatten, nicht zuletzt bei sich selbst. Sie mußten sich bemühen, glaubwürdig zu werden als gewandelte Deutsche, die Nationalismus und Gewaltbereitschaft hinter sich hatten und deren Staaten beanspruchen konnten, als gleichberechtigt und gleichgeachtet in die Staatengesellschaft aufgenommen zu werden.

Weder die Bundesrepublik noch die DDR, weder die Westdeutschen noch die Ostdeutschen konnten sich diesen Pflichten entziehen, obwohl beide es zuweilen versuchten. Die Herausforderungen, denen sie sich zu stellen hatten, waren die gleichen. Ihre Antworten fielen meist unterschiedlich aus, die Gleichheit der Pflichten aber läßt einen gemeinsamen Untergrund erkennen, in dem sich Deutschland erhalten hat. Nach der staatlichen Vereinigung zeigte sich sogar, daß viele Fragen weiterlebten und eine neue oder endgültige Antwort brauchten, die erst das souveräne, selbstverantwortliche Land geben konnte.

Die vierzigjährige Existenz zweier deutscher Staaten hat die Existenz Deutschlands mehr und mehr in Frage gestellt, aber nicht aufgehoben. Bundesrepublik und DDR blieben, solange sie bestanden, aufeinander bezogen. Gerade die Zeiten der schlimmsten Feindschaft ließen erkennen, daß hier eine Nation mit sich selbst kämpfte: So böse streitet man nur mit dem Bruder. Keiner konnte vom anderen absehen, auch wenn er es wollte. Jeder folgte seinen eigenen Grundsätzen und Erfordernissen, aber meist mit einem Blick auf den Konkurrenzstaat. Keiner durfte sich eine Blöße geben, jeder wollte – möglichst überall – der bessere sein.

Für Bonn und Ost-Berlin rangierten zwar die Bewahrung und das Wohlergehen des eigenen Staates stets vor dem Wunsch nach einer Vereinigung Deutschlands; beide redeten auch mehr von Einheit, als sie dafür taten, beide fanden sich schließlich mit der Teilung ab. Aber schon die Sprache zeigt, daß da ein Rest geblieben war, ein wesentlicher Rest. Zuerst gab es in Bonn nur »Wiedervereinigungspolitik«, dann sprach man von »Deutschlandpolitik«, was mehr sein sollte als Politik mit der DDR, also dem Ganzen zu dienen hatte. Als die DDR allmählich nicht mehr nur ein Feind zu sein schien, kam eine Bezeichnung in Mode, die Politiker und Autoren in der DDR manchmal, etwas zögernd, übernahmen: Nun gab es »deutschdeutsche« Beziehungen.

Keine Regierung und keine Partei am Rhein konnte es sich leisten, keine Politik für Deutschland zu betreiben; zumindest der Schein mußte gewahrt bleiben. Als die Hoffnung auf staatliche Einheit schwand, sollte wenigstens die Einheit der Nation erhalten werden. Als jüngere Jahrgänge auch von Nation nichts mehr wissen wollten, konnten sie sich der Pflicht zur Solidarität mit den Landsleuten schwer entziehen, die für Hitler doppelt hatten büßen müssen.

Auch die deutschen Kommunisten kamen von Deutschland nicht los, schon allein deshalb, weil die Ostdeutschen schwer davon loskamen. Die SED-Führung blieb, solange sie regierte, deutschlandpolitisch aktiv. Ob sie Einheit propagierte oder leugnete, ob sie Bonn mit Vorschlägen bedrängte oder Abgrenzung zur Bundesrepublik betrieb, die »nationale Frage« ließ ihr innen- wie außenpolitisch niemals Ruhe. Als die DDR in den achtziger Jahren finanziell und wirtschaftlich in Not geriet, suchte und fand sie Hilfe nicht mehr bei den Klassenbrüdern im Osten, sondern bei den Stammesbrüdern im Westen. Nicht mehr Moskau, sondern Bonn gab die nötigen Kredite.

Die Nachkriegsgeschichte Deutschlands war daher nicht nur, wie es meist erscheint, eine Geschichte der Unterschiede und Gegensätze, sie war auch eine Geschichte der Parallelen und Ähnlichkeiten. Bundesrepublik und DDR entstanden nicht aus eigenem Willen, sondern auf Anordnung der Besatzungsmächte. Beider innere Verfassung und außenpolitischer Standort war vom Tag ihrer Geburt bestimmt, keiner hatte die Freiheit, das politische Land seiner Gründungsväter zu verlassen. In Bonn und in Ost-Berlin setzten sich daher die Politiker durch, die aus fester eigener Überzeugung anstrebten, was ihre Vormächte wünschten: eine unlösbare Bindung der Bundesrepublik an den Westen und der DDR an den Osten.

Beide deutsche Staaten brauchten Jahrzehnte, bis sie das Mißtrauen gegen Deutsche und Deutschland leidlich, aber nie gänzlich überwanden. Beide mußten ihre politische Zuverlässigkeit beweisen, um Handlungsspielraum und schrittweise Gleichberechtigung mit ihren europäischen Nachbarn, nicht aber ihren Vormächten zu erlangen. Beide verschafften sich Respekt durch wirtschaftliche Erfolge; als ökonomische Größen gewannen sie politisches Gewicht. Beide waren sehr um ihre Sicherheit besorgt und daher bestrebt, sich in ihrem Bündnis unentbehrlich zu machen. Sie entwickelten sich zu den Frontstaaten und eifrigsten Vorkämpfern ihrer Allianz, beide wurden zu Wächtern über die Einigkeit ihres Lagers, zu Kritikern der Säumigen und Abweichler, Bonn avancierte zeitweise zum »Juniorpartner« Amerikas. Beide hatten durch den Kalten Krieg Bedeutung erlangt und fürchteten Entspannung. Die Deutschen waren die letzten in Europa, die sich dem allgemeinen Streben nach Interessenausgleich zwischen West und Ost anschlossen. Für beide ging es dabei nicht nur um Außen-, sondern ebenso um Innenpolitik.

Allmählich aber ermüdeten sie in einem Kampf, der keinen Sieg versprach und viel Kraft kostete. Beide entdeckten, daß Entspannung auch ihnen nützen konnte. Zugleich erfuhren sie, daß ihre Vormächte nicht nur halfen, sondern auch hinderten. Sie suchten sich zu emanzipieren, soweit die Blockdisziplin es erlaubte; die Bundesrepublik begann früher und kam viel weiter. Beide entwickelten schließlich ähnliche Vorstellungen über ihre Lage in Europa: Sie blieben treue Mitglieder ihrer Bündnisse, waren aber darauf bedacht, daß zwischen den Bündnissen Ruhe herrschte und praktische Vernunft Konflikte verhütete.

Auch ihr Verhältnis zueinander entwickelte sich. Unversöhnliche Feindschaft milderte sich nach zwei bis drei Jahrzehnten zur Gegnerschaft, die dann auf manchen Feldern sogar begrenzte Partnerschaft ermöglichte. Jeder führte sein eigenes, vom anderen grundverschiedenes Leben, man entfremdete sich und kam doch nicht voneinander los. Schließlich versuchten beide, sich aneinander zu gewöhnen, und allmählich wurde ihnen klar, daß sie nicht nur gegensätzliche, sondern auch übereinstimmende Interessen hatten und in mancher Hinsicht miteinander weiterkämen als gegeneinander.

Auf diesem Wege fortzufahren, die Gegensätze zu verringern und die Gemeinsamkeiten auszubauen, um die Zweistaatlichkeit so erträglich wie möglich werden zu lassen, wurde zur Deutschlandpolitik aller Regierungen in Bonn. Ost-Berlin folgte mit der Einschränkung, die DDR wie bisher gegen den Westen abzugrenzen, und der Absicht, aus dem Arrangement so viel ökonomischen Vorteil zu schlagen wie möglich. Für beide gab es keine Alternative, weil das Kräftegleichgewicht zwischen Washington und Moskau unverändert und unveränderbar erschien. Die SED-Führung erklärte die deutsche Frage für erledigt, die Bonner Kanzler sahen keine Möglichkeit zu einer Lösung und beschränkten sich auf unbestimmte Andeutungen über eine unerkennbare Zukunft, in der sich die Deutschen hoffentlich »wieder begegnen« (Brandt), in »bisher nicht vorgestellter Form unter ein gemeinsames Dach kommen« (Schmidt) oder »wieder zusammenkommen« (Kohl). Alle drei meinten, auch das werde Jahrzehnte oder Generationen dauern und könne nur gelingen als Ergebnis großer Veränderungen in Europa. Alle drei mieden das Wort Wiedervereinigung und sprachen von Selbstbestimmung, was eine staatliche Vereinigung bezeichnen konnte oder Demokratie in der DDR.

Doch mit Gorbatschow begann die Sowjetunion, sich vorsichtig zu wandeln, die DDR erstarrte, die SED-Macht verfiel, die Ostdeutschen durchbrachen die Mauer und überfluteten die Bundesrepublik, von den Bundesbürgern ungläubig staunend begrüßt, vielerorts herzlich aufgenommen. In wenigen Wochen war vergessen, was über die Unendlichkeit der Teilung gesagt worden war. Niemand zweifelte mehr, daß es Deutschland noch gab.

II.

WAS DEN DEUTSCHEN GESCHAH

1.

SCHULD, SCHANDE UND SCHICKSAL

> O Deutschland, bleiche Mutter!
> Wie haben deine Söhne dich zugerichtet
> Daß du unter den Völkern sitzest
> Ein Gespött oder eine Furcht!
>
> BERTOLT BRECHT

Als die Deutschen im Sommer 1945 begannen, sich über ihre Lage klarzuwerden, mußten sie eine dreifache Niederlage erkennen – militärisch, politisch, moralisch. Anders als im Ersten Weltkrieg war Deutschland an allen Fronten geschlagen und wurde bis zum letzten Quadratkilometer erobert und besetzt. Anders als im ersten Krieg blieb ihm nicht die geringste militärische Möglichkeit, die gesamte Wehrmacht befand sich in Gefangenschaft, wer Glück hatte in westlicher, Millionen in sowjetischer. Anders als nach dem ersten Krieg fanden viele Heimkehrer keine Heimat mehr, sie war zerbombt oder polnisch oder sowjetisch geworden.

Auch die politische Niederlage des Jahres 1945 war total. Nach dem Ersten Weltkrieg blieb das Deutsche Reich bestehen, nach dem zweiten gab es nicht einmal mehr einen deutschen Staat. Nach dem ersten hatte Deutschland noch eine Regierung, nach dem zweiten übernahmen die vier Besatzungsmächte, Amerikaner und Russen, Briten und Franzosen, die »oberste Regierungsgewalt«. Die Deutschen mußten froh sein, daß die Sieger ihre Teilungspläne aufgegeben hatten und Deutschland wenigstens als Besatzungsgebiet erhalten blieb. Es war rechtlos, hatte niemanden, der es nach außen vertrat, seine Grenzen, sein staatlicher Wiederaufbau, die Neuordnung seiner Wirtschaft – nichts davon wurde mit den Besatzungsmächten von gleich zu gleich ausgehandelt, alles Wesentliche verfügten die Sieger.

Besiegt und entmündigt zu sein, war schlimm, aber daraus konnte man sich allmählich wieder hocharbeiten. Schlimmer war die Schuld und die Schande, die Deutschland moralisch zu vernichten drohten. Die Alleinschuld am Ersten Weltkrieg hatte es begründet zurückweisen können, die Schuld am zweiten war unabweisbar. Die abgehackten Kinderhände, von denen im ersten die gegnerische Propaganda sprach, waren böswillige Verleumdung, die Klagen der Völker im Osten über Versklavung und Ausmordung ganzer sozialer Schichten benannten schreckliche Wahrheiten. Jenseits menschlichen Begreifens, weder zu militärischem Zweck noch aus politischem Kalkül erklärbar, blieb der fabrikmäßige Millionenmord an Juden und anderen »minderwertigen Elementen«.

Krieger sind gefährlich, fanatisierte Massenmörder aber sind unheimlich. Die Deutschen erschienen anders als andere Völker, und zwar von Natur aus. Wie ihnen Hitler zuvor eingeredet hatte, sie seien die geborenen Herren, so hörten sie nun, sie seien die geborenen Anbeter der Macht, ebenso Untertanen wie Unterdrücker. Auch wo nicht übertrieben wurde, herrschten Zweifel: Können die Deutschen sich ändern? Können sie, wenn sie wieder zu Kräften kommen, Frieden halten? Können sie glaubwürdige Partner für die Nationen Europas werden?

Den Taten und Untaten der Deutschen entsprachen die Maßnahmen der Sieger. Sie begnügten sich nicht mit einem strengen Friedensvertrag, der Deutschland militärische Beschränkungen auferlegte, sondern nahmen das Land selbst unter Kontrolle, indem sie es ohne Zeitbegrenzung besetzten. Sie versuchten, für die Zukunft vorzusorgen, indem sie den Deutschen ihre Staatsform vorschrieben, in den westlichen Besatzungszonen die Demokratie, in der östlichen das Sowjetmodell. Sie unternahmen sogar, was kaum je zuvor ein Sieger versucht hatte, die Deutschen durch Umerziehung zu ändern.

Das Ziel aller Bemühungen kam in einem Flugblatt zum Ausdruck, das im Sommer 1945 verteilt wurde: »Die Niederlage, die Deutschland durch seine eigene Überheblichkeit erlitten hat, wird nie wieder durch Waffengewalt abgeändert werden. Wie immer sich auch das politische Gesicht der Welt gestalten möge, die vereinten militärischen Kräfte, die Deutschland jetzt besiegt haben, werden jedem zukünftigen deutschen Angriffswunsch geschlossen im Wege stehen.« Die Bannung der deutschen Gefahr blieb oberstes Ziel der Sieger und Forderung ganz Europas in Ost wie West. Noch nach einem halben Jahrhundert wurde die Vereinigung Deutschlands nur möglich, weil es sich zu Rüstungsbeschränkungen verpflichtete, seine Soldaten weiterhin der Nato unterstellte und weil die Amerikaner als befreundete Kontrollmacht in Deutschland blieben.

Deutschland hat nach seiner dreifachen Niederlage viel erdulden müssen, aber aus unterschiedlichen Gründen. Der Abscheu, der ihm vielfach entgegenschlug, die Verachtung, die es zu spüren bekam, die Ausgrenzung aus der europäischen Völkerfamilie, die es erst langsam überwand – all das hatte seinen Hauptgrund in deutscher Schande, in Auschwitz und dem Vernichtungskrieg im Osten. Die Besatzung, vielfältige Beschränkungen und Kontrollen, die Deutschland auferlegt wurden, mußte es ertragen, weil es fast ganz Europa mit Krieg überzogen hatte und weiter als gemeingefährlich galt, hier lag der Grund in eigener Schuld. Was ihm aber sonst widerfuhr, der Kalte Krieg und die Teilung, gehörte in die Verantwortung der Siegermächte, das war Schicksal.

Vergessen oder verdrängt wurde aber lange, daß die Ursache auch für dieses Schicksal, wie für alles, was den Deutschen nach 1945 geschah, bei ihnen selbst lag. Ohne den deutschen Krieg hätte es keine deutsche Niederlage gegeben, hätten sich Russen und Amerikaner nicht an der Elbe die Hände gereicht und dann ganz Europa in Regie genommen. Ohne den deutschen Krieg hätte es auch keinen Kalten Krieg gegeben.

Aber nur wenige Politiker der Bundesrepublik wagten, das

auszusprechen. Deutschland sei »durch eigene Schuld, jedenfalls nicht ohne eigene Schuld« geteilt, mahnte Bundeskanzler Willy Brandt 1970 die Westdeutschen. Und mit der Bestätigung der Oder-Neiße-Grenze zu Polen werde nichts preisgegeben, »was nicht längst verspielt worden war … von einem verbrecherischen Regime, vom Nationalsozialismus«. Anderthalb Jahrzehnte später erinnerte Bundespräsident Richard von Weizsäkker: »Wir dürfen nicht im Ende des Krieges die Ursache für Flucht, Vertreibung und Unfreiheit sehen. Sie liegt vielmehr in seinem Anfang und am Beginn jener Gewaltherrschaft, die zum Kriege führte.«

2.

DAS GEBROCHENE KREUZ

> D-Mark und Goldmedaillen bilden den Kern des deutschen Nationalbewußtseins.
>
> RUDOLF VON THADDEN

Hitlers Krieg hatte die Deutschen nicht zum versprochenen großen Sieg, sondern in die Katastrophe geführt – Millionen gefallen, Millionen gefangen, Millionen heimatlos auf der Flucht, viele Städte in Trümmern, das Land besetzt von den Feinden. Von Krieg und Soldat-Sein wollte kein Deutscher mehr etwas wissen, und wie sich bald zeigte, handelte es sich dabei nicht nur um eine Augenblicksreaktion, sondern um eine dauernde Folge der Niederlage. Als die Bundesrepublik zehn Jahre nach dem Krieg wieder Soldaten brauchte, hieß die populärste Parole »Ohne mich«. Als die DDR die Nationale Volksarmee gründete, wagte sie es nicht, die allgemeine Wehrpflicht einzuführen. Sie tat es erst fünf Jahre später, nachdem sie 1961 die Mauer in Berlin gebaut hatte und keiner mehr weglaufen konnte. In beiden Staaten erreichte das Militär nicht einmal annähernd wieder sein früheres Ansehen. Vom Stolz der Kaiserzeit, »gedient« zu haben, und der kaum bezweifelten Selbstverständlichkeit der Hitlerzeit, zwei Jahre Wehrdienst abzuleisten, war fast nichts geblieben. In der Bundesrepublik wuchs die Gewohnheit, »aus Gewissensgründen« den Wehrdienst zu verweigern; in der DDR lockte manchen, sich länger zu verpflichten, nur die Gewißheit, danach einen Studienplatz zu erhalten.

Die Deutschen hatten wieder Soldaten, aber sie wollten Frieden, das wollten auch alle anderen Nationen, die den Weltkrieg erfahren hatten, aber nicht unbedingt. Die Amerikaner führten schon 1950 Krieg in Korea, später in Vietnam, Westeuropäer führten Krieg, um ihre Kolonien zu sichern oder zurückzuerobern; sogar gegen die Verstaatlichung des Suezkanals durch Ägypten zogen Briten und Franzosen zu Felde. Die Erinnerung an den Weltkrieg schreckte alle, aber es war ein Unterschied, ob er mit einer Siegesparade zu Ende gegangen war oder mit dem Marsch in die Gefangenschaft.

Die Deutschen waren zu einer Wiederbewaffnung nur bereit, wenn sie allein der Verteidigung diente. Das Grundgesetz der Bundesrepublik verbot schon die Vorbereitung eines Angriffskrieges, die DDR-Verfassung von 1968 versicherte, »niemals einen Eroberungskrieg« zu unternehmen oder die Streitkräfte »gegen die Freiheit eines anderen Volkes« einzusetzen. Der zweite Halbsatz durfte bezweifelt werden. An der Unterdrükkung des Freiheitswillens der Tschechen und Slowaken beteiligte sich die DDR zwar nur mit Stäben, nicht mit Truppen, zur Unterdrückung der polnischen Solidarność jedoch standen DDR-Einheiten an der Oder bereit. Die Friedenspropaganda der SED-Führung übertraf ihren Friedenswillen, aber trotz oder auch wegen dieser Propaganda verfestigte sich der Friedenswille der Ostdeutschen nur noch mehr. Die Westdeutschen demonstrierten für den Frieden, für nichts anderes so massiv und so massenhaft bis in die achtziger Jahre. Die Deutschen hier wie dort wurden, was sie früher nie waren und was sie von anderen unterschied, ein Volk von Pazifisten. Nach ihrer Vereinigung ergaben sich daraus Schwierigkeiten und Möglichkeiten.

In der Einstellung zu Krieg und Militär spiegelte sich der Wandel, den die geschlagene Nation erfuhr: mit der dreifachen Niederlage brach beinahe alles zusammen, was Deutsche hochgehalten hatten. Den Glauben an den Führer hatte der Führer selbst zerstört. Vom Reich zu sprechen, was in den ersten Nachkriegsjahren noch geschah, wurde grotesk in einem Lande, das viergeteilt unter fremder Besatzung stand und später zweigeteilt darum bangte, wenigstens als Nationalstaat seine Einheit zu bekommen. Verloren ging auch das heilige Deutschland, das Graf Stauffenberg in seinem letzten Satz vor dem Erschießungskommando beschwor. Nach Hitler war Deutschland nicht heilig, sondern verteufelt, es war schon schwer, überhaupt Deutscher zu sein.

Im ganzen Land herrschte eine große geistige Leere. Die meisten füllten sie mit angestrengter Bemühung um das Nächstliegende, das Überleben und den Wiederaufbau. Sie flohen vor allem, das früher ihr Selbstbewußtsein begründet hatte, vor der Nation und der Macht, vor der Geschichte und der Politik. Manche Bürgerliche suchten, da es politisch mit Deutschland nichts mehr war, Halt und Rettung in der deutschen Kultur, die Überlegenheit begründen sollte über die amerikanische Zivilisation und die russische Barbarei. Viele verharrten in ratlosem Trotz: Alles konnte doch nicht falsch gewesen sein in den vergangenen zwölf Jahren, und alles wäre noch gut, wenn »der Hitler den Krieg nicht angefangen hätte«.

Die Leere zeigte sich in einer tiefen inneren Unsicherheit, die sich im Laufe der Jahrzehnte verringerte, aber auch durch die Vereinigung und den Wiedergewinn voller Souveränität nicht überwunden wurde. Kein Land in Europa machte sich so viele Sorgen um seine »Identität« wie die Bundesrepublik. Nicht alles war feuilletonistische Mode, auch ernsthafte Köpfe beschäftigte immer wieder die Frage, was nach Hitler die Deutschen seien und was sie sein sollten. Kein anderes Land hatte so viel Not mit der Nation: Was Nation eigentlich ist? Ob man sie braucht oder fürchten muß? Wie man damit umgeht: den Anfängen wehren oder behutsam pflegen, damit nicht die Falschen sich des Worts und der Sache bemächtigen? Nirgendwo sonst in der Alten Welt wurde so eifrig nach Ersatz für die Nation gesucht: Muß das Vaterland überhaupt ein Land sein, oder kann auch die Demokratie zur Heimat werden? Soll sich Patriotismus an der Verfassung entzünden? Muß Europa die Nation ablösen?

Kein anderes Land in Europa war so emsig und ängstlich darauf bedacht, im Ausland keinen schlechten Eindruck zu machen. Berichte und Befragungen darüber, wie die anderen über die Deutschen dachten, hatten in der Bundesrepublik allezeit Konjunktur. Wenn Hakenkreuze geschmiert, jüdische Friedhöfe verwüstet oder Ausländer angegriffen wurden, richtete sich der Blick der Bonner Politik meist mehr nach außen als nach innen; das bedrohte »Ansehen Deutschlands in der Welt« machte vielen Verantwortlichen mehr Sorge als die Krankheitssymptome im eigenen Land. So geschah allzu oft aus Rücksicht auf die anderen, was man um seiner selbst willen hätte sagen und tun müssen.

In der DDR ging die innere Unsicherheit weiter, weil der SED-Staat zweifach in Frage gestellt wurde: Im Osten blieben Zweifel, ob der Sozialismus den Nationalsozialismus überwunden habe, im Westen betrachteten viele den SED-Sozialismus als Fortsetzung des Nationalsozialismus. Hinter beidem stand das Mißtrauen gegen Deutsche. Die Bürger der DDR litten unter der doppelten Nicht-Anerkennung, sogar die Opposition wurde von der polnischen Opposition nicht für voll genommen: Deutsche im Widerstand waren für Polen nicht vorstellbar. Die Repräsentanten des SED-Staates beantworteten die Zweifel ihrer Genossen mit ideologischer Arroganz, die alle Bruderparteien verärgerte und nicht einmal vor den sowjetischen Kommunisten Halt machte. Es waren zwei Seiten derselben Medaille, die Übervorsicht in Bonn und die Überheblichkeit im östlichen Berlin.

Auch mit der Nation hatte die DDR ihre Schwierigkeiten. Zwei Jahrzehnte lang war sie verfassungsrechtlich anerkannt, aber nachgeordnet dem Sozialismus. Anfang der siebziger Jahre wurde sie gespalten in eine sozialistische DDR-Nation und eine zurückgebliebene bürgerliche Nation in der Bundesrepublik. Aber die Konstruktion war viel zu künstlich, um auch nur von einer Minderheit der Ostdeutschen übernommen zu werden. Wie das Grundgesetz, so gut es sich bewährte, keine Heimat gab, so vermochte es der SED-Sozialismus schon gar nicht.

Was sich in Deutschland verändert hatte, zeigte sich beim Umgang mit den großen nationalen Verlusten. Fast ein Viertel des Reichsgebiets war amputiert, viel geringere Verluste hatten nach dem Ersten Weltkrieg Freikorps in den bewaffneten Kampf getrieben. Was damals allen Parteien unerträglich erschien, die Ostgrenzen von Versailles, wurde nun als die »Grenzen von 1937« zum unerreichbaren Gipfel aller Wünsche.

Ost-Berlin wie Bonn wollten die Oder-Neiße-Grenze nicht hinnehmen, aber die DDR wurde nach einem vergeblichen Revisionsversuch von Stalin gezwungen, sie anzuerkennen. Sie machte dann aus der Not eine Tugend und rühmte sich der »Friedensgrenze«. Die Bundesregierungen erkannten die Grenze zwar (bis 1970) nicht an, doch mehr als Worte und Noten widmeten sie der Sache nicht; selbst ihre Rhetorik blieb durch Verschwommenheit meist gemäßigt. Beide deutsche Staaten hatten niemals eine Politik zur Zurückgewinnung auch nur eines Teils der Ostgebiete, die Bundesrepublik weigerte sich lediglich zwanzig Jahre lang, den Verlust anzuerkennen.

Die einzige Vertriebenenpartei, der »Bund der Heimatvertriebenen und Entrechteten« (BHE), überlebte die fünfziger Jahre nicht, Bestand hatten als Interessenvertretung nur die Vertriebenenverbände. Sie bildeten eine riesige Lobby, setzten berechtigte Ansprüche ihrer Mitglieder durch und stifteten politisch viel Unheil, weil sie Illusionen wachhielten und die Ostpolitik aller Bundesregierungen stark behinderten. Aber gefährlich wurden sie nie, weder in der Innen- noch in der Außenpolitik.

Auch die Opfer bewiesen eine bemerkenswerte Zurückhaltung. Sie hatten Flucht, Umsiedlung oder Vertreibung erduldet, hatten Angehörige, allen Besitz und ihre Heimat verloren, viele mußten bis weit in die fünfziger Jahre in Lagern leben; Arbeitslosigkeit und Aussichtslosigkeit beherrschten lange ihr Dasein. Es waren zwölf Millionen, doch sie machten keine Revolution, keine soziale und keine nationale. Sie bildeten keine OAS wie die Algerien-Franzosen, keine PLO wie die Palästinenser, sie wurden keine Terroristen. Sie fanden bei den Einheimischen wenig Solidarität, wurden mehr als Störer denn als Landsleute in Not betrachtet, aber bemühten sich dennoch mit großer Energie, in ihrer neuen Heimat eine Lebensgrundlage zu schaffen.

Mit gutem Grund gilt die Eingliederung der Vertriebenen als

große sozialpolitische Leistung der Bundesrepublik. Auch der DDR gelang es, die Umsiedler in die Gesellschaft aufzunehmen, was ihr in mancher Hinsicht leichter fiel, weil sie die gesamte Gesellschaft umzubauen trachtete. Doch nicht den Staaten gebührt das Hauptverdienst, daß sich die Heimatlosen ohne Rebellion in eine neue Heimat hineinfanden; die Geflohenen und Vertriebenen verhielten sich, wie alle Deutschen sich lange verhielten: Sie vergaßen die Politik und sahen zu, wie sie sich und ihre Familien irgendwie durch die Zeiten brachten. Ihre Resignation war die Resignation des ganzen Volkes.

Am erstaunlichsten erscheint der Umgang der Deutschen mit ihrer Teilung – auch hier nur die Weigerung, die Tatsachen anzuerkennen, und später das Bemühen, sie erträglich zu machen, soweit es ging. Kein deutscher Politiker in Ost wie West tat für die Wiedervereinigung nur das Geringste, das die Welt hätte in Unruhe bringen können. In westlichen Hauptstädten wurde wiederholt ein zweiter 17. Juni befürchtet: Würde die Bundeswehr Gewehr bei Fuß stehen bleiben und zusehen, wie ihre Landsleute zusammengeschossen werden? Die deutsche Teilung als Kriegsgefahr bildete für die Westmächte das einzige Argument von Gewicht, sich um die Einheit zu bemühen. Bonn nutzte das Argument, um sagen zu können, erst die Wiedervereinigung Deutschlands werde der Welt gesicherten Frieden bringen. Gleichzeitig wurden die SED-Propagandisten nicht müde, vor den »Hitler-Generälen« und »Blitzkriegstrategen« am Rhein zu warnen, die den ganzen Kontinent bedrohten.

Nichts von alledem war jemals wahr. Wenn aus den deutschen Nachkriegsverhältnissen ein Krieg zu entstehen drohte, dann kam er aus dem Streit der Großmächte über Deutschland und vor allem über Berlin. Zwischen den deutschen Staaten gab es lange Zeit ein Bürgerkriegsdenken, nie aber eine Bürgerkriegsgefahr. Und wenn »das Volk« sich erhob, spontan einen Willen bekundete, in Massen demonstrierte, dann geschah es im Westen für den Frieden und im Osten gegen die SED-Tyrannei. Der 17. Juni begann nicht als nationale, sondern als soziale

Revolte, und die Demonstrationen im Herbst 1989 zielten zunächst und in der Hauptsache nicht auf eine Vereinigung Deutschlands, sondern auf eine Veränderung der DDR.

Die Machtverhältnisse ließen den Deutschen politisch nur geringen Spielraum und militärisch gar keinen. Hinzu kam viel selbstgewonnene Vernunft, aber auch sie hatte ihren Ursprung in der Demoralisierung der Nation. Deutschland gab nicht mehr den Maßstab für die Politik, die Frage war, wo sonst Orientierung zu finden sei. Viele, besonders Junge, suchten festen Boden in übernationalen Gemeinschaften, im Westen in der europäischen, im Osten in der sozialistischen. Die westdeutsche Europabewegung begann als eine Fluchtbewegung; nicht nach Europa zog es die Deutschen zunächst, es trieb sie fort von Deutschland. Als Europäer war man nur halb noch ein Deutscher, als Europäer stand man über der Nation, als Europäer ließ man die üble Vergangenheit hinter sich und rückte voran in eine aufgeklärte, christliche, abendländische Zukunft.

Ebenso im Osten: Als Kommunist war man höchstens halb noch ein Deutscher; als Kommunist sah man die Welt vom Klassenstandpunkt und stand über der Nation; als Kommunist ließ man die üble Vergangenheit hinter sich und rückte vor zur Avantgarde des historischen Fortschritts. Die Deutschen waren als Nation die schwächsten in Europa und wurden daher im Westen die eifrigsten Europäer und im Osten die eifrigsten Sozialisten, beide nicht nur aus Opportunismus.

Doch das waren nur engagierte Minderheiten. Die große Mehrheit, im Osten wie im Westen, fand unbewußt neuen Halt in den alten Tugenden, soweit sie jenseits aller Politik lagen. Sie waren ordentlich, pünktlich, fleißig, leistungsbereit und leistungsfähig, sie mußten es sein, um die riesigen Schäden zu beseitigen und ihr Land wieder aufzubauen; alle kriegszerstörten Länder mußten es, doch die Deutschen waren erfolgreicher als die meisten. Die Westdeutschen schufen ein Wirtschaftswunder, und die Ostdeutschen folgten ihnen später mit einem kleineren Wunder, es war, gemessen an den ungleich schwierigeren Bedingungen, eine ebenso große Leistung. Die erste, oft widerwillige Anerkennung, die Deutsche nach dem Kriege fanden, verdankten sie ihrer Tüchtigkeit. Und die Ergebnisse ihrer Tüchtigkeit erlaubten ihnen den populären Satz »Wir sind wieder wer« – es war der erste Ausdruck wiedererwachenden Selbstgefühls.

Der Historiker Rudolf von Thadden hat den Vorgang schon 1978 beschrieben: »Es gehört zu den charakteristischen Merkmalen der deutschen Nachkriegsentwicklung, und zwar in beiden Teilen Deutschlands, daß technische und wirtschaftliche Leistung in der Skala der Werte wieder weit oben stehen.« Andere Werte führten »vergleichsweise ein Schattendasein. Zwar erheben beide deutschen Staaten den Anspruch, mit ihrem Leistungswillen für übergeordnete Ziele zu stehen, faktisch entwickelt sich jedoch ein Selbstverständnis der Deutschen, das fast ausschließlich vom Stolz auf technische und wirtschaftliche Werte bestimmt wird. D-Mark und Goldmedaillen bilden den Kern des deutschen Nationalbewußtseins.«

Was gut wurde in dem halben Jahrhundert nach dem Ende des Zweiten Weltkriegs und was verlorenging – beides hatte seinen tiefsten Grund im militärischen, politischen und moralischen Zusammenbruch Deutschlands. Die Deutschen konnten nicht mehr weitermachen wie früher, aber sie wollten es auch nicht. Sie änderten sich, soweit Völker dazu in der Lage sind. Sie hatten den Nationalismus bis zum Extrem ausgelebt, das lag nun hinter ihnen. Sie hatten ihre Kräfte für das Vaterland bis zum Äußersten erschöpft, davon wollten sie nun nichts mehr wissen. Sie hatten Hitler mühsam überlebt, danach wollten sie nur noch leben. Ihre Ziele, Maßstäbe und Ideale änderten sich. Nicht mehr der Staat war wichtig, sondern die Wirtschaft. Nicht mehr auf Macht richtete sich der Ehrgeiz, sondern auf Wohlstand. Nicht mehr Ruhm und Ehre der Nation bewegten die jüngeren Generationen, sondern eine ideale Gesellschaft, Rettung der Umwelt, Frieden und die Menschenrechte. Sogar die Vereinigung der Jahre 1989/1990 erregte Freude, aber keinen Überschwang, mancherorts in Ost wie West auch Zweifel. Als der Berliner Bürgermeister Walter Momper am Tag nach der Maueröffnung die Deutschen »das glücklichste Volk auf der Welt« nannte, erhielt er mehr Kritik als Zustimmung. Die Deutschen waren ihrer selbst nicht gewiß, als »nationale Persönlichkeit« (de Gaulle) waren sie nur unscharf noch erkennbar. Die Niederlage hatte ihnen das Kreuz gebrochen.

Vieles ist über Bord gegangen, das verdient hätte, bewahrt zu werden, weit mehr aber wurde davongefegt, das Deutschland ins Unglück getrieben hatte. Die Katastrophe hatte gründlicher aufgeräumt, als jede Reform es vermocht hätte. Das Feld wurde frei für die Errichtung eines besseren Deutschland. Es wurde frei für die Entstehung einer funktionierenden Demokratie, die von einer Mehrheit überzeugter Demokraten getragen wurde, anders als die Weimarer Demokratie und dreimal so lange. Der Zusammenbruch der alten Maßstäbe gab Raum für die Ausbreitung neuer, manchmal auch bewährter alter Normen. Staatsbürgerliches Selbstbewußtsein konnte Obrigkeitshörigkeit bedrängen, oft verdrängen; staatsbürgerliche Tugenden vermochten sich Geltung zu verschaffen, von der Toleranz bis zur Zivilcourage. Zivile Gesinnung konnte militaristische ersetzen, politische Denkweise erhielt Vorrang vor der militärischen.

Erst die nationale Katastrophe, zu der die nationale Hybris geführt hatte, nötigte die Deutschen zu Vernunft und Maß im Verhältnis zur Außenwelt: zu unbedingtem Friedenswillen, zur Zurückhaltung bei der Wahrung ihrer Interessen und zur Resignation sogar, wenn die Nation im Kern getroffen war wie beim Verlust des deutschen Ostens und der Spaltung in zwei einander feindliche Staaten. Erst die nationale Katastrophe brachte die Vergewaltiger Europas dahin, sich Europa einzuordnen, nicht aus Zwang, sondern aus Einsicht.

3.

DIE AUFSICHT

> Die Russen und wir mögen uns über tausend Dinge uneinig sein. Doch über eines gibt es zwischen uns keine Meinungsverschiedenheit: Wir werden es nicht zulassen, daß ein wiedervereinigtes, bewaffnetes Deutschland im Niemandsland zwischen Ost und West umherirrt.
>
> Der amerikanische AUSSENMINISTER JOHN FOSTER DULLES im Jahr 1959

Ganz Europa befand sich von 1945 bis 1990 in der Abhängigkeit von zwei Großmächten. Die Vereinigten Staaten von Amerika sicherten den Bestand der Demokratien im Westteil des Kontinents, die Sowjetunion den Bestand der kommunistischen Regierungen und Verhältnisse, die sie im Ostteil geschaffen hatte. Grad und Form der Abhängigkeit unterschieden sich stark. Die Demokratien brauchten Amerika nur für ihre äußere Sicherheit, die Volksdemokratien blieben auch für ihre innere Sicherheit auf Moskau angewiesen; ihre Abhängigkeit von der Schutzmacht war entsprechend größer, und deren Umgangs- und Herrschaftsformen waren entsprechend gröber. Im Ernstfall setzte das sowjetische Politbüro Truppen in Marsch.

Die beiden deutschen Staaten standen unter verschärfter Aufsicht. Sie bildeten die Hauptfront ihres Lagers, die besonderer Kontrolle bedurfte, und sie waren ihren Vormächten zweifach verdächtig. Sie mochten auf Demokratie und Sozialismus schwören, aber sie waren Teilstaaten derselben Nation, die zur Wiedervereinigung oder zu mehr Gemeinsamkeit drängte. Auch mochten die Deutschen ihrer nationalsozialistischen Vergangenheit abschwören, aber war sie wirklich überwunden?

Beides, deutscher Nationalismus und deutsche Einheit, erschienen als Probleme, die Moskau und Washington gleichermaßen fürchteten.

Ihre Macht über Deutschland übten sie größtenteils gegeneinander, im halb verborgenen aber auch miteinander aus. Sie kämpften um Deutschland bis an den Rand eines Krieges, aber blieben sich in der Entschlossenheit verbunden, die Deutschen nie wieder zur Gefahr werden zu lassen. Einerseits rüsteten sie ihre Deutschen zum Ost-West-Kampf, andererseits verweigerten sie ihnen die volle Souveränität. Alles, was »Deutschland als Ganzes« betraf, behielten sich die USA und die Sowjetunion sowie Großbritannien und Frankreich vor. Die Deutschen durften über eine staatliche Vereinigung weder verhandeln noch verfügen, die Kernfrage der Nation blieb in der Kompetenz der Sieger.

Beide deutsche Staaten wurden ihren Vormächten und Verbündeten unentbehrlich. Nirgendwo in Westeuropa konnten die Amerikaner Truppen und Waffen in jeweils erforderlicher Menge und Art stationieren außer in der Bundesrepublik, Strategen sprachen vom unsinkbaren Flugzeugträger. Für die Sowjetunion galt mit Einschränkung das gleiche; in Polen konnte sie nicht zwanzig Divisionen stationieren wie in der DDR. Westeuropa war nach herrschender Meinung ohne das Gebiet und die Soldaten der Bundesrepublik nicht zu verteidigen und ohne ihre wirtschaftliche Potenz nicht voranzubringen. Spiegelverkehrt erschien die Wirtschaftskraft der DDR als unverzichtbar für die sozialistische Wirtschaftsgemeinschaft. Da der Kalte Krieg auch ein Glaubenskrieg war, konnten weder Moskau noch Washington sich den Systemwechsel eines wichtigen Verbündeten leisten: Es wäre der Verlust der Glaubwürdigkeit als Schutzmacht der Demokratie oder des Sozialismus, es wäre vor allem eine Niederlage im Machtkampf mit dem Rivalen Moskau oder Washington gewesen.

Das wichtigste Element der Siegeraufsicht war ihre militärische Anwesenheit, die zweierlei bewirkte: Sie garantierte den

Bestand der Bundesrepublik und der DDR und zwang beide damit zur Loyalität. Staaten, die sich gefährdet fühlen und andere brauchen, um am Leben zu bleiben, sind hochgradig abhängig. Weder Bonn noch Ost-Berlin genügte eine politische Schutzverpflichtung ihrer Vormacht. Westdeutsche Politiker sprachen offen von der »Geiselfunktion« der amerikanischen Truppen: Nur wenn ganze Divisionen kämpften und US-Bürger in nennenswerter Zahl fielen, erschien es sicher, daß Amerika für die Bundesrepublik einen Krieg führen würde, der zum Atomkrieg mit Gefahr für Amerika selbst werden konnte. Die Bonner Befürchtungen, die fürsorgliche Aufmerksamkeit Washingtons zu verlieren, grenzten an Hysterie: Beim Abzug einiger Truppen ging sogleich die Frage um: Werden sie bald alle abziehen? Bei atomstrategischen Fragen: Koppeln sie sich von Europa ab? Bei der Lektüre neuer Wirtschaftstrends: Wenden sie sich von uns ab und Ostasien zu?

Am 17. Juni 1953 retteten sowjetische Panzer die SED-Herrschaft. Volk wie Führung der DDR überwanden den Schock dieses Tages nie ganz. Das Volk hatte erfahren und sah es später in Budapest, Prag und Warschau bestätigt: Zu stürzen ist ein kommunistisches Regime nicht, weil die Sowjetmacht hinter ihm steht. Jüngere, die den Schock nicht mehr erlebt hatten, und Ältere, die ihn überwanden, demonstrierten 1989 die Herrschenden aus den Ämtern, doch das gelang nur, weil die sowjetischen Truppen diesmal in den Kasernen blieben.

Die SED-Führer hatten auch Jahrzehnte später nicht vergessen, wie sie am 17. Juni im Vorzimmer des sowjetischen Hochkommissars herumsaßen, von Zeit zu Zeit über den Gang der Ereignisse unterrichtet wurden, einige Aufträge erhielten und im übrigen tatenlos zusehen mußten, wie die sowjetischen Soldaten einen Aufstand niederschlugen, der ihnen galt. Walter Ulbricht, der erste Mann der SED, war empört und erklärte, in Zukunft werde er machen, »was ich für richtig halte«. Er tat es mit der Folge, 1971 seinem Rivalen Honecker weichen zu müssen. »Es wird ihm nicht möglich sein, an uns vorbeizuregieren«, sagte der sowjetische Generalsekretär Breschnew und erklärte auch warum: »Wir haben doch Truppen bei ihnen.«

Die Bundesrepublik erhielt erheblich mehr politische Selbstbestimmung als die DDR. Wer Kanzler wurde, entschieden Wahlen, wer Generalsekretär der SED wurde, entschied Moskau, dessen Macht sich allerdings verringerte. 1970 reichte sie, um Erich Honecker zum ersten Mann der DDR zu befördern, zehn Jahre später aber nicht mehr, ihn durch einen anderen zu ersetzen. Auch außenpolitisch bekam Bonn mehr Spielraum als Ost-Berlin. Beide waren gänzlich frei nur dort, wo ihre Vormacht keinerlei Interesse hatte, doch da Washington und Moskau globale Interessen verfolgten, blieben nicht viele freie Felder. Den Hauptunterschied begründete die politische Natur der Vormacht: Es war ein gewaltig anderer Zustand, ob man amerikanische Demokraten oder sowjetrussische Autokraten über sich hatte.

Vierzig Jahre lang steckten die Bundesrepublik und die staatstragenden Gruppen der DDR in gleichem Zwiespalt: Ihr Leben hing an der Macht, von der sie sich zu emanzipieren suchten. Beide kamen aus dem Widerspruch nie heraus und machten ähnliche Erfahrungen. Verfolgten sie ihre Interessen sehr entschieden, bekamen sie Schwierigkeiten mit ihren Vormächten, die ihre Kontrolle verschärften; Moskau verbot Honecker zweimal einen Staatsbesuch in der Bundesrepublik, Kissinger billigte Brandts Ostpolitik erst, als er einen Weg gefunden hatte, sie zu kontrollieren. Wenn Bonn und Ost-Berlin sich aber ihren Vormächten uneingeschränkt fügten, versäumten sie ihre Interessen, unternahmen oder finanzierten, was sie nichts anging, folgten militärischen Entscheidungen, die ihre Sicherheit mehr schwächte als stärkte.

Allmählich spielte sich das Verhältnis zu den ehemaligen Besatzungsmächten ein, die sich meist auch klug zurückhielten. Sie traten als Verbündete auf, empfanden sich mit der Zeit auch als solche. Sie verzichteten auf Demonstration ihrer Macht und ließen nur die deutschen Politiker spüren, daß in wichtigen Fragen sie das letzte Wort hatten. Die deutschen Politiker wiederum demonstrierten in Ost wie West ihre Souveränität. Nur Kenner wußten, daß die Westmächte die Bundesregierung nicht als Regierung ganz Deutschlands anerkannten und ihr nur erlaubten, »für das deutsche Volk« zu »sprechen«, nicht aber es zu verpflichten.

Die große Mehrheit aller Deutschen bemerkte von diesen Einschränkungen wenig. Für ihr Leben spielte es kaum eine Rolle, daß die innerdeutsche Grenze eine Sieger-Grenze geblieben war, die kein deutsches Flugzeug überfliegen durfte. Wer von Frankfurt am Main nach Leipzig flog, bemerkte gar nicht immer, daß er die Messestadt nur auf dem Umweg über die Tschechoslowakei erreichte. Die allermeisten Ostdeutschen hatten mit den sowjetischen »Freunden«, wie sie halboffiziell genannt wurden, nichts zu tun; es waren die eigenen Apparatschiks, Berufsfunktionäre und Karrieristen, die das Leben schwermachten.

Die Aufsicht der Siegermächte brachte den Deutschen das Schlimmste und das Beste, das sie nach ihrem Krieg erfuhren. Das Schlimmste war die Teilung des Landes, die vierzig Jahre lang unüberwindbar blieb, weil eine Vereinigung Deutschlands den Westmächten oder der Sowjetunion unerträgliche Verluste gebracht hätte. Ein neutralisiertes Land, wie Stalin es vorschlug, hätte Amerika zum Verzicht auf die Bundesrepublik genötigt, die Basis seiner Macht in Europa. Ein demokratisch vereintes Deutschland, wie der Westen es forderte, hätte wiederum die Sowjetunion zum Verzicht auf die DDR gezwungen, die Basis ihrer Macht in Mitteleuropa und die Klammer um Polen und die Tschechoslowakei.

Die Folgen der Teilung erlitten vor allem die Ostdeutschen. Sie gerieten unter eine zweite ideologisch aufgeladene Diktatur, unter ein widersinniges Wirtschaftssystem und in den minderentwickelten Teil Europas. All das schränkte sowohl politisch als auch ökonomisch ihre Möglichkeiten drastisch ein, ließ viele Fähigkeiten verkümmern, schwächte durch Abwanderung von fast drei Millionen Mitbürgern und ließ ihren Lebensstandard, im weitesten Sinn des Wortes, allezeit hinter der Bundesrepublik zurückbleiben. Was die Ostdeutschen erreichten, schafften sie mehr trotz als mit dem System, das die Sowjetunion ihnen mit Hilfe deutscher Kommunisten aufnötigte.

Das Beste, das Sieger stifteten, erhielten die Westdeutschen, Demokratie und eine Wirtschaftsorganisation, die ihnen die Entfaltung ihrer Fähigkeiten und die Nutzung ihrer Möglichkeiten erlaubte. Kapitalismus und Privatwirtschaft waren für Deutsche nichts Neues, Demokratie hingegen nach Hitler keineswegs selbstverständlich. Autoritäres Regiment und die Gewöhnung daran hatten, von zwölf Jahren Weimar nur halb unterbrochen, feste Tradition. Auch Gegner des Nationalsozialismus, selbst die Verschwörer des 20. Juli, waren nicht alle Demokraten. Die Amerikaner, Briten und Franzosen aber erklärten Demokratie zur Norm, zu der es keine Alternative gab. Demokratie wurde in den Westzonen zum Maßstab, an den Deutsche sich halten mußten, wenn sie anerkannt werden und Handlungsfreiräume gewinnen wollten. Was zunächst Gebot war, wurde allmählich auch in der Breite der Bevölkerung verstanden und angenommen, deutsche Demokraten der Weimarer Zeit, oft eindrucksvolle Gestalten wie Konrad Adenauer und Kurt Schumacher, gaben Beispiel und schufen Vorbilder.

Fest Fuß zu fassen vermochte die Demokratie jedoch erst, als sie von einer florierenden Marktwirtschaft getragen wurde. Erst der Wohlstand sicherte die Freiheit. Vorher bedurfte sie der schützenden Hand der Besatzungsmächte. Manchen Demokraten beruhigte, wenn die Neonazis zu laut und die Regierenden zu lau waren, daß sich die Amerikaner im Lande befanden, die keine Rückkehr in die üble deutsche Vergangenheit zulassen würden. Das gleiche galt für die größte Schwierigkeit der geschlagenen Deutschen, in den Spiegel zu sehen und sich der Verantwortung für die deutschen Verbrechen zu stellen. Ohne die fordernde Aufmerksamkeit der West-Alliierten wäre in der Bundesrepublik weit weniger geschehen.

Mit der innenpolitischen Ausrichtung war zugleich die außenpolitische bestimmt. Die deutschen Staaten dienten ihren Vormächten als Vorreiter, wurden aber zurückgenommen, wenn sie zu weit vorpreschten. Manchmal schützten die Vier die Deutschen vor sich selbst. Franz Josef Strauß mußte erfahren, daß die Amerikaner Deutsche unter keinen Umständen an einen atomaren Druckknopf heranließen. Aussichtslose Positionen wie die beharrliche Weigerung, die Oder-Neiße-Grenze und die DDR anzuerkennen, verloren die alliierte Unterstützung, die Verfechter einer realistischen Ostpolitik konnten sich auf Kennedy berufen. Aber auch Kennedy versagte dem Westberliner Bürgermeister Brandt nach dem Mauerbau den Wunsch, den Status der Inselstadt zu modifizieren, um sie der Bundesrepublik anzunähern.

Die Rigorosität, mit der Ulbricht die DDR umgestalten und gegen Westen absichern wollte, hätte ohne sowjetische Einsprüche noch weit verheerender gewirkt. Moskau bremste den wilden Klassenkampf der Jahre 1952/53, erlaubte eine Mauer durch Berlin erst 1961, als die Existenz der DDR auf dem Spiel stand, und vermied einen militärischen Konflikt mit Amerika, indem es Ulbricht nicht an den Flugverkehr zwischen der Bundesrepublik und West-Berlin heranließ. Das Vier-Mächte-Berlin-Abkommen des Jahres 1971 kam nur zustande, weil die Sowjetunion der DDR Zugeständnisse aufzwang, die sie von sich aus nie gemacht hätte. Schließlich wäre die DDR im Inneren harmonischer und nach außen weniger anstößig durch ihre letzten Jahre gekommen, wenn Moskau noch die Kraft gehabt hätte, ihr Gorbatschows Glasnost und Perestroika zu verordnen.

Doch ob die Aufsicht der Großen heilsam wirkte oder hinderlich, sie war und blieb eine Aufsicht, die allen deutschen Politikern bewußt hielt, daß ihr Handlungsspielraum Grenzen hatte. Alle waren genötigt, sich darauf einzustellen, daß über ihnen eine Macht stand, der sie gehorchen mußten, wenn sie befahl, der sie zu folgen hatten, wenn sie einen Wunsch äußerte, deren Meinung sie klugerweise beachteten und deren Einverständnis sie lieber einholten, bevor sie einen größeren Schritt taten, die

Westdeutschen in der Außen-, die Ostdeutschen auch in der Innenpolitik. Die Abhängigkeit verringerte sich mit der Zeit beträchtlich, verschwand großenteils sogar ganz, aber weder am Rhein noch an der Spree konnten die Verantwortlichen es sich leisten, die »Großwetterlage« aus dem Auge zu verlieren.

Fünfundvierzig Jahre, fast ein halbes Jahrhundert, doppelt so lange wie Weimar und Nazi-Zeit zusammen, hielt dieser Zustand an, der nicht ohne Folgen bleiben konnte. Die Aufsicht der vier Siegermächte bildete das zweite Element, das die Politik beider deutscher Staaten prägte. Die Niederlage hatte das Kreuz gebrochen, die jahrzehntelange Aufsicht verhinderte, innerlich souverän zu werden.

4.

DIE VERSTÜMMELUNG

Von der Maas bis an die Memel
Von der Etsch bis an den Belt.

HEINRICH HOFFMANN VON FALLERSLEBEN 1841, von 1922 bis 1945 Hymne des Deutschen Reiches

Von der See bis zu den Alpen
Von der Oder bis zum Rhein.

BERTOLT BRECHT, Kinderhymne 1950

Westen und Osten bezeichneten zu allen Zeiten mehr als Himmelsrichtungen. Lange bevor sie zu den politischen Schlüsselbegriffen der Nachkriegszeit wurden, bildeten sie ein Gegensatzpaar, mit dem sich zwar verschwommene, aber starke Vorstellungen verbanden. Fortschritt und Zurückgebliebenheit, Kultur und Barbarei, Freiheit und Despotie, Europa und Asien – aber auch: Enge und Weite, Kleinkrämerei und Großzügigkeit, Rationalität und Phantasie, Verstandeskälte und Gefühlswärme. Das war in beiden Richtungen übertrieben, grob vereinfacht oder falsch, doch die meisten auf beiden Seiten sahen oder empfanden es so.

Was immer man unter West und Ost verstand, bis zum Ende des Zweiten Weltkriegs meinte die Mehrheit der Deutschen, sie gehöre weder zum einen noch zum anderen. Deutschland, in der Mitte Europas gelegen, betrachtete sich als etwas Eigenes, meist sogar als etwas Besseres. Das Kaiserreich hielt nach Westen die »Wacht am Rhein« gegen den »Erbfeind« Frankreich und mißtraute dem »perfiden Albion«, zugleich fürchtete es im Osten die »russische Dampfwalze« und verachtete die »Polacken«. Die Konservativen von Weimar sahen ebenso wie die Nationalsozialisten mit spöttischer Überlegenheit auf die »dekadenten«

Demokratien des Westens und beschworen die Weltgefahr des russischen »Bolschewismus«, sie betrachteten Polen als »Saisonstaat« und die Tschechoslowakei als ein künstliches Gebilde. Von den Amerikanern wußte und hielt man wenig, sie erschienen etwas verrückt und hatten nur Zivilisation und keine Kultur.

Aber Deutschland war nicht nur ein Land selbstbewußter Abgrenzung gegen West und Ost, sondern auch ein Land des Übergangs zwischen West und Ost. Es hatte keine natürlichen Grenzen und daher häufigen Wechsel an fast allen Grenzen; ihm fehlten bis zur Gründung des Bismarck-Reiches eine staatliche Einheit und ein starkes Zentrum. Vieles, das später zum Deutschen Reich gehörte, unterstand lange fremder Souveränität, umgekehrt reichte deutsche Herrschaft zeitweise weit in fremde Gebiete. Nationalitäten, Kulturen und Sprachen überschnitten und überlagerten sich.

Ob nun Land der Abgrenzung oder Land des Übergangs – Deutschland war weder Westen noch Osten, aber es hatte von beidem vieles in sich. Auch innerhalb Deutschlands gab es noch einmal einen Westen und einen Osten, Landschaften, Mentalitäten, Dialekte und kulturelle Ausprägungen, die sich untereinander stark unterschieden, aber mancherlei Verwandtschaft mit dem Land, den Menschen und Sitten jenseits der Grenzen zeigten, auch wenn beide Seiten es oft nicht wahrhaben wollten. Einerseits waren die Deutschen, auch im Zustand vielstaatlicher Zersplitterung, eine eigene Größe in der Mitte Europas und gehörten nach Sprache und Kultur nur sich selbst; andererseits bildeten sie durch die Nähe zu ihren Nachbarn auch ein Bindeglied zwischen dem Westen und dem Osten.

Von diesem Deutschland war in den ersten Nachkriegsjahren fast nichts mehr geblieben. Die Westeuropa-Politik Adenauers und aller seiner Nachfolger veränderte dann das Verhältnis zum Westen, Süden und Norden. Nicht mehr Abgrenzung, sondern Entgrenzung wurde zum Ziel, nicht mehr um deutsche Eigenart, sondern um westliche Gemeinsamkeit ging es. Revidiert wurden im Westen nur Hitlers Annexionen; sogar das Saargebiet, das Frankreich okkupiert hatte, kehrte zu Deutschland zurück. Im Osten hingegen wurden nicht nur Provinzen abgetrennt, das hatte es immer gegeben. Ostpreußen, Hinterpommern, die Neumark, Schlesien und Oberschlesien gingen für immer verloren, weil Deutsche bis auf geringe Reste dort nicht mehr geduldet wurden und Polen und Russen siedelten. Von den Kernlanden Preußens blieben nur noch Brandenburg und Vorpommern deutsch, Preußen verschwand, bevor die Alliierten es 1947 feierlich auflösten; sie wollten den Ursprung und Hort des deutschen Militarismus und Expansionismus vernichten, doch sie beerdigten nur noch ein Gespenst.

Verloren ging im Osten auch eine Vertrautheit, die durch jahrhundertelanges Nebeneinander, oft Durcheinander, der Völkerschaften gewachsen war. Die Deutschen im Westen, Norden und Süden behielten ihre alten Nachbarn; im Osten aber entstanden ganz neue Nachbarschaften. Vorpommern, Brandenburg und die Lausitz wurden Grenzland zu Polen. Sachsen und Bayern grenzten zwar schon seit 1918 an die Tschechoslowakei, aber Tschechen als Nachbarn bekamen sie erst 1945; vorher wohnten jenseits der Grenze ebenfalls Deutsche; mancher ging sonntags über die Grenze zur Kirche.

Zu Ende ging es auch mit den Deutschen, die außerhalb deutscher Grenzen lebten. Die Baltendeutschen siedelte schon Hitler aus, die Deutschen in Zentralpolen, der Tschechoslowakei und Jugoslawien mußten ihre Heimat bald nach Kriegsende verlassen, Minderheiten blieben in Polen, Ungarn, Rumänien und entlegenen Teilen der Sowjetunion, aber deutsch sprechen und als Deutsche leben durften sie großenteils nicht, die Jüngeren konnten es immer weniger. So begann, als es politisch möglich wurde, die große Rückwanderung der Deutschen nach Deutschland.

Eine Epoche ging zu Ende. Jahrhundertelang spielten Deutsche, ähnlich den Juden, in Mittel- und Osteuropa eine Rolle, sie gaben den Ländern, in denen sie wohnten, ein besonderes Element, schufen Vielfalt und gehörten zu deren Eigenart. Zugleich bildeten sie oft in Wirtschaft, Kultur, manchmal sogar in der Politik, eine Brücke nach Deutschland. Heute kennt man im Osten Europas Deutsche fast nur noch als Besucher und Gäste, nicht mehr als Mitbürger und Landsleute. Auch wo Deutsche wieder Freunde wurden, blieben sie Fremde.

Für die Deutschen versiegte die östliche Quelle ihrer Kultur. Kant und Herder blieben und bekamen russische und polnische Verehrer, ebenso wurden die großen Namen als europäische Klassiker kanonisiert, und in den ehemals deutschen Städten begannen die polnischen Bewohner in den achtziger Jahren, die deutsche Vergangenheit ihrer Städte zu erforschen und als Teil ihrer Vergangenheit anzunehmen. Aber das war Geschichte, es wächst aus diesem Boden nichts Deutsches mehr nach. Mit Günter Grass, Siegfried Lenz und Christa Wolf wird die letzte Generation sterben, deren Werk aus der Herkunft im Osten lebt.

Verloren ging schließlich das innere Gleichgewicht. Deutschland war ein Land, in dem sich das westliche und das östliche Element die Waage hielten; mit der Amputation der Ostgebiete erhielt der Westen das Übergewicht. Die Hauptstadt Berlin bildete früher die Mitte, sie lag gleich weit entfernt von Ostfriesland und Oberschlesien, von Baden und Ostpreußen; mit dem Jahr 1945 geriet sie an den Rand: Bis zur polnischen Grenze sind es knapp achtzig Kilometer.

Die Bundesrepublik, die vom Rhein nur bis zur Elbe reichte, konnte nichts anderes werden als ein westdeutscher Staat, dem der Osten fremd war. Adenauer wollte für den Westen und den Süden Deutschlands sprechen, als er schon 1946 Berlin als künftige Hauptstadt ablehnte, und zwar auch dann, wenn Berlin nicht sowjetisch besetzt wäre. Indem Adenauer die Kleinstadt am linken Rheinufer zum politischen Zentrum bestimmte, demonstrierte er, wo der Schwerpunkt der Bundesrepublik liegen und wohin sie ihre Energie lenken müsse. So war es kaum ein Zufall, daß seine Westpolitik von Rheinländern, Schwaben und Bayern getragen wurde, während sich Brandts Ostpolitik später auf Berliner, Sachsen und Norddeutsche stützte.

Zahlreiche Fehler, die Bonn in den ersten zwei Jahrzehnten gegenüber dem Osten unterliefen, entsprangen der Fremdheit. Die entscheidenden Leute wußten wenig vom Osten und schoben daher das meiste dort auf den Kommunismus; sie erklärten sich und anderen ideologisch, was in Wahrheit russisch, polnisch oder tschechisch war und seinen Ursprung in den Erfahrungen dieser Völker mit den Deutschen hatte. Am Rhein, in geringerem Maße auch an der Spree, mußte nachgelernt werden, weil eine Dimension deutscher Existenz verlorengegangen war.

Als der Ost-West-Konflikt 1990/91 zu Ende ging, konnte die Wiederherstellung Europas beginnen. Polen, die Tschechoslowakei und Ungarn traten der Europäischen Union bei, andere folgten. Eine Wiederherstellung Deutschlands in seinen alten Grenzen war unmöglich, seine Verstümmelung war die Folge seiner Hybris. Bis zum Ural hatten die Deutschen ihren »Lebensraum« ausdehnen wollen, nun mußten sie wieder dort leben, wo sie im Mittelalter gelebt hatten. Siebenhundert Jahre deutsche Geschichte waren zu Ende gegangen.

5.

DIE TEILUNG

Wiedervereinigung – wer weiß, wann?

BUNDESKANZLER ADENAUER
am 16. März 1959

Die deutsche Einheit war nach dem Krieg für alle Deutschen nicht eine Frage, sondern eine Selbstverständlichkeit. Das Reich, wie es seit 1871 bestand, bildete für Schwaben wie Mecklenburger, für Sachsen wie Friesen, aber auch für Kommunisten wie für Demokraten die gewohnte staatliche Form; man war darin geboren und aufgewachsen, man kannte nichts anderes. Die Erinnerung, daß die Deutschen die längste Zeit ihrer Geschichte in vielen Staaten gelebt hatten und Bismarcks Schöpfung eher die Ausnahme war, kam erst später. Nach Kriegsende, als die Spaltung sich abzeichnete und dann vollzog, wurde sie wie ein Schnitt in einen lebenden Körper empfunden.

Die Teilung ging von den Siegern aus, die ihre Besatzungszonen unterschiedlich, jeweils nach ihren politischen Vorstellungen entwickelten, die Westzonen demokratisch und marktwirtschaftlich, die Ostzone zunehmend autoritär und staatswirtschaftlich. Als eine Einigung nicht mehr möglich erschien, beschlossen die Westmächte, ihren Zonen eine feste, staatliche Form zu geben. Die Sowjetunion folgte mit dem Umbau ihrer Zone zu einem zweiten deutschen Staat. Für die Sieger war das die Fortführung ihrer Politik in einem fremden Land, für die Deutschen waren es Veränderungen ihrer nationalen Existenz mit unabsehbarer Tragweite.

Dennoch vollzogen sich die Staatsgründungen unter der Teilnahme, vielfach sogar Unterstützung deutscher Politiker. Die elf

Ministerpräsidenten der westdeutschen Länder waren sich durchaus darüber klar, daß die Schaffung eines Weststaates die Teilung Deutschlands vertiefen werde. Aber die Vorteile, die in Aussicht standen, verdrängten die Zweifel. Die Besatzung drückte, und die Hoffnung lockte, schneller als angenommen aus dem »Zustand der Rechtlosigkeit« herauszukommen; die Ernährungslage war verheerend, Anschluß an den Westen und Marshall-Plan versprachen Besserung. Und nicht zuletzt fragte es sich, ob der Verzicht auf einen Teilstaat die deutsche Einheit retten könne. West-Berlin stand unter sowjetischer Blockade, sein Bürgermeister Ernst Reuter sprach das entscheidende Wort für die Gründung der Bundesrepublik: »Die Spaltung Deutschlands wird nicht geschaffen, sie ist bereits vorhanden.«

Bei der Gründung der DDR waren die Rollen umgekehrt verteilt: Die Besatzungsmacht zögerte, und die deutschen Politiker drängten. Stalin fürchtete die Entstehung eines Weststaates, die den weit größeren Teil Deutschlands ins feindliche Lager bringen würde. Die Führer der SED hingegen fürchteten einen gesamtdeutschen Staat, in dem andere Parteien die Mehrheit hätten, und plädierten in Moskau für die Schaffung eines Oststaates, in dem die SED ihre Macht ohne demokratische Rücksichten bewahren konnte. Aber Stalin wartete ab. Er verbot die Proklamation einer Volksrepublik, blockierte elf Monate lang West-Berlin, um die Westmächte von der Schaffung eines Weststaates abzubringen, und fand sich zur Schaffung eines Oststaates erst im September 1949 bereit, als die Gründung der Bundesrepublik offenkundig nicht mehr zu verhindern war. Erst als Konrad Adenauer zum Kanzler gewählt worden war, gab er den in Moskau wartenden SED-Führern Pieck, Grotewohl und Ulbricht sein Einverständnis zu ihrer Planung für die Gründung der DDR.

Der Herbst 1949 bildete die tiefste Zäsur der deutschen Nachkriegsgeschichte bis zum Herbst 1989. Die halbe Teilung Deutschlands, die es schon vorher gab, war im wesentlichen das Werk der Siegermächte, jetzt jedoch entstanden Staaten, für deren Schaffung Deutsche eine entscheidende Mitverantwortung trugen. Aus der Teilung durch die Sieger war nun auch eine Teilung durch Deutsche geworden.

Über die Schuld an der Teilung wurde bald viel gestritten. Auch DDR-Bürger ohne Parteibuch erklärten, zuerst sei die Bundesrepublik gegründet worden, der Osten habe folgen müssen. Bundesbürger entgegneten, zuerst habe der Osten Verhältnisse geschaffen, die kein Demokrat akzeptieren konnte, daraufhin habe der Westen sich allein organisieren müssen. Den gleichen Streit gab es schon über die westdeutsche Währungsreform im Jahr 1948: Ihr habt Deutschland wirtschaftlich gespalten, hieß es in der DDR. Ihr habt mit unerträglichen Bedingungen eine wirtschaftliche Vereinigung unmöglich gemacht, war die bundesdeutsche Antwort. Später das gleiche bei der Wiederbewaffnung: Der Westen habe damit angefangen, denn die Bundeswehr entstand vor der Nationalen Volksarmee. Dagegen: Der Osten habe angefangen, denn dort gab es schon lange vorher die Kasernierte Volkspolizei, eine Armee, die nur nicht so hieß.

Ein Streit, aus der Zeit begreiflich, aus dem Abstand betrachtet überflüssig. West- wie ostdeutsche Politiker hatten drei Jahre nach dem Krieg nur ganz geringe Entscheidungsmöglichkeiten; sie nutzten sie gleichermaßen, ihre Möglichkeiten zu erweitern. Ein eigener Staat versprach den westdeutschen allmähliche Befreiung aus strenger Abhängigkeit und den ostdeutschen die Verwirklichung ihrer sozialistischen Utopie. Die Bundesrepublik wurde mit schlechtem Gewissen gegründet, aber sie wurde gegründet, Stalins Placet zur Gründung der DDR erfüllte die Hoffnungen deutscher Kommunisten. Schon die Geburtsstunde beider Staaten ließ erkennen: Ein Wiederaufstieg der Deutschen war nur getrennt möglich, und bald zeigte sich sogar, daß er gegeneinander am besten vorankam.

Beide Staaten entwickelten sich nach dem Gesetz, unter dem sie angetreten waren. Die Bundesrepublik verband sich mit dem Westen: Montanunion, Euratom, Europäische Wirtschaftsgemeinschaft, ebenso militärisch: Europäische Verteidigungsgemeinschaft (EVG), Nato, Atomkanonen für die Bundeswehr – eines ergab sich aus dem anderen, nicht zwangsläufig, aber sehr folgerichtig. Nachdem man mit dem Ja zu einem Weststaat nun einmal A gesagt hatte, war es wenig sinnvoll und nur schwer noch möglich, das B und C zu verweigern. Vor allem aber: Bundesregierung und Parlamentsmehrheit wollten es, es war ihre Politik.

Die DDR lag im sowjetischen Machtbereich und war von Kommunisten gegründet worden. Als Stalins Pläne für ein neutralisiertes Gesamtdeutschland gescheitert waren, mußte der ostdeutsche Staat nun ganz und gar ein Teil des politischen Ostens werden, nach sowjetischem Vorbild aufgebaut, wirtschaftlich und militärisch in den sowjetischen Block eingegliedert. Eben dies war auch die Politik der regierenden SED-Führung, nicht aber der Ostdeutschen.

Doch das Gefühl, daß Deutschland eins sei, war so stark und selbstverständlich, daß alle darauf Rücksicht nehmen mußten. So verlief der Prozeß der Teilung mit fataler Gleichartigkeit auf beiden Seiten: Nahezu alles geschah im Namen der Einheit. Die Verfassungen beider Teilstaaten waren gesamtdeutsch angelegt, die Gegenseite wurde aufgefordert, sich anzuschließen. Die Systeme beider Seiten galten als Vorbilder für das Ganze; ein vereintes Deutschland konnte nach Bonner Auffassung nur demokratisch und, vielleicht mit Einschränkungen, marktwirtschaftlich sein; nach Ostberliner Meinung mußte Deutschland sozialistisch im Sinne der SED werden. Da jeder am Modell für den Gesamtstaat arbeitete, behauptete er, die weitere Vollendung des eigenen Modells diene dem künftigen gemeinsamen Vaterland, die Fortentwicklung des Gegenmodells hingegen vertiefe die Spaltung.

Überzeugung und Taktik waren schwer noch zu unterscheiden. Die Regierenden beider Seiten waren entschlossen, eine Wiedervereinigung nur zu ihren Bedingungen zuzulassen, die Bundesregierung konnte sich dabei auf die große Mehrheit der

Westdeutschen berufen, dennoch wurde für Bonn wie Ost-Berlin der Widerspruch zwischen Einheitsbeteuerungen und Teilungspolitik unüberbrückbar. Der Egoismus tarnte sich als Patriotismus, beiderseits der Elbe wurde die Unaufrichtigkeit in nationalen Fragen zur Gewohnheit.

Wie die Bundesrepublik beanspruchte, für alle Deutschen zu sprechen, tat es auch die DDR. Beide sahen die Ursachen der Teilung allein auf der Gegenseite: Bonn beschuldigte den kommunistischen Drang zur Weltrevolution, Ost-Berlin den amerikanischen Imperialismus. Beide warfen einander Hörigkeit vor, Bonn erklärte die DDR zu einem sowjetischen Satelliten, Ost-Berlin degradierte die Bundesrepublik zu einem amerikanischen Protektorat. Beide gaben sich als der wahre Anwalt der deutschen Sache, beide betrachteten und beschimpften einander als die Spalter Deutschlands, beide warfen sich gegenseitig nationalen Verrat vor, und beide waren überzeugt, erst der Sturz des Vasallen-Regimes auf der Gegenseite könne die Wiedervereinigung bringen.

Beide stellten Armeen auf und mußten ihren jungen Männern erklären, weshalb sie im Ernstfall aufeinander schießen müßten; beide rechtfertigten es zuerst ideologisch und dann national: Die Demokratie müsse geschützt werden und damit auch der Kernstaat für ein künftiges Gesamtdeutschland, der Sozialismus müsse verteidigt werden und damit auch das Vorbild für ein künftiges friedliebendes Gesamtdeutschland. Beide behaupteten, Stärke sei die einzige Sprache, die auf der Gegenseite verstanden werde. Beide erklärten, da sie selbst zu schwach seien, um die Wiedervereinigung herbeizuführen, brauchten sie starke Verbündete. Auch der Beitritt zu den Militärallianzen geschah, so sollten die Deutschen glauben, im wohlverstandenen Dienste der Einheit.

Weder die Bundesrepublik noch die DDR hatte jemals eine Politik für die Wiedervereinigung. Sie konnten keine haben, jedenfalls keine realistische, weil alle Macht über Deutschland bei den Siegern lag, die ihren Teil des Landes mit aller Kraft festhielten. So wurde die Teilung Deutschlands zur Voraussetzung für die Nachkriegsordnung Europas. Niemand hatte sie angestrebt, aber nachdem sie sich ergeben hatte, erschien sie als willkommene Lösung der deutschen Frage: Die Teilung verkleinerte die Größe des Landes, dessen Gefährlichkeit ganz Europa erfahren hatte und weiterhin fürchtete. Nur die Deutschen meinten, die Frage ihrer Vereinigung sei die deutsche Frage.

6.

DIE FEINDSCHAFT

Wer wen?

Von ULBRICHT oft zitierter Satz LENINS

Die deutschen Staaten waren nicht nur die Frontstaaten ihrer Allianzen, sie fochten auch ihren eigenen Kampf miteinander aus. Im Unterschied zur übrigen Welt hatten sie den Kalten Krieg im eigenen Land. Für alle anderen, außer Koreanern und Vietnamesen, spielte sich die globale Auseinandersetzung anderswo ab, meist in fernen Ländern, den einzelnen ging sie nichts an. Zwischen Oder und Rhein aber fand sie statt, die ganze Nation war betroffen.

Im Unterschied zur übrigen Welt ging es den Deutschen weniger um eine künftige Weltordnung als zunächst einmal um sie selbst. Nach Hitler, Krieg und Niederlage war den meisten die Orientierung verlorengegangen; jeder, der nachdachte, fragte, wie es zu Nazi-Macht und Krieg kommen konnte und wie eine Wiederholung für alle Zukunft zu verhindern sei. Die Antwort im Westen hieß Demokratie, eine Staatsform, die Diktatur verhindert, weil sie sich auf unabhängige Gewalten gründet, und eine Lebensform, die Freiheit, Zivilcourage und Toleranz verlangt. Die Antwort im Osten hieß Sozialismus, eine Staatsform, die durch Vergesellschaftung den Kräften die Macht nimmt, die Hitler ermöglicht und zwölf Jahre lang getragen hatten, und eine Lebensform, die von Gleichheit und Gemeinsinn bestimmt wird. Beide Erklärungen vermochten zu überzeugen, so wurde im Osten mancher aus dem gleichen Grunde Kommunist, aus dem im Westen mancher Demokrat wurde: Beide wollten politische Verhältnisse haben, die eine Rückkehr zur Vergangenheit für immer ausschlossen. Und vielleicht noch wichtiger: Beide wollten Maßstäbe bekommen, die in einer verwirrenden Zeit Halt gaben.

Doch die Maßstäbe schlossen sich aus. Verständigung gab es kaum, weil nicht Meinungen gegeneinanderstanden, sondern Überzeugungen, oft nicht einmal Ideologien, sondern Ideale. Jeder Blick auf die Praxis der Gegenseite ließ die Unterschiede in Feindschaft übergehen. Die Demokraten im Westen sahen mit Schrecken, wie in der Ostzone und der DDR wieder entstand, was man mit dem Jahr 1945 hinter sich gebracht zu haben glaubte: Aufhebung aller Werte zugunsten einer allein gültigen Heilslehre, Gesinnungszwang, Einheitspresse, diktatorische Machtausübung, Scheinwahlen, Justizwillkür, Geheim- und Vorführprozesse zu politischen Zwecken, Spitzelwesen und vier Monate nach Gründung des Staates ein Ministerium für Staatssicherheit. Staatsbildung wie Staatspraxis widersprachen allem, was man im Westen unter Demokratie verstand. Diesen Staat konnte man nicht anerkennen.

Die Kommunisten im Osten sahen, wie in der Bundesrepublik die alten gesellschaftlichen Verhältnisse weiterbestanden und viele Träger der Hitler-Herrschaft in ihre früheren Stellungen zurückkehrten. Fast alle Ansätze zu einer Sozialisierung von Industrie, Großhandel und Banken wurden rückgängig gemacht, eine Bodenreform blieb in ersten Anfängen stecken. Daß auch vieles neu war und wurde, übersahen auch westdeutsche Kritiker, die Adenauer Restauration vorwarfen. Für die Kommunisten war es die Rückkehr in die präfaschistische Zeit der zwanziger Jahre, der Nährboden des Unheils blieb erhalten, wurde sogar frisch gedüngt. Im Westen Deutschlands entstand wieder, was man mit dem Sieg über Hitler überwunden zu haben glaubte – gegen diesen Staat mußten nicht allein Kommunisten sich wehren, sondern alle, die eine Wiederkehr von Faschismus und Krieg verhindern wollten.

Mehr als in der übrigen Welt war es in Deutschland möglich, die ideologische Feindschaft mit traditionellen Gefühlen zu beflügeln. Am leichtesten hatten es die westdeutsche Politik und Propaganda. Die Furcht vor der »russischen Dampfwalze« war alt, die Erinnerung an den Einmarsch der Roten Armee noch frisch und die Wirkung der Goebbels-Haßtiraden kaum verblaßt – all das mußte nur aufgefrischt werden und wurde es mit Kräften und Erfolg. Dabei halfen zwei Elemente aus dem deutschen Gefühlshaushalt. Der Kommunismus, so hieß es durch die fünfziger Jahre vor allem bei Adenauer und seiner Anhängerschaft, sei asiatisch und gottlos. »Asiatisch« weckte die Vorstellung von despotisch, grausam, eine moderne Fortsetzung von Dschinghis Khan. »Gottlos« schreckte Christen und erklärte, daß von den »Machthabern im Kreml und in Pankow« (damals Wohnbezirk der SED-Führer) alles Böse dieser Welt zu erwarten sei. Man selbst hingegen befand sich in Europa und blieb geborgen im »christlichen Abendland«, zu dessen Schutz Adenauer in seiner Weihnachtsansprache 1952 die »himmlischen Heerscharen« beschwor. Ganz unwidersprochen blieb die religiöse Kriegführung aber nicht. »Es geht nicht um Christentum gegen Marxismus«, hielt Gustav Heinemann, der spätere Bundespräsident, dem Kanzler entgegen, »es geht um die Erkenntnis, daß Christus nicht gegen Karl Marx gestorben ist, sondern für uns alle.«

Wirksamer als alle Ideologie und Tradition blieb die lebendige Anschauung. In der Bundesrepublik lebte es sich besser und freier, die etwa 200000 Ostdeutschen, die bis 1961 jährlich aus der DDR in die Bundesrepublik flohen oder übersiedelten, gaben eine ständige Bestätigung. Anders als die übrige Welt hatten die Westdeutschen kommunistische Verhältnisse vor Augen, sie wollten nicht leben wie ihre Landsleute drüben, deshalb waren die Kommunisten ihr Feind.

Die meisten Ostdeutschen wollten, obwohl wechselnd in der Dringlichkeit, leben wie im Westen. Die SED hatte es daher viel schwerer als die Bonner Parteien, ihre Ideologie mit Gefühlen zu unterfüttern. Ihren Hauptfeind mußte sie sich halb einbilden, halb erfinden. Teils glaubte, teils behauptete sie, der deutsche Imperialismus erstehe wieder, dagegen ließen sich Kriegsfurcht und Friedenssehnsucht mobilisieren: Die Schichten, die Hitler ermöglicht und seinen Krieg geführt hatten, kämen in der Bundesrepublik wieder zur Macht, Hitler-Generäle kommandierten die Bundeswehr, die zur stärksten Armee Westeuropas geworden sei. Gegen die Hauptmacht des Imperialismus konnten sich die Agitprop-Leiter deutscher Ignoranz und Arroganz gegenüber den Amerikanern bedienen: »Der US-Imperialismus ist aggressiv und expansiv, die US-Monopole wollen Europa versklaven, die US-Kulturbarbarei versucht, die deutsche Kultur zu zersetzen.«

Was die SED vor allem, aus ihrer eigenen Tradition, nutzte, waren das soziale Ressentiment der Unter- gegen die Oberschichten und der Stolz der Unterschichten über ihren Sieg in der DDR: Die Bundesrepublik der »Staat der Krupps«, die DDR als »Staat der Krauses«. Die SED tat das Ihre, diesen Gegensatz zu schaffen. Sie diskriminierte die bürgerlichen Schichten und schuf eine neue Intelligenz aus Arbeiter- und Bauernkindern, die zu Recht überzeugt blieben, daß sie in der Bundesrepublik die Karriere nicht hätten machen können, die ihnen der »Arbeiter- und Bauernstaat« ermöglichte.

Für die Gefühle der Kommunisten-Generation, die diesen Staat gründeten und aufbauten, gibt es ein Zeugnis aus dem Jahr 1966. Ulbricht war erstmals als Staatsoberhaupt in einem nichtkommunistischen Land, in Ägypten, empfangen worden, worüber seine Frau einen Bericht verfaßte. Die Beschreibung der Ehrungen, die er in Ägypten erfuhr, und der Enttäuschung, die Bonn darüber erlitten habe, zieht sich als Leitmotiv durch das kleine Buch. Zugleich wird eine naive, fast rührende Freude spürbar, die Welt zu sehen und dort respektiert zu werden. »Ägypten, das uns schon von der Schule her durch seine Jahrtausende alten Kulturschätze bekannt ist und als unerreichbares Ziel unserer Träume galt. ... Mich erfüllt auch ein Gefühl tiefer Genugtuung. Was hatte die Bonner Regierung nicht alles versucht, um diese Reise zu verhindern ... Aber die Zeiten sind vorbei, da die deutschen Imperialisten anderen Völkern ungehindert ihren Willen aufzwingen konnten. ... Ich verstehe, wie schmerzlich es für die Bonner Monopolherren sein muß, daß ausgerechnet hier (im Palast des ägyptischen Präsidenten) ein gelernter Tischler als Repräsentant des friedlichen Deutschland wohnen wird.«

Die Gefühlsschichten unter den Ideologien waren in der Bundesrepublik kein Thema, der Publizist und Historiker Sebastian Haffner war fast der einzige, der ihre Bedeutung erkannte: Kommunisten und Nichtkommunisten hätten Angst voreinander, und diese Angst sei eine deutsche Besonderheit. In allen anderen Ländern Europas gebe es nicht »diese gegenseitige Totschlagsfurcht und Totschlagsbereitschaft wie bei uns«, dort kämen Kommunisten und Nichtkommunisten »ganz menschlich miteinander aus«, dort bleibe man »Mitmensch und Landsmann«. Haffner erinnerte an die Ermordung Karl Liebknechts und Rosa Luxemburgs und das Gefühl deutscher Kommunisten, »Tote auf Urlaub« zu sein.

Für das deutsche Bürgertum galten Kommunisten, seit es sie gab, als das absolut Böse, als tödliche Gefahr für alle menschliche Zivilisation. Auch Gegnerschaft zum Nationalsozialismus änderte daran wenig. In der französischen Résistance kämpften Nichtkommunisten mit Kommunisten gemeinsam, im deutschen Widerstand gegen Hitler fanden sich Adlige und Bürgerliche mit Sozialdemokraten zusammen, kein Kommunist gehörte zum Kreis der Verschwörer des 20. Juli, keiner war Gast bei den Oppositionsgesprächen des Grafen Moltke auf Schloß Kreisau. Die Kommunisten gingen ihre eigenen Wege, sie schlossen sich aus und wurden ausgeschlossen.

Gemeinsame Not in den Konzentrationslagern schuf Gemeinsamkeiten, die aber selten Bestand hatten, als die Not vorbei war. In der Bundesrepublik dauerte es Jahrzehnte, bis der kommunistische Widerstand als Widerstand anerkannt wurde; ebenso lange galten in der DDR die Versuche adliger Wehrmachtoffiziere, Hitler umzubringen, nur als Familienstreit in der herrschenden Klasse. Auch wo die politischen Eliten beider Staaten sich einig waren, in ihrer kompromißlosen Abkehr vom

Nationalsozialismus, ging die Gemeinsamkeit in der Feindschaft der Überzeugungen und Gefühle unter.

Das gleiche zeigte sich in besonderem Maße zwischen Sozialdemokraten und Kommunisten. Sie entstammten der gleichen Wurzel, waren einander näher als anderen Parteien und deshalb um so bitterer verfeindet, wenn grundsätzliche Auffassungen sie trennten. Diese besondere Feindschaft stammte aus gegenseitiger Enttäuschung. Die Kommunisten konnten nicht verstehen und nicht verzeihen, daß die westdeutschen Sozialdemokraten den Weg zum Sozialismus verließen und mit den Klassenfeinden von CDU und FDP zusammengingen. Der Kampf der SED galt den »rechten« Führern der SPD, die den Sozialismus verrieten und die Massen verführten.

Der prominenteste dieser »rechten« Führer, der SPD-Vorsitzende Kurt Schumacher, erklärte wiederum die SED-Kommunisten zu »rotlackierten Faschisten«, zu Verrätern an der Demokratie wie die Nazis. Die Vereinigung der getrennten Brüder SPD und KPD hatte auch im Westen Anhänger, aber die Form, in der sie in der sowjetischen Zone stattfand, schreckte ab. Und als Hunderte ehemaliger Sozialdemokraten aus der SED ausgeschlossen und in die Zuchthäuser verbannt wurden, trieb das Schicksal ihrer Genossen die westdeutschen Sozialdemokraten lange in unversöhnliche Feindschaft zur Einheitspartei der DDR.

Der schlimmste Feind ist immer der feindliche Bruder. Zwischen Bundesrepublik und DDR herrschte Todfeindschaft, denn nach beider Meinung konnte der Kampf zwischen ihnen nur mit dem Sieg des einen und dem Untergang des anderen enden, Deutschland würde entweder demokratisch oder kommunistisch, ein Drittes gab es nicht. Als im Laufe der sechziger Jahre in Bonn wie Ost-Berlin klar wurde, daß die Bundesrepublik und die DDR auf absehbare Zeit weiterbestehen würden, begann mit Brandts Ostpolitik 1970 eine Phase der Koexistenz. Man versuchte, miteinander auszukommen, gewöhnte sich aneinander und stellte die Existenz des anderen nicht mehr in Frage. Aber das geschah nur so lange, wie diese Existenz nicht in Frage stand. Alle Verständigung zwischen Bonn und Ost-Berlin beruhte auf der Einsicht, daß der Gegenstaat auf unabsehbare Zeit weiterbestehen werde.

Als sich die DDR Ende 1989 innerlich aufzulösen begann und die Sowjetunion nicht mehr bereit war, sie wie 1953 mit ihren Panzern zu retten, beendete Bundeskanzler Kohl sogleich seine Koexistenzpolitik. Er behandelte seine Ostberliner Geschäftspartner nicht mehr als ebenbürtige Kontrahenten und überließ sie nach der Vereinigung dem Staatsanwalt. Die Bundesrepublik fühlte sich als Sieger, ließ von den Einrichtungen der DDR fast nichts bestehen und organisierte das »Beitrittsgebiet« wie die Bundesrepublik. Wenn alles umgekehrt verlaufen und die DDR der Sieger geworden wäre, hätten die SED-Regenten die Bundesrepublik abgeschafft und deren Verantwortliche wahrscheinlich dafür bestraft, daß sie dem sozialistischen Staat so lange einen kapitalistischen entgegengestellt hatten.

Aber die Todfeindschaft blieb eine passive Feindschaft. Mit Gewalt konnte keiner gegen den anderen etwas ausrichten, schon allein deshalb, weil er es nicht durfte. Bundeswehr und Volksarmee unterstanden vollständig ihrem Bündnis. Weder die Amerikaner noch die Russen waren geneigt, ihrem deutschen Gefolgsstaat freie Hand zu lassen, beide fürchteten deutschen Bruderstreit und -kampf, der sich zum großen Krieg entwickeln könnte. Wo sich militärische Planungen über die Grenze erstreckten, bewies das nicht die Absicht, einen Krieg zu beginnen, sondern ihn, wenn er ausbrechen sollte, offensiv zu führen. Über nicht-militärische Mittel, den Gegenstaat zu besiegen, verfügten weder Bonn noch Ost-Berlin. Zu einem Wirtschaftskrieg war die DDR zu schwach und die Bundesrepublik nicht fähig, weil die DDR eine Unterbrechung des Handels mit Unterbrechung des Berlinverkehrs bedrohte.

So bekämpften sich die deutschen Staaten mit Propaganda und Spionen. Die DDR brachte einen Bundesminister zu Fall und entlarvte hohe Beamte als ehemalige Nazis – all das machte viel Aufregung und schädigte das Ansehen der Bundesrepublik, mehr aber auch nicht. Die Bundesregierungen nutzten Funk und später das Fernsehen wenig, um die Ostdeutschen beim Westen zu halten; Einfluß hatten die West-Medien, weil sie den Westen ohne propagandistische Absicht spiegelten. Der einzige Kampfsender, der stark in die DDR hineinwirkte, war der amerikanisch kontrollierte RIAS in West-Berlin.

Die Geheimdienste beider Seiten erzielten einen spektakulären Erfolg. Der eine gelangte bis ins Sekretariat des DDR-Ministerpräsidenten Otto Grotewohl, der andere bis in die engste Umgebung des Bundeskanzlers Brandt. Aufs ganze gesehen drang der Osten tiefer und häufiger in den Westen ein als umgekehrt. Die Kommunisten hatten aus ihren illegalen Zeiten größere Erfahrung mit der Arbeit im Verborgenen. Beider Erfolge blieben jedoch begrenzt, sie erlangten Informationen, nicht aber einen Einfluß, der die Politik des Gegners schwächte oder änderte. Auch die Enttarnung des DDR-Agenten Günter Guillaume gab den Anlaß für den Rücktritt Willy Brandts, war aber nicht die Ursache.

Keiner der deutschen Rivalen hat den Staat des anderen zu erschüttern vermocht. Der Bundesrepublik gelang es zwar, eine internationale Anerkennung der DDR zwanzig Jahre lang zu verhindern, aber spätestens seit Anfang der sechziger Jahre drang die DDR diplomatisch in die Dritte Welt vor. Statt Botschaften richtete sie Konsulate, Generalkonsulate und Handelsmissionen ein, mit denen die westdeutschen Diplomaten einen Kleinkrieg führen mußten um Stander, Schilder, Bezeichnungen, Wimpel, Fahnen, Symbole, Einladungen, Rangfolgen und Diplomatenpässe. Die Nutzlosigkeit wurde nur noch von der Peinlichkeit übertroffen.

Um den Sieg in Deutschland und dessen künftige Gestaltung haben Bundesrepublik und DDR nicht viel gekämpft. Ihre Feindschaft äußerte sich vor allem in der Angst voreinander und dem Bemühen, sich voreinander zu schützen. Nicht ums Ganze ging es, sondern um Selbstbewahrung, und dafür waren Abstand oder sogar Abgrenzung nötig. So kam zur Teilung des Landes die Trennung der Menschen.

7.

DIE TRENNUNG

> Denkt man an den Schießbefehl und daran, wie viele Grenzwächter ihm folgen, sieht man, daß wieder – wie unter Hitler – eine gewisse Schicht unseres Volkes unter diesem System zu jeder Gemeinheit fähig ist, und daß andererseits im Westen sehr vielen Menschen jeder Groschen wichtiger ist als unser Schicksal, daß mit dem deutschen Menschen etwas nicht in Ordnung ist.
>
> BRIEF AUS OST-BERLIN
> an den RIAS vom 16. Juni 1962

Gegen die Teilung konnte deutsche Politik kaum etwas ausrichten, großenteils jedoch hing von ihr ab, wieweit die Teilung der Staaten auch die Trennung ihrer Bürger nach sich zog. Hier lag das Hauptfeld deutscher Möglichkeiten und daher deutscher Verantwortung für Einheit und Spaltung der Nation. Zwei Gründe gab es, einen Staat gegen den anderen abzuriegeln: die anderen nicht hereinlassen und die eigenen Leute nicht hinauslassen. Für die DDR war beides lebenswichtig, für die Bundesrepublik nur das erste, und auch das war größtenteils Einbildung.

Zweimal drohte die DDR durch Massenabwanderung zugrunde zu gehen. Das erste Mal rettete sie sich durch den Bau der Berliner Mauer und gewann für zwei Jahrzehnte begrenzte Stabilität. Beim zweiten Mal, am 9. November 1989, sprengte die andrängende Menge die Mauer, es gab keine Rettung mehr und ein Jahr später auch keine DDR mehr. Die Trennung war die Existenzbedingung des kommunistisch regierten Deutschland. Erst als sie vollendet war, lebte der Staat der SED auf, als sie durchbrochen war, starb er. Das Politbüro schreckte vor keiner

Gewaltanwendung zurück, um die Grenze unüberschreitbar zu halten, über vierhundert Menschen, nach anderer Berechnung über tausend starben bei Versuchen, die DDR unerlaubt zu verlassen.

Die zweite Gefahr, die Unterminierung der Staatsordnung durch die Wühlarbeit feindlicher Agenten, wurde in Bonn wie in Ost-Berlin befürchtet. In der Bundesrepublik sorgten sich auch die meisten Bürger vor dem »Osten«. Auf beiden Seiten wurde die Angst geschürt. Die Imperialisten streuten über den Feldern der DDR Kartoffelkäfer aus, um die Ernte zu vernichten, behauptete die SED-Propaganda in den fünfziger Jahren und wurde nicht müde, vom Blitzkrieg zu reden, den Bonn nach Hitlers Vorbild vorbereite. Die staatlich geförderte Aufklärung in der Bundesrepublik warnte vor kommunistischen Agenten, die ebenso fanatisch wie befähigt, ebenso skrupellos wie geschult ihr Leben der Aufgabe weihten, die freiheitliche Demokratie zu unterminieren und den Totalitarismus zum Sieg zu bringen. Das Idealbild des Leninschen Berufsrevolutionärs wurde zum Normalbild des Kommunisten.

Bewußte und hysterische Übertreibung der Gefahr herrschte auf beiden Seiten, aber mit einem Unterschied: Die SED-Führer hatten Grund zur Angst, weil sie ihre Herrschaft auf eine schmale Minderheit von Anhängern stützen mußten, die westdeutschen Parteiführer konnten unbesorgt sein: Die Mehrheit der Bundesbürger hatte sie gewählt und wollte von Kommunisten nichts wissen. Aus diesem Unterschied ergab sich die eigentliche Gefahr für die DDR, das waren nicht die »Spione, Diversanten, Terroristen und Schmuggler«; bedroht war der Sozialismus der SED durch das offensichtlich bessere und freiere Leben in der Bundesrepublik und besonders in der Westinsel Berlin inmitten der DDR.

Was die Wirkung des guten Beispiels war, betrachteten die SED-Führer als planmäßige Politik der Imperialisten: »Man versucht ..., auf ›friedliche‹ Weise in sozialistische Länder einzudringen, sie ideologisch zu zersetzen, ökonomisch abhängig zu machen, von innen auszuhöhlen, bis schließlich nach solcher zielstrebiger Vorarbeit die leere Hülle des Sozialismus beinahe von selbst zusammenfallen soll.« Wenn man von der Unterstellung »zielstrebiger« Vorarbeit absieht, liest sich dieser Satz aus dem Juli 1968 wie eine Prophezeiung all dessen, was später mit der DDR geschah. Die Führer der SED wußten genau, was ihrem Staat drohte. Sie hatten ein ganzes Vokabular dafür: das »Eindringen« des Feindes, »politische, ideologische und ökonomische Diversion«, »schleichende Konterrevolution«, »Aufweichung«, »Aggression auf Filzlatschen«.

Was in der Bundesrepublik befürchtet wurde, war keine Gefahr, aber wenn es um den Osten ging, dachte man am Rhein bis weit in die sechziger Jahre viel mehr in Gefahren als in Möglichkeiten. Als der sowjetische Parteichef Chruschtschow 1956 die »friedliche Koexistenz« zwischen Ost und West proklamierte, meinte Adenauer, die neue Taktik sei »gefährlicher als das alte brutale Vorgehen, denn sie spekuliert auf die Friedenssehnsucht, die allen Menschen eigen ist«. Noch 1968 meinte Ernst Lemmer, ehemals Gesamtdeutscher Minister, die Bundesrepublik könne eine Konföderation mit der DDR nicht riskieren: Wenn Demokraten sich mit Kommunisten einließen, werde »der totalitäre Teil ... von vornherein der Überlegene sein«.

In ihren Sorgen ähnelten sich Demokraten und Kommunisten während der ersten zwanzig Jahre mehr, als beide wahrhaben wollten; in der Abwehr der wirklichen und vermeintlichen Gefahren unterschieden sie sich jedoch wesentlich. Die Bundesrepublik wollte feindliche Agenten und staatsgefährdende Schriften fernhalten, ließ Einreisende festnehmen und zu kurzen Gefängnisstrafen verurteilen, auch wenn sie nur Propagandamaterial in den Taschen hatten. 1962 wurden das sowjetische Parteiprogramm und Reden des Parteichefs Chruschtschow beschlagnahmt und gegen den Verleger ermittelt. Der Bezug von DDR-Zeitungen bedurfte einer Genehmigung, Privatbriefe aus der DDR waren nicht sicher vor Kontrolle. Wer der Einladung einer DDR-Organisation folgte, riskierte seine Stellung oder sogar ein Verfahren. Um die Demokratie zu schützen, wurde die Demokratie beschädigt.

Die DDR wollte nicht nur feindliche Agenten fernhalten, sondern den ganzen »Westen« in allen seinen Erscheinungsformen. Sie ging mit System und Konsequenz daran, die Ostdeutschen ein- und die Westdeutschen auszusperren. Die erste große Maßnahme erfolgte noch auf Befehl der sowjetischen Kontrollkommission: Entlang der Grenze zur Bundesrepublik und rund um West-Berlin zog sie eine fünf Kilometer breite Sperrzone, bestückt mit Sperranlagen. Die Bewohner wurden großenteils ausgesiedelt. Im Laufe der fünfziger Jahre beschränkte sie zunehmend die Reisemöglichkeiten, ließ immer weniger Ostdeutsche in den Westen fahren, erklärte 1957 »Republikflucht« zum Straftatbestand und erlaubte Westdeutschen die Einreise nur noch zum Besuch von Verwandten. Mit dem Mauerbau im August 1961 riegelte sie ihr gesamtes Volk von der westlichen Welt ab, erst drei Jahre später, 1964, gestattete sie Rentnern, vier Wochen im Jahr Verwandte in der Bundesrepublik und West-Berlin zu besuchen. Acht Jahre lang lag die deutsche Einheit zur Hälfte in den Händen der Großmütter.

Bald darauf erfand sie die Geldmauer. Vom 1. Dezember 1964 an mußte jeder Westbesucher der DDR für jeden Aufenthaltstag fünf Westmark gegen fünf Ostmark eintauschen. Als der Grundlagenvertrag die DDR 1972 nötigte, alle Westdeutschen – auch ohne Ost-Verwandtschaft – ins Land zu lassen, erhöhte sie den Pflichtumtausch auf zehn Mark und steigerte ihn, weil immer mehr Besucher kamen, bis 1980 auf 25 Mark pro Tag. Das konnten sich viele nicht mehr leisten, dennoch stiegen die Besucherzahlen allmählich wieder an.

Die physische Trennung der Deutschen war das Werk der DDR, aber die Bundesrepublik tat vieles, was eine psychische Trennung beförderte. Die Dämonisierung des Kommunismus schreckte viele Bundesbürger ab, den Schritt über die große Grenze nach Osten zu tun; ungewollt, aber wirksam ergänzte westdeutsche Hysterie die Abschreckung, die schon vom Anblick der DDR-Grenzanlagen und vom Ton und den Ritualen der Grenzabfertigung auf die meisten Bundesbürger ausging.

Lange blieben die westdeutschen Politiker aller Parteien überzeugt, im Sinne der Ostdeutschen zu handeln, wenn sie die DDR nicht anerkannten. Lange hatten sie damit weitgehend recht. Die Bezeichnung »Sowjetzone« traf nach 1949 die Empfindungen vieler Ostdeutscher, die sich in einen Staat versetzt sahen, den sie nicht wollten. Doch allmählich, erkennbar seit den sechziger Jahren, wurde die DDR ihr Staat. Die meisten wünschten sich einen besseren, aber sie hatten nur diesen, und die Jüngeren kannten gar keinen anderen. Wenn der Westen weiter beharrlich von Sowjetzone sprach, traf er nicht nur den Staat DDR, sondern auch dessen Bürger. Während die Bundesrepublik sich als Deutschland empfand und darstellte, sollten sie immer noch in einem Niemandsland leben, und ihre Heimat sollte eine Bezeichnung dulden, die Verachtung ausdrückte.

Und das blieb nicht nur Theorie. Da die DDR über sportliche Erfolge politische Anerkennung zu erreichen suchte, bemühte sich die Bonner Politik, DDR-Mannschaften von internationalen Wettkämpfen fernzuhalten. Die Athleten mußten büßen, daß sie Ulbricht zum Herrn hatten. Viele Ostdeutsche fühlten sich gekränkt, weil ihren Sportlern der erhoffte Erfolg genommen wurde. Aus dem Westfunk und -fernsehen hörten sie von »deutschen« Mannschaften nur, wenn die westdeutschen gemeint waren, die ostdeutschen waren nicht deutsche, sondern DDR-Mannschaften. Die Sprache erschien – und war – exemplarisch für das Denken in der Bundesrepublik. Sie verletzte und trennte.

Die Trennung hat Deutschland schwerer verletzt als die Teilung. Auch Österreich lag, wie die DDR, hinter einer Staatsgrenze, blieb aber offen für jegliche Art menschlicher Kommunikation. Die Trennung zwischen Ost- und Westdeutschen zerriß Familien, Freundschaften, Bekanntschaften, berufliche Verbindungen und Interessengemeinschaften von den Sportlern bis zu den Briefmarkensammlern. Die Teilung spaltete die Organe und Organisationen eines Landes, die Trennung unterbrach den Blutkreislauf des Lebens. Die beiden Staaten konnte man 1990 zu einem zusammenfügen, die getrennten Deutschen, so zeigte sich, müssen erst wieder zusammenwachsen.

8.

DAS UNGLEICHGEWICHT

Wollen Sie mal 'ne gute rauchen?

Ein WESTDEUTSCHER 1963
in Rostock zu einem ostdeutschen Arzt

Zwischen Bundesrepublik und DDR bestand allezeit ein Mißverhältnis, weil der Weststaat dem Oststaat unerreichbar überlegen war und blieb. Die Überlegenheit ergab sich zunächst aus der größeren Bevölkerungszahl, zu Anfang fünfzig zu achtzehn Millionen, am Ende sechzig zu sechzehn. Wichtiger als die Quantität war die Qualität: weitaus größeres Wirtschaftspotential, demokratische Legitimation, Freiheit in den Lebensverhältnissen.

Mit ihrer ökonomischen Überlegenheit bedrängte oder verdrängte die Bundesrepublik den Gegenstaat außenpolitisch. Zwanzig Jahre lang verhinderte sie eine internationale Anerkennung der DDR. Im Ostteil Europas wuchs sie zu einem begehrten Handelspartner und wurde, als die politischen Hemmnisse 1970 überwunden waren, zur Konkurrenz der DDR auf deren eigenem Feld, zuerst wirtschaftlich, mit der Zeit auch politisch. Die DDR hat Vergleichbares im Westen nie erreicht.

Auch das Verhältnis zwischen den deutschen Staaten war vom Ungleichgewicht bestimmt. Die Bundesrepublik erkannte 1972 die DDR zwar als gleichberechtigten deutschen Staat an, aber nicht völkerrechtlich wie jeden anderen Staat. Was immer die rechtlichen Gründe waren – Ost-Berlin fühlte sich diskriminiert und drängte unentwegt und verbissen auf »volle« Anerkennung. Die Empfindlichkeit war enorm, schon die gängige Bezeichnung »zweiter deutscher Staat« wurde als Ausdruck der

Zweitrangigkeit empfunden. Tatsächlich hat die Mehrheit der politischen Klasse im Weststaat die DDR sehr lange nicht, viele niemals, als gleichrangig respektiert, teils aus Feindschaft, teils aus demokratischem Standesbewußtsein. Der Kommunistenstaat war nicht ebenbürtig. Um so stärker rühmte die DDR sich ihres ideologischen Vorrangs, sie sei der bürgerlich kapitalistischen Bundesrepublik »um eine historische Epoche« voraus.

Spürbarer noch war das wirtschaftliche Ungleichgewicht. Für die DDR machte der innerdeutsche Handel acht bis zehn Prozent ihres Außenhandels aus, für die Bundesrepublik nicht einmal zwei Prozent. Für den Oststaat war er, nicht nur quantitativ, auch qualitativ, eine ökonomische Notwendigkeit, für den Weststaat vor allem ein politisches Mittel.

Bonn blieb der überlegene Partner, der dem schwächeren Vorteile verschaffte oder verweigerte. Es gewährte der DDR den »Swing«, einen zinslosen Überziehungskredit, den Ost-Berlin stets zu erweitern suchte. Es sorgte beim Vertrag über die Europäische Wirtschaftsgemeinschaft (EWG) 1957 dafür, daß der innerdeutsche Handel zollfrei blieb. Indirekt war die DDR damit an den westeuropäischen Binnenmarkt angeschlossen, was ihr die östlichen Bruderstaaten sehr neideten. In den achtziger Jahren halfen ihr Bundeskanzler Kohl und der bayerische Ministerpräsident Strauß mit zwei Milliarden-Krediten, international kreditwürdig zu bleiben. In der Folgezeit lieh und lieferte die Bundesrepublik, was die Sowjetunion, der Retter in früheren Notlagen, nicht mehr vermochte. Das Ungleichgewicht zwischen den deutschen Staaten ging in die Abhängigkeit des einen vom anderen über.

Unerreichbar überlegen war die Bundesrepublik, weil sie ohne die DDR leben konnte, die DDR aber nur schwer ohne die Bundesrepublik. Zur Rücksicht auf Ost-Berlin nötigte die Bonner Politiker nur eines: Sie mußten für die »Lebensfähigkeit« West-Berlins sorgen. Alles andere, was sie für oder gegen die DDR taten, mochte wichtig sein, war aber nicht zwingend. Moralische und nationale Pflichten geboten es, nicht aber existentielle Notwendigkeit. Wiedervereinigung, Zusammenhalt der Nation, Erleichterungen für die Ostdeutschen – die Regierungen und Parteien am Rhein bemühten sich darum, aber es gab Wichtigeres. Westpolitik hatte immer Vorrang vor Ostpolitik, auch in deren Hochzeit Anfang der siebziger Jahre. Für die DDR galt spiegelverkehrt das gleiche, Ostpolitik hatte für sie immer Vorrang vor Westpolitik, doch die Westpolitik war für sie nicht entbehrlich. So sehr sie den westdeutschen Gegenstaat fürchtete, so sehr brauchte sie ihn; so scharf sie sich gegen ihn abgrenzte, so sehr mußte sie dafür sorgen, daß über die Grenze hereinkam, was ihr wirtschaftlich weiterhalf. So sehr sie den Bonner Bürgerstaat verachtete, so sehr war sie auf dessen Duldsamkeit angewiesen, als sie ihr Verhältnis zum Westen wesentlich verbessern wollte. Gegen Bonn konnte Honecker in Paris nicht Staatsbesuch machen.

Ungleichgewicht herrschte nicht nur zwischen den deutschen Staaten, sondern auch zwischen den Deutschen. Jede Beziehung wird schwierig, wenn sich der eine mehr für den anderen interessiert als umgekehrt. Die Ostdeutschen wußten immer mehr über die Bundesrepublik als die Westdeutschen über die DDR. Viele Ostdeutsche nahmen über Funk und Fernsehen am politischen Leben der Bundesrepublik teil, mancher kannte das gesamte Bundeskabinett und vom SED-Politbüro nur drei Namen, selbst westdeutsche Politologen waren nicht alle imstande, den Aufbau eines kommunistischen Staates zu erklären. Die Ostdeutschen hofften länger und stärker auf eine Wiedervereinigung, weil sie das Ende der Parteiherrschaft bedeutete, die Westdeutschen fanden sich eher und leichter mit der Teilung ab. Es war bei den Menschen wie bei den Staaten: Die einen konnten ohne die anderen leben und vermißten nicht viel, die anderen aber nur schwer ohne die einen.

Die Ostdeutschen erkannten schon früh, daß lediglich eine Minderheit der Westdeutschen sich für sie interessierte und die Mehrheit nur im Westen und nach Westen gewandt lebte. Sie spürten die Gleichgültigkeit und wurden empfindlich. Doppelt und dreifach hatten sie für Hitler bezahlen müssen und blieben allezeit die armen Verwandten, die bedauert wurden, aber nie ganz für voll genommen. Sie mußten dankbar sein für alles, was der Westen für sie tat, meinten aber, Anspruch auf Solidarität zu haben. Sie wünschten Anerkennung für ihre Leistungen, erhielten aber lange Zeit mehr Mitleid als Respekt. Sie fühlten sich gleichberechtigt, aber spürten ihre Abhängigkeit.

Das begann schon im privaten Besuchsverkehr. Der Westen hatte vieles, was die Ostdeutschen brauchten oder sich wünschten, der Osten bot wenig, was den Besucher aus dem Westen reizte. Auch Takt und Verständnis konnten die Mißverständnisse und Verklemmungen nicht ganz ausgleichen, die entstanden, weil die einen fast immer die Gebenden und die anderen fast immer die Nehmenden waren. Und nicht selten fehlte es an Takt und Verständnis.

Die unterschiedlichen Währungen schufen Rangunterschiede. Der Wert der Westmark steigerte das Selbstwertgefühl der Westdeutschen, die Schwäche der Ostmark erzeugte leicht Minderwertigkeitsgefühle. Den einen öffneten sich alle Türen, die anderen sahen zu, wie Besucher aus der Bundesrepublik im Intershop kauften und in exklusiven Interhotels dinierten. Die Westmark-Besitzer waren auch in den Urlaubsgebieten des Ostens die Bevorzugten, die das Beste bekamen, die DDR-Bürger waren die Deutschen zweiter Klasse, weil sie nur in einer Währung zweiter Klasse zahlen konnten.

Das gleiche war es mit den Staaten. Wer immer wieder hörte, die Bundesrepublik sei einer der tüchtigsten und wichtigsten auf dem Globus, sah auch sich selbst bestätigt. Wer – wie viele DDR-Bürger – schon Mühe hatte, sich mit seinem Staat zu identifizieren, und dann noch überall hörte oder zu spüren bekam, die DDR sei gar kein Staat oder jedenfalls ein schlechter, fühlte sich auch selbst getroffen.

Die politischen Erwartungen an den Westen waren oft übertrieben. Daß er am 17. Juni 1953 nicht half, den Mauerbau hinnahm, beim ungarischen Aufstand und beim »Prager Frühling«

zusah, enttäuschte auch viele, die einsahen, daß es nicht anders ging. Diese Erfahrungen schnitten tief ein, jedermann wußte: Wenn es ernst wird, sind wir allein. Dennoch blieben Erwartungen. Manche wünschten, die Bundesrepublik solle die Ostberliner Kommunisten ohne Rücksicht auf Verluste unter Druck setzen, andere verlangten eine konsequente Entspannungspolitik – einig waren sich alle, Bonn müsse zielstrebig und entschlossen handeln, aber tue es nicht. Von Ausnahmezeiten abgesehen hatten die Ostdeutschen den Eindruck, am Rhein werde mehr geredet als gewollt; sie hatten ein feines Ohr für falsches Pathos und ein sicheres Gespür, daß dort weit im Westen mehr westdeutsch als gesamtdeutsch gedacht wurde. Sie fühlten sich »abgeschrieben«. Das Wort kam schon auf, bevor die DDR gegründet wurde, und blieb lebendig, bis sie unterging; es galt nicht nur den Politikern, sondern der gesamten Bundesrepublik.

Resignation und Opposition waren die Folge. Je mehr die Hoffnung auf die Bundesrepublik sank, desto mehr stieg die Bereitschaft, sich in die DDR-Verhältnisse zu fügen, die unveränderbar erschienen. Zugleich entwickelte sich ein ostdeutsches Selbstbewußtsein, das sich gegen Gleichgültigkeit und Überheblichkeit der vom Schicksal begünstigten Landsleute richtete. In einer Reportage aus dem Jahr 1966 wurde ein Mann aus Rostock zitiert, der seinem westdeutschen Besucher entgegenhielt: »Jetzt sind wir soweit: Wir können ohne euch auskommen, wie ihr schon seit zwanzig Jahren ohne uns auskommt.«

9.

DIE ENTFREMDUNG

Sozialismus ohne Beziehungen
ist wie Kapitalismus ohne Geld.

Erfahrungssatz einer DDR-BÜRGERIN

Wenn Westdeutsche die DDR und Ostdeutsche die Bundesrepublik besuchten, blieben sie im selben Land, aber kamen in eine andere Welt. Was landläufig als Ost und West bezeichnet wurde, unterschied sich zweifach: einmal durch das politische und wirtschaftliche System, zum andern – im Westen oft vergessen – durch Armut und Reichtum.

Beide Systeme waren totalitär im allgemeinen Wortsinn: Sie tendierten zur Beeinflussung oder sogar Erfassung aller Lebensbereiche. Im Osten war Veränderung Programm, im Westen vollzog sie sich im wesentlichen ungeplant, aber um so stärker. Über vierzig Jahre lang wirkten die unterschiedlichen Verhältnisse auf die Menschen ein und prägten sie. Das Sein bestimmte tatsächlich das Bewußtsein, beeinflußte es zumindest, selbst wenn sich viele, vor allem im Osten, dagegen wehrten. Sogar die Aussteiger und Alternativen blieben der Bundesrepublik verhaftet, sogar die Feinde der DDR blieben Kinder der DDR.

Es konnte nicht ohne Folgen bleiben, ob die Menschen in Freiheit oder unter Staatsaufsicht lebten, mit Wettbewerb oder mit Planerfüllung, mit Selbstverantwortung oder mit Totalfürsorge, mit Überfülle oder mit Knappheit, mit Weite oder mit Enge. Die Bundesrepublik erlaubte, den Gesichtskreis zu weiten, und ermöglichte Weltläufigkeit, die DDR beschränkte den Horizont ihrer Bürger und hielt sie in Provinzialität. Der Westen war fast immer voraus, der Osten fast immer hinterher – all das prägte.

Die Westdeutschen entwickelten die Selbstsicherheit, die ein Staat ohne Zwang entstehen läßt. Die Ostdeutschen entwickelten die Fähigkeit, sich einem Zwangsstaat zu entziehen. Die Westdeutschen lernten, sich durchzusetzen, die Ostdeutschen lernten, sich anzupassen; die Westdeutschen waren in Gefahr, zu Ellenbogen-Menschen zu werden, die Ostdeutschen mußten aufpassen, daß sie sich nicht zu sehr verbogen. Die einen konnten überzeugend reden, die anderen vielsagend schweigen. Die einen mußten auffallen, um voranzukommen, die anderen durften nicht auffallen, wenn sie in ihrer Arbeit unbehelligt bleiben wollten. Von den einen wurde Initiative verlangt, von den anderen Vorsicht vor jeder Abweichung von der Norm.

Die Westdeutschen mußten für sich selbst sorgen, die Ostdeutschen gewöhnten sich daran, daß für sie gesorgt wurde. Die einen lernten, daß sich alles »rechnen« muß, die anderen hielten es für unverantwortlich, menschliche Grundbedürfnisse den Gesetzen des Marktes zu unterwerfen. Die Westdeutschen betrachteten Arbeitslosigkeit als großes Unglück, aber mit der Zeit auch als unvermeidbar, die Ostdeutschen sahen darin einen Systemfehler und zählten Vollbeschäftigung zu den Pflichten des Staates. Die einen dachten mehr ökonomisch, die anderen mehr sozial.

Es war ein ungeheurer Unterschied, ob man mit einer Angebots- oder einer Verteilungswirtschaft lebte. Den Westdeutschen wurde die Ware aufgedrängt, die Ostdeutschen mußten ihr nachlaufen. Für die einen war es eine Frage des Geldes, für die anderen die Frage, ob sie einen kannten, der hatte, was sie brauchten: »Sozialismus ohne Beziehungen ist wie Kapitalismus ohne Geld.«

Die Westdeutschen konnten es sich leisten, die Politik zu ignorieren. Die Ostdeutschen waren von Politik eingekreist, sie mußten sich ihrer erwehren, was häufig Nachteile mit sich brachte. Sie mußten ihr Lippenbekenntnisse leisten, um Nachteile zu vermeiden, oder ihr nachgeben, um Karriere zu machen.

In der Bundesrepublik lernte man das Handwerk der Politik und, wenn man aufstieg, das Regieren. In der DDR lernte man, wenn man hochwollte, das Funktionieren, sonst nur das Opponieren und die kleinen Tricks, um Zumutungen auszuweichen und sein Leben in Anstand zu führen. In der Bundesrepublik wurde die Freiheit, weil bald gewohnt, für selbstverständlich genommen, in der DDR wurde sie, weil vorenthalten, in ihrer vitalen Bedeutung erkannt.

Die Ostdeutschen hatten fast überall das schlechtere Los gezogen, aber sie gewannen daraus Erfahrungen, die den Westdeutschen abgingen. Was die Bundesbürger in und mit den demokratischen und marktwirtschaftlichen Möglichkeiten erreichen konnten, mußten die Ostdeutschen neben, unter und zwischen den Befehlssträngen der Staatshierarchie und den Auflagen des Wirtschaftsplans durchsetzen. Vieles, das im Westen legal erreichbar war, konnte im Osten nur halb- oder illegal zustande gebracht werden. Was man im Westen organisierte, mußte man im Osten oft improvisieren.

Die Unvernunft oben erzwang eine Korrektur durch Vernunft von unten: in einer zweiten Wirtschaft, in der es nur nach Angebot und Nachfrage ging, die Einfallsreichtum und Initiative verlangte und ohne die auch Staatsbetriebe ihren Plan oft nicht erfüllen konnten. In einer Notgemeinschaft, die Staatsbürger unorganisiert gegen den Staat vereinte, um sich gegen die Anmaßungen und Willkür der Herrschenden zu wehren, vor »Stasi«-Bespitzelung zu schützen, vor ideologischer Verblödung zu bewahren, bei den tausend Mühseligkeiten des praktischen Lebens zu helfen, über das zu informieren, was die Presse unterschlug, und um den Ärger und die Wut abzuladen, die sich aufgestaut hatten. Es gab in der DDR »durchaus ein richtiges Leben im falschen«.

Deutschland hat sich nach dem Zweiten Weltkrieg tiefgreifend verändert, aus Deutschen wurden Westdeutsche und Ostdeutsche. Die Spottnamen »Wessi« und »Ossi« kamen erst während der Vereinigung 1990 auf, aber die Unterschiede, die sie bezeichneten, entstanden bereits seit Anfang der sechziger Jahre. Jede Seite war überzeugt, nur die andere habe sich verändert. Die Bundesbürger sahen den DDR-Bürger deformiert vom Kommunismus, die Ostdeutschen sahen den Bundesbürger versinken in Wohlstand und Wohlleben. Obwohl eigene Erfahrungen die Zerrbilder oft widerlegten, nahm die Entfernung voneinander zu. Und je weiter die Generationen heranwuchsen, die das einheitliche Deutschland nicht kannten, desto weiter wuchs der Abstand.

Nur Westdeutsche hatten die Möglichkeit, ihn durch Besuche zu überbrücken, nur eine Minderheit tat es. Zum größten Teil waren es Leute, die eine persönliche Beziehung nach »drüben« hatten, von dort stammten oder Verwandte oder enge Freunde oder geschäftliche Verbindungen hatten. Nur eine Minderheit in der Minderheit pflegte das Verhältnis zum Osten aus Interesse, aus Teilnahme, aus einem Gefühl nationaler Verpflichtung.

Für die große Mehrheit der getrennten Deutschen wurde es immer schwerer, einander zu verstehen. Zu vieles war anders auf der anderen Seite: andere Nöte und Notwendigkeiten, andere Möglichkeiten und oft andere Wünsche. Anders auch vieles, worauf man zu achten und wovor man sich zu hüten hatte. Anders zuweilen die Wege zu denken und die Maßstäbe beim Urteilen. Anders überhaupt, wie es dort funktionierte, die Politik, die Wirtschaft, die sozialen Beziehungen, der Alltag. Und anders eben auch die Menschen. Wer sich Mühe gab, merkte, daß die Unterschiede so groß nicht waren, wie sie schienen, aber nur manche gaben sich Mühe.

Als sich die Deutschen nach der Vereinigung wieder direkt begegneten, schüttelten sie die Köpfe übereinander, ehemalige DDR-Bürger, von Unverständnis bedrängt, meinten, über ihr Leben könne nur urteilen, wer es geteilt habe. Ehemalige Bundesbürger forderten, der Osten müsse nun Westen lernen. Die Verfremdung, die beide durch ihre Systeme erfahren hatten, hatte zur Entfremdung geführt.

10.

DIE LAST

> Hauptstadt Deutschlands
> Schaufenster des Westens
> Pfahl im Fleische des Ostens
> Mahnmal der Einheit.
>
> CHARAKTERISIERUNGEN WEST-BERLINS

West-Berlin war der übriggebliebene Rest eines gescheiterten Plans. Die Siegermächte wollten Deutschland von dessen Hauptstadt aus gemeinsam regieren, zerstritten sich aber und teilten das Land in zwei Staaten. Berlin hatte keine Funktion mehr, und die Amerikaner, Briten und Franzosen hatten dort keine Aufgabe mehr. Die Sowjetunion versuchte, sie mit der Blockade der Westsektoren zum Abzug zu zwingen, aber sie blieben und wahrten ihre Stellung; die Amerikaner und Briten hielten die Zwei-Millionen-Stadt elf Monate lang mit einer Luftbrücke am Leben. Es war eine dramatische Aktion, bei der die Westmächte und die Westberliner zu einer Verteidigungsgemeinschaft zusammenwuchsen; aus den Besatzungsmächten wurden Schutzmächte, aus den Bewohnern der Nazi-Hauptstadt Freiheitskämpfer.

Als Stalin im Mai 1949 die Blockade abbrach, gab es West-Berlin, eine neue politische Größe in der deutschen und internationalen Politik. Es gab sie, aber sie war ein zweckloses Gebilde in absurder geographischer Lage. Unbefangen betrachtet war sie für alle eine Last. Die Westmächte mußten einen exponierten Platz sichern, der sich nicht verteidigen ließ und den Gegner zu Pressionen und Schikanen einlud. Die Sowjetunion und die DDR erhielten mit West-Berlin zwar einen

idealen Druckknopf, den sie zwanzig Jahre lang fleißig benutzten, wenn sie den Westen unter Druck setzen wollten. Aber das wog den Schaden nicht auf, den die feindliche Insel inmitten der sozialistischen Welt anrichtete. Ihre bloße Existenz wirkte bereits als Magnet auf die Ostdeutschen, ihre Politik und Propaganda stellte ständig alles in Frage, was die DDR-Regierung unternahm, ihre Zugänglichkeit ermöglichte jedem DDR-Bürger, seinen Staat zu verlassen.

Auch für die Bundesrepublik wurde West-Berlin zur Last. Sie mußte für die Lebensfähigkeit der verarmten, von ihrer Industrie großenteils verlassenen Stadt sorgen. Der halbe Haushalt kam aus Bonn, und sie hatte Rücksichten zu nehmen, um den hoch empfindlichen Platz nicht zu gefährden und ihm, womöglich, Erleichterung zu schaffen. Allen Kanzlern hing diese Rücksicht wie ein Bleigewicht bei ihrer Außenpolitik an den Füßen:

Rücksicht auf Moskau und die DDR, die sie nicht zu Schikanen provozieren durften, vielmehr davon abbringen mußten; Rücksicht auf die Westmächte: Adenauer zerstritt sich mehrfach mit den Angelsachsen wegen Berlin, Brandt vergaß nie die Kaltschnäuzigkeit, mit der die Alliierten auf den Mauerbau reagierten, später mußte er hinnehmen, daß Washington seine Ostpolitik mit Hilfe der Vier-Mächte-Verhandlungen über Berlin kontrollierte und zeitweise bremste.

West-Berlin war mehr als eine Last, es war Ursache, Anlaß, Vorwand und Werkzeug für Krisen und Konflikte bis zur Kriegsgefahr. Lange Zeit diente es als Prügelknabe. Stalin schlug auf West-Berlin ein, als er die Gründung der Bundesrepublik verhindern wollte, Chruschtschow tat es zehn Jahre später, als er die Anerkennung der DDR und damit des sowjetischen Imperiums bis zur Elbe durchzusetzen versuchte. Die Westmächte sahen sich zu immer neuer Notfallplanung gezwungen, im ersten Fall zur Luftbrücke, im zweiten zur Vorsorge: Sollen wir mit Panzern nach Berlin durchbrechen, wenn die DDR, von Moskau ermächtigt, die Grenze sperrt? Dürfen wir dabei, wenn es ernst wird, taktische Atomwaffen einsetzen? Fragen, zu denen sich auch die westdeutschen Politiker äußern mußten. Auch wenn Berlin keinen Krieg wert war, welches Kriegsrisiko durfte man dafür eingehen?

Als die DDR im Sommer 1961 durch Massenabwanderung über Berlin auszubluten drohte, waren Moskau und Washington bis zur Kriegsgefahr herausgefordert, Chruschtschow mußte die DDR retten, Kennedy West-Berlin schützen. Die Mauer war der Kompromiß, sie schloß das Fluchtloch und ließ die Westinsel und deren Verbindungswege nach Westen unangetastet. Ein Jahr später floß die Berlinkrise mit der Kubakrise zusammen, Kennedy urteilte: »Wenn wir jetzt Kuba nehmen, … werden wir mit Sicherheit das Problem haben, daß Berlin genommen wird.« Das folgende Jahrzehnt barg keine lebensgefährlichen Situationen mehr, aber soviel Unruhe, Zusammenstöße und Kleinkrisen, daß sich die vier Besatzungsmächte der Stadt 1970 zusammenfanden, um den Krisenherd stillzulegen.

Bis zur Vereinigung Deutschlands diente ganz Berlin den Siegern als Kontrollturm. Die Bundesrepublik blieb den Westmächten verpflichtet, weil sie West-Berlin schützten und die Verbindungen der Insel zum Festland garantierten; bis 1972 beruhte der deutsche Berlinverkehr allein auf Vier-Mächte-Recht. Die DDR brauchte die Hilfe der Sowjetunion, um die Peinlichkeit einer Hauptstadt unter Besatzungsrecht zu überwinden, indem sie deren Merkmale beseitigte. Moskau duldete das, die Westmächte protestierten und ließen die DDR ihre Minderrangigkeit spüren. Sie akkreditierten 1973 zwar ihre Botschafter in der Hauptstadt der DDR, aber schickten weiterhin ihre Militär-Jeeps zu Kontrollfahrten in den Ostsektor Berlins. Einig blieben sich die vier Mächte, daß alles, was ganz Berlin betraf, ausschließlich ihre Sache sei. Beide deutsche Staaten hatten vitale Interessen in der Stadt, aber keine Rechte, die nicht von Siegerrecht überlagert waren.

In Berlin war alles schlimmer als in Deutschland. Die Teilung durchschnitt nicht ein Land, sondern den Organismus einer Stadt. Die Trennung riß mehr Menschen weiter auseinander, schon seit 1952 waren alle Telefonkabel zwischen West und Ost gekappt. Die Feindschaft war böser, denn hier standen die feindlichen Brüder einander unmittelbar gegenüber. Hier fanden Kampforganisationen jeder Art und Geheimdienste vieler Länder ihr Dorado. Hier tobte der Kalte Krieg, wie er es sonst nirgendwo konnte; mindestens sechshundert Mal entführte die DDR-Staatssicherheit verhaßte Gegner gewaltsam von West- nach Ost-Berlin.

Berlin war Kampfplatz, bis zum Mauerbau 1961 aber auch Brücke. Zunächst Fluchtbrücke – ohne die halb offene Grenze hätten drei Millionen Ostdeutsche nicht über ihre Zukunft bestimmen können. Auch Familienbrücke – ohne Berlin als allerseits zugänglichen Treffpunkt hätte die radikale Trennung zwischen Verwandten, Freunden und Kollegen bereits 1948 begonnen und nicht erst 1961. Ferner Versorgungsbrücke – ohne West-Berlin hätten Ostdeutsche nicht bekommen können, was es bei ihnen nicht gab, das war lange Zeit viel. Schließlich geistige Brücke – ohne das westliche Berlin wären die Ostdeutschen schon früher radikal vom Westen ausgesperrt worden, von Theater, Kinos, Ausstellungen, von den Zeitungen und Büchern und von der Atmosphäre einer freien Stadt.

Mit dem Mauerbau verlor West-Berlin seine Brückenfunktion bis auf geringe Reste, zum zweiten Mal schien die Halbstadt übriggeblieben, ohne Zweck und Aufgabe. Ihre Existenz blieb gesichert, aber die Suche nach einer neuen Aufgabe blieb ergebnislos. So setzte sich eine Entwicklung fort, die aus der Westinsel im Osten allmählich ein drittes Deutschland werden ließ, rundherum eingemauert und in grenzenlosem Haß gegen den Mauerstaat befangen, dem westlichen Deutschland zugehörig, doch sich langsam entfremdend. Früher bedroht durch Blockaden und Ultimaten, jetzt durch Selbstbefangenheit und einen schleichenden Prozeß der inneren Austrocknung.

Zweierlei blieb jedoch. Schon 1949 rief Berlins legendärer Bürgermeister Ernst Reuter dem ersten Bundestag zu: »Der Sinn der deutschen Bundesrepublik ist nicht darin zu sehen, daß im Westen an den Ufern des Rheins Selbstzufriedenheit und Bequemlichkeit sich breitmachen. Mit den Ideen eines Rheinbunds läßt sich weder Deutschland noch Europa aufbauen.« Die Distanz vieler West- und Süddeutscher zum preußischen Berlin hatte historische Gründe, die weiterwirkten: Berlin war der Bundesrepublik keineswegs Herzenssache, aber es war Pflicht und wurde damit zur Klammer zwischen dem deutschen Westen und Osten.

Klammer war das eine, Hindernis für dauernde Teilung war das andere. Je mehr sich die Welt und die meisten Deutschen an die Existenz zweier deutscher Staaten gewöhnten, desto näher lag, die Tatsachen für die Lösung zu nehmen. Auch als Dauerzustand erschienen zwei Deutschlands vorstellbar, aber niemand hatte eine Antwort auf die Frage: »Und wohin mit dem dritten, mit West-Berlin?«

III.

WIE DIE DEUTSCHEN GEGENEINANDER STANDEN

1.

KALTER KRIEG

> Wir sind beide in einem unheilvollen und gefährlichen Kreislauf gefangen, in dem der Argwohn auf der einen Seite Argwohn auf der anderen auslöst und in dem neue Waffen zu wieder neuen Abwehrwaffen führen.
>
> JOHN F. KENNEDY 1963

Als die Deutschen nach dem Krieg anfingen, sich über ihre Zukunft Gedanken zu machen, sahen sie sich in eine Welt versetzt, die ein wenig verrückt erschien. Sie hatten Hitlers Germanenkult und Rassenwahn hinter sich und waren nun gleich wieder politischen Glaubensbekenntnissen ausgesetzt, denen sie sich anschließen sollten. Hinzu kam, daß diese Bekenntnisse bald in unversöhnliche Feindschaft gerieten und die Welt in zwei Lager teilten, die einen kalten Krieg gegeneinander führten. Ein ideologischer Totalitarismus breitete sich aus, die Doktrinen überwucherten das Denken, besonders das politische Urteilsvermögen.

Auf beiden Seiten der großen Grenze, von Churchill »Eiserner Vorhang« genannt, herrschte die feste Überzeugung, die Gegenseite wolle und plane das Schlimmste, vielleicht sogar einen Krieg. Beide Seiten meinten, sie hätten es auf der anderen nicht nur mit bösartigen Politikern zu tun, sondern mit einem bösartigen »System«. Der Imperialismus, glaubte man im Osten, und der Kommunismus, glaubte man im Westen, seien ihrem Wesen nach aggressiv, expansiv und fixiert auf die Erringung der Weltherrschaft.

In lebensgefährlichen Situationen erwies sich später, daß die

Verantwortlichen in Moskau wie in Washington nicht ideologisch, sondern politisch dachten und Kompromisse fanden, um nicht in einen Krieg, vielleicht Atomkrieg zu geraten. Aber wer konnte das vorher wissen? In der Welt, in die sich die Deutschen einordnen mußten, glaubte keine Seite der anderen. Beide boten auch hinreichend Stoff, um Mißtrauen zu nähren. Die Kommunisten, das konnte man überall nachlesen, betrachteten es als ihre Aufgabe, die Weltrevolution zu betreiben, die Demokraten in Amerika sahen es als ihre Mission, der Welt die Freiheit zu bringen. Auch das war vielfach nachlesbar. Aber hier wie dort wurde mehr gelesen als gedacht. Was Theorie, Ideal, bestenfalls fernes Fernziel war, wurde als Handlungsanleitung für die praktische Politik genommen. Jede Maßnahme des Gegners wurde auf eine weiterreichende Absicht geprüft, Verschwörungstheorien wucherten und fanden leicht Anhänger. Selbst Pannen auf der anderen Seite wurden beargwöhnt, vielleicht steckte ein besonders raffiniertes Manöver dahinter.

Das Wahrnehmungsvermögen litt. Als die nordkoreanischen Kommunisten 1950 Südkorea überfielen, war der gesamte Westen überzeugt, Stalin beginne in Ostasien mit der Weltrevolution, vielleicht sogar als Ablenkungsmanöver, um sich dann Westeuropa einzuverleiben. Erst Jahrzehnte später wurde klar, daß Kim Il-sung eine Gelegenheit wahrzunehmen versuchte und Stalin erst lang- und mühsam zum Einverständnis gebracht wurde. Die Gelegenheit hatten die Amerikaner geboten, die Südkorea fast ganz geräumt und als nicht erforderlich für ihre Sicherheit erklärt hatten. In Westeuropa aber standen sie und hatten sich mit der Nato zu dessen Verteidigung verpflichtet. Ein sowjetischer Angriff hier hätte den dritten Weltkrieg bedeutet, zu dem Stalin kaum in der Lage und nicht willens war. Doch der Korea-Schock alarmierte den ganzen Westen und stürzte die Westeuropäer in hysterische Kriegsangst.

Noch gröber wurde mißdeutet, was Moskau zur Bewahrung seiner Macht tat. Die Niederschlagung des Aufstands am 17. Juni 1953, die Niederkämpfung der ungarischen Revolution

1956, der Bau der Berliner Mauer 1961, all das bewies Gewaltentschlossenheit, aber nicht Expansionsbereitschaft, wurde im Westen aber vielfach so aufgefaßt: Dies sei nur der erste Schritt, wenn der Westen ihn hinnehme, werde der zweite folgen, vermutlich ein Handstreich, mit dem sich die »Sowjets« dann auch gleich West-Berlins bemächtigen. Weit verbreitet war die Vorstellung: Wer, wie die Moskauer Führung, im eigenen Haus so brutal vorgeht, bricht auch in andere Häuser ein. Nur manche erkannten, daß die Sowjetunion in die Defensive geraten war: Ein Imperium bewältigte seine Eroberungen nicht und konnte sie nur militärisch zusammenhalten. Kurz nach dem sowjetischen Gewaltakt in Budapest schrieb der jugoslawische Dissident Milovan Djilas: »Die Revolution in Ungarn bedeutet den Anfang vom Ende des Kommunismus.«

Auf der Ostseite sah man oft nicht klarer. Die Überzeugung vom imperialistischen Charakter der USA verstellte die Einsicht, daß sich die Amerikaner zur Machterhaltung, nicht -erweiterung, in Vietnam engagierten. Fixiert auf ihre Domino-Theorie meinten sie, wenn Vietnam den Kommunisten anheimfalle, würden alle Länder Südostasiens wie Dominosteine eines nach dem anderen fallen. Die Überzeugung vom faschistischen und revanchistischen Charakter der Bundesrepublik verhinderte mindestens dreißig Jahre lang ein sachliches Urteil. Das Zerrbild entstand aus einer Mischung von historischer und ideologischer Befangenheit, in gemilderter Form überlebte es mancherorts bis ins 21. Jahrhundert.

Nach den Erfahrungen mit deutschem Ostkrieg und deutscher Okkupation war es ein erklärliches und dennoch groteskes Mißverständnis: In Bonn wurde Adenauer bekämpft, weil er dem Osten den Rücken zukehrte, im Osten wurde er gefürchtet, weil er einen neuen Ostfeldzug plane, wenn nicht allein, so als Initiator eines Krieges, in den er die US-Imperialisten hineinziehe. Im ganzen Osten, von Ausnahmen abgesehen, wurde das Problem westdeutscher Ostpolitik nicht erkannt, es war nicht Revisionismus und Eroberungslust, sondern Gleichgültigkeit und Angst.

Die Ideologien herrschten über Kontinente und Nationen. Europa war nicht mehr Europa, Ost und West teilten es nicht nur, sie gliederten es neu. Westeuropa hatte nie bis zur Elbe gereicht, Osteuropa niemals Polen, Böhmen und Ungarn umfaßt. Aber historische Eigenständigkeit, geographische Zusammengehörigkeit und kulturelle Verwandtschaft zählten nicht mehr im Kampf der Ideologien. Die neuen, um Moskau und Washington gruppierten Gemeinschaften sollten die alten Gemeinsamkeiten ersetzen. Warschau und Prag sollten sich Moskau zugehörig fühlen, die Herzen der Pariser und Mailänder sollten im gleichen Takt schlagen wie die Herzen der New Yorker. Zwischen Nato und Warschauer Pakt gab es nichts und durfte es nichts geben. Der Glaubenskrieg der Systeme erlaubte ideologisch keinen »Dritten Weg«, politisch keine Neutralität und geographisch keine Pufferzone.

Auch Deutschland, so schien es, war nicht mehr Deutschland, es war nicht nur geteilt, sondern einbezogen in die neuen, einander feindlichen Welten. Die Wiedervereinigung war zwar Programm beider Staaten, aber in der politischen Praxis ging Ideologie über Nation, in Westdeutschland auch nach Meinung der großen Mehrheit. Es waren wirre und verwirrende Zeiten, in denen sich die Deutschen zurechtfinden und ihren Platz suchen mußten. Die Liste der Schwierigkeiten und Aufgaben war lang und im wesentlichen gleich für Bundesrepublik und DDR.

Sie mußten Entschiedenheit zeigen in der Verdammung des Nationalsozialismus und der Welt beweisen, daß er überwunden werde oder schon sei.

Sie mußten die Welt überzeugen, daß die Deutschen genug hatten von Krieg und Gewalt, nichts sehnlicher wünschten als Frieden und keine Gefahr mehr waren.

Sie mußten ihren Vormächten, die Bundesrepublik den Amerikanern, die DDR den Russen, ihre Zuverlässigkeit als treue Gefolgsstaaten bekunden und beweisen, um sich den beständigen Rückhalt der Großen zu sichern, von denen ihre Existenz und ihre Stellung im Bündnis abhing.

Sie mußten ein normales Verhältnis zu ihren Nachbarn suchen, im Westen vor allem zu Frankreich, im Osten zu Polen, um dann allmählich zu Verständigung und Aussöhnung zu gelangen.

Sie mußten sich auch in ihrer Innenpolitik stets überzeugend bewähren, die einen als Demokraten, die anderen als Kommunisten.

Sie mußten ihre Staaten aus dem Besatzungszustand hinausführen und ihnen Souveränität verschaffen – soweit die Rechtslage und die Kontrollbedürfnisse der Siegermächte es zuließen.

Sie mußten den größten Gebietsverlust bewältigen, den Deutschland je erlitt, fast ein Viertel des Reichsterritoriums lag östlich der Oder-Neiße-Grenze. Deren früheren Bewohnern mußten sie, materiell und ideell, eine neue Heimat geben.

Sie mußten mit der Teilung des verbliebenen Deutschland leben, sich fragen und entscheiden, was sie für die Einheit tun könnten und was sie dafür riskieren wollten: ihre Sicherheit, ihre Freiheit, ihren Sozialismus, ihre Staatsordnung oder sogar ihren Staat?

Sie mußten Politik für, gegen oder mit West-Berlin führen: Sollte die Bundesrepublik es zur Frontstadt gegen die DDR ausbauen, sollte die DDR es zur Geisel nehmen gegen die Bundesrepublik? Oder sollten beide Regelungen suchen, mit denen alle leben konnten?

Sie mußten sich und ihre Staaten auf die Normen und Formen ihrer Vormächte einstellen und sich auf sich selbst besinnen, als deren Vorbildlichkeit verblaßte.

Diese und viele ähnliche Fragen blieben ständige Begleiter der Ost- wie der Westdeutschen, der Bundesrepublik wie der DDR, manche sogar noch des 1990 vereinten Landes.

2.

WEGE AUS DER SCHULD

> Vergangenheit kann allenfalls
> so bewältigt werden, wie Sisyphus
> seinen Stein den Berg hinaufrollt.
> Der entgleitet ihm immer wieder,
> und er muß von vorn beginnen.
>
> STEPHAN HERMLIN

Aus der moralischen Dimension der Niederlage ergab sich das erste Erfordernis der deutschen Nachkriegsgeschichte: Um aus der Katastrophe hinauszukommen, brauchte man mehr als Politik. Bevor das Spiel mit den Interessen wieder beginnen konnte, mußten die Deutschen glaubwürdig und allmählich auch vertrauenswürdig werden. Die ersten Nachkriegsjahre waren zwar vom Kampf ums Dasein (fast im genauen Wortsinn) beherrscht, doch sie waren auch die Jahre einer deutschen »Gewissenserforschung«, wie sie im ganzen Land mit solchem Ernst und solcher Radikalität nie wieder unternommen wurde. Nie wieder jedenfalls sprachen Angehörige der Generation, die es anging, so viel und so ehrlich über Schuld und Verantwortung, über Sühne, Buße und Katharsis: »Schuld bleibt Schuld und muß bezahlt werden. Das ist die einzig anständige Haltung. Was in unserem Namen begangen wurde, dafür müssen wir alle einstehen und es nach besten Kräften wieder gutmachen. Ehe die Einsicht in diese moralische Verpflichtung, von der uns kein Verhalten anderer losbindet, nicht durchgedrungen ist, eher ist der Beweis für eine Änderung der Haltung des deutschen Volkes nicht erbracht, und eher können wir auch nicht aus voller Überzeugung eine andere Behandlung erwarten.«

So stand es im März 1947 in den *Nordwestdeutschen Heften*, einer der zahlreichen Zeitschriften, in denen damals die Diskussion geführt und schon fast alles gesagt wurde, was zu erkennen und zu tun für Deutsche notwendig war. Allerdings beschränkte sich die Selbstprüfung auf eine schmale Minderheit. Alliierte und deutsche Beobachter waren sich zwei Jahre nach Kriegsschluß einig, daß ihre Versuche, »dem Mann auf der Straße einen Begriff vom nazistischen Verbrechen zu vermitteln, merkwürdig unwirksam geblieben« seien. Der Psychologe C. G. Jung hatte schon kurz nach Kriegsende geschrieben: »Der Deutsche ist heute wie ein Betrunkener, der am nächsten Tag mit einem Katzenjammer aufwacht. Er weiß nicht, was er getan hat und will es nicht wissen. Das einzige Gefühl ist das eines ungeheuren Elends. Er wird den Anklagen und dem Haß der Welt gegenüber krampfhaft versuchen, sich zu rehabilitieren; aber das ist nicht der richtige Weg. Die einzige Erlösung liegt … in der restlosen Anerkennung der Schuld.«

Was hätte das bedeutet? Anerkennung der Schuld gebot die Einsicht, daß Deutschland den Krieg begonnen hatte und gar nicht hätte gewinnen dürfen. Daß auch beim Krieg im Osten nicht die Deutschen Europa vor der bolschewistischen Barbarei retten wollten, sondern die Russen ihr Land vor den Deutschen retteten. Daß nicht nur die Deutschen litten, sondern die Deutschen anderen Völkern noch größere Leiden zugefügt hatten. Daß die Ursache der deutschen Teilung im deutschen Krieg lag, der Russen, Amerikaner und Engländer nach Mitteleuropa brachte und ihnen überhaupt erst die Möglichkeit gab, sich über Deutschland zu zerstreiten. Und daß der tiefste Grund des deutschen Unheils nicht in den Jahren 1939 oder 1945 zu suchen war, sondern im 30. Januar 1933, als Hitler an die Macht kam. Schließlich: daß der Führer, dem die meisten vertraut hatten, ein Verbrecher war, gleich ob man von Auschwitz gewußt hatte oder nicht.

All das anzunehmen hätte bedeutet, daß alles umsonst war: der Tod der Gefallenen, das Schicksal der Ausgebombten und

Vertriebenen, die Schrecken, Entbehrungen und Verwüstungen des Krieges und auch die Tapferkeit, mit der man gekämpft, und die vielen Siege, die man errungen hatte. Sich zu Einsichten solchen Ausmaßes durchzuringen verlangte mehr, als den meisten Menschen möglich ist. Was die Sieger und schuldbewußte deutsche Mahner forderten, war berechtigt, aber illusionär. Es war auch historisch beispiellos. Nie hat ein ganzes Volk oder auch nur dessen Mehrheit sogleich nach vollbrachter Untat seine Schuld bekannt oder wenigstens erkannt. Immer waren zuerst nur Minderheiten zur Selbstbesinnung fähig. Mehrheiten gelangten nie weiter als bis zur Einsicht in die Schuld ihrer Herrscher oder ihres Staates, und auch das dauerte Jahrzehnte, meist war eine neue, unbeteiligte Generation nötig. Und selbst dann behaupten sich oft noch die Verteidiger vermeintlicher Unschuld. Noch im Februar 2005 verabschiedete die französische Nationalversammlung ein Gesetz, das eine positive Darstellung des Kolonialismus in den Schulbüchern verlangt. Die ehemaligen Feinde Deutschlands, die sich aus den Zeiten des Zweiten Weltkriegs etwas vorzuwerfen haben, brauchten etwa vierzig Jahre, um sich ihrer Schuld bewußt zu werden. Einzelne frühere Stimmen, die mahnten, verhallten folgenlos. Man kann die Verstocktheit beklagen und die Verzögerungen bedauern, aber mehr gibt die menschliche Natur nicht her.

Als die deutschen Politiker im Jahr 1948 von ihren Besatzungsmächten die Aufgabe übernahmen, die personelle und geistige Hinterlassenschaft des Nationalsozialismus zu beseitigen, standen sie in Ost wie West vor dem gleichen Zwiespalt. Einerseits mußten sie ihren Besatzungsmächten und auch eigenen Überzeugungen folgen und der Welt beweisen, daß Hitlers Erben und Erbschaft keine Chance hätten – das nötigte zu scharfem, konsequentem Vorgehen. Andererseits standen sie einem Volk gegenüber, dessen große Mehrheit sich weigerte, deutsche Schuld oder auch nur Verantwortung für Hitler anzuerkennen – das nötigte zu Vorsicht und Kompromissen, denn ohne Volk war kein Staat zu machen. Gegenüber der großen Masse kleiner

Nazis verhielten sich west- und ostdeutsche Politiker ähnlich, schon vor der Gründung der beiden Staaten verzichteten sie auf Bestrafung und Verfolgung und warben für ihre neue Ordnung, in den Westzonen für die Demokratie, in der Ostzone für den Sozialismus. »Wir wissen«, sagte Ulbricht 1946, »daß ihr Nazis wart, wir werden aber nicht weiter darüber sprechen, es kommt auf euch an, ehrlich mit uns zusammenzuarbeiten.«

Im übrigen aber unterschied sich fundamental, wie in Bundesrepublik und DDR gedacht, was getan und unterlassen wurde. Die Unterschiede ergaben sich aus dem Charakter der beiden Staaten und der Biographie der Verantwortlichen. Die Parteien der Bundesrepublik waren auf Wähler angewiesen und spiegelten die Stimmung im Lande, die meisten Deutschen wünschten einen »Schlußstrich« unter Verfolgung und mahnende Erinnerung. Die Führer der SED mußten mehr Rücksicht auf die Sowjetunion nehmen als auf das Volk, vor allem war aktiver »Antifaschismus« Teil ihres Lebens. Unter den Kanzlern und Ministern in Bonn bildeten Widerstandskämpfer, Naziopfer und Emigranten die Ausnahme, in der Führungsspitze Ost-Berlins waren sie die Regel. Die Politiker der Bundesrepublik hatten in ihrer Mehrzahl das »Dritte Reich« mitgetragen oder in irgendwelchen Nischen überstanden. Die Kommunisten hatten die größten Blutopfer gebracht; Kampf und Widerstand gegen Hitler bildeten die prägende Erfahrung der Generation, die nach 1945 in Ost-Berlin an die Macht gelangte.

So gingen die Kommunisten der SED mit Übereifer ans Werk, die Demokraten im Westen mit Laxheit. Die DDR führte die sowjetische Praxis fort, die Bundesrepublik bemühte sich um Beendigung und Revision der alliierten Maßnahmen. Die DDR verstand sich als Anwalt der Bestrafung deutscher Kriegsverbrecher, die Bundesrepublik als Anwalt der Verteidigung. Die DDR sprach 1950 – in den »Waldheimer Prozessen« – 32 Todesurteile aus und vollstreckte 26; die Bundesrepublik versuchte, die »Rotjacken«, die im Landsberger Zuchthaus der Alliierten auf ihre Hinrichtung warteten, vor dem Galgen zu retten. Selbst für die letzten fünf, sämtlich Einsatzgruppenführer mit der Verantwortung für Zehntausende von Judenmorden, machte sich eine Parlamentsdelegation unter dem Bundestagspräsidenten Hermann Ehlers auf den Weg, um den amerikanischen Hochkommissar McCloy zu einer Begnadigung zu bewegen.

Die Extreme berührten sich beinahe. Während die einen in die Nähe einer Kumpanei mit Nazis und Massenmördern gerieten, forderten die anderen den Vergleich mit den Nazis heraus. Die Waldheimer Prozesse richteten sich nicht nur gegen Kriegsverbrecher, sondern auch gegen Feinde der SED, sie verliefen in einer Form (oder besser Formlosigkeit), die Thomas Mann 1951 zu einem Brief an Walter Ulbricht bewog. Er solle nicht aburteilen lassen »im Stil jenes zur Hölle gefahrenen Roland Freisler, der genauso seine Zuchthaus- und Todessprüche verhängte«.

Aus der jeweiligen politischen Grundauffassung ergab sich, wie eine Wiederkehr des Nationalsozialismus zu verhindern sei. Für die westdeutschen Politiker erschien es am dringendsten, parlamentarische Demokratie, Rechtsstaat und Grundfreiheiten fest zu verankern. Das Neue zu entwickeln war wichtiger, als das Alte zu bekämpfen. Wie ein gutwilliger, aber etwas sorgloser Arzt kümmerte man sich in der Bundesrepublik vor allem darum, daß der Patient sich insgesamt erholte. Die unangenehme Vergangenheit wurde möglichst wenig erwähnt; die Kompromittierten durften – soweit es irgend ging – in ihre alten oder in gleichwertige Stellungen zurückkehren. Die erfahrenen Beamten sollten den neuen Staat und die bewährten Fachleute die Wirtschaft aufbauen, Wohlstand und Zufriedenheit sollten sich ausbreiten. Falls man überhaupt weiterdachte, vertraute man auf die natürlichen Kräfte der Selbstheilung. Die Bundesrepublik erreichte, was weder die Weimarer Republik noch die DDR schafften, sie wurde ein Staat fast ohne Staatsfeinde. Anfang der sechziger Jahre gab es eine wirtschaftlich gedeihende, politisch stabile deutsche Demokratie. Bonn wurde nicht Weimar.

Weder die Zeitgenossen noch die Jüngeren haben diesen Erfolg ausreichend gewürdigt – allerdings wurde er teuer erkauft.

Die Bundesrepublik hatte zwar keine tätigen Nazis, aber auch zu wenige tätige Antinazis. Und die Enthüllungen über ehemalige Nazis in wichtigen Ämtern bildeten eine Skandalkette, die erst mit Pensionierung und Tod dieser Generation ein Ende fand. Die Bundesrepublik bewältigte die personelle Hinterlassenschaft der braunen Jahre weniger politisch als biologisch.

Die »Sozialistische Reichspartei« wurde 1952 verboten, denn eine aktive Fortsetzung des Nationalsozialismus konnte die Regierung nicht dulden, aber eine aktive Bekämpfung scheute sie ebenfalls. Über die Vergangenheit wurde noch geredet, aber immer weniger nachgedacht; und auch das Reden hörte allmählich auf, weil es die Ruhe und den Aufbau störte. Nur engagierte Minderheiten wagten noch, nachhaltig zu stören. Immer mehr Politiker mieden das Thema, auch Rundfunk und Zeitungen konzentrierten sich auf die Tagesfragen, und die Geschichtsprofessoren und -lehrer endeten am liebsten bei Bismarck. Das befreiende und inspirierende Gefühl der »Stunde Null« verflog, der politische Schwung verlor sich im Aufschwung der Wirtschaft. Die Selbsterforschung wich einem neuen Selbstgefühl, das sich allein auf Fleiß, Tüchtigkeit und Leistung gründete.

Die Marxisten der Sozialistischen Einheitspartei folgten ihren sowjetischen Vorbildern und glaubten, man könne einem neuen Faschismus buchstäblich den Boden entziehen, indem man ihm die wirtschaftliche und soziale Grundlage nähme. So bewahrten, befestigten und erweiterten sie, was die Besatzungsmacht verfügt hatte: die Enteignung der »Junker und Monopolherren«, die »Entmachtung der Bourgeoisie« und die »Reinigung des Staatsapparats«. Justiz, Verwaltung und Lehrberufe, auf die sich die sowjetische Politik konzentriert hatte, wurden größtenteils erneuert. Drei Viertel aller Lehrer und vier Fünftel aller Richter und Staatsanwälte hatten ihre Stellung verloren und wurden durch schnell ausgebildete »Neulehrer« und »Volksrichter« ersetzt. Zuverlässigkeit rangierte vor Fähigkeit. Die Kommunisten gingen wie Chirurgen vor, sie operierten heraus, was sie für den Krankheitsherd hielten.

Der Vorteil der DDR war, daß sie wenig Rücksicht zu nehmen brauchte. Ihre Doktrin verlangte – oder erlaubte jedenfalls – revolutionäre Gewaltsamkeit. Ihre Radikalität hatte schon, als sie noch Ostzone war, belastete Ex-Nazis in den Westen getrieben, wo sie Milde erhofften. Ihre Gerichte wurden nicht von rechtsstaatlichen Grundsätzen gehemmt, sie konnten schnell und hart verurteilen. Ihr Informationsmonopol machte ungeschehen, was nicht hatte geschehen sollen.

Kriegsverbrecher kamen in der DDR nicht mit Bagatellstrafen davon, ehemalige Nazis duldete die SED-Führung nur selten an wichtiger Stelle, und die Masse der kleinen Nazis domestizierte sie in der 1948 geschaffenen National-Demokratischen Partei Deutschlands (NDPD), deren Leitung sie einem Altkommunisten anvertraute. Neonazistische Gruppierungen ließ sie so wenig hochkommen wie andere selbständige Organisationen. Die Konzentrationslager gestaltete sie zu Mahn- und Gedenkstätten; die Widerstandskämpfer, lange allerdings nur die kommunistischen, ehrte sie mit Erinnerungstafeln bis in die letzten Gemeinden; den »Opfern des Faschismus« zahlte sie eine Rente. Weit mehr als im Westteil Deutschlands tat sie, um jedermann, beginnend bei den Schülern, klarzumachen, was die Nazis an Unvorstellbarem begangen hatten. Und da die Verantwortlichen der DDR selbst von braunen Flecken frei waren, bot ihr Staat ein Bild, das sich von der Bundesrepublik mit ihren ewigen Skandalen, Halbheiten und Peinlichkeiten erfreulich abhob.

Aber auch dieser Erfolg wurde teuer erkauft. Denn bald zeigte sich, daß nicht bewiesener Antifaschismus den entscheidenden Maßstab bildete, sondern glaubhafter Pro-Kommunismus. Nicht die Absage an die alte Lehre gab den Ausschlag, sondern der Eid auf die neue – man mußte ihn nur schnell genug schaffen, um auch als Ex-Nazi Karriere zu machen, allerdings nie bis in Schlüsselpositionen. Eine Ideologie ersetzte die andere, die Einspurigkeit des Denkens blieb, nur die Spur wurde gewechselt.

Da all das in voller Glaubensgewißheit geschah, entstand eine schreckliche Selbstgewißheit. Die deutschen Kommunisten fühlten sich nicht verantwortlich für Hitler, und als Person hatten die meisten dazu alles Recht. Warum sollten sie für die Verbrechen eines Mannes büßen, den sie bis zur Gefahr für ihr Leben bekämpft hatten? Da sie, sobald sie die Macht erhielten, Nazis und Nazismus zum Verschwinden gebracht hatten, glaubten sie, nicht nur sie selbst, sondern auch die DDR sei frei davon, ein Problem des Nazismus gebe es nur noch in der Bundesrepublik. Die Mehrzahl der DDR-Bürger bekam allmählich das Gefühl, mit alledem nichts zu tun zu haben. Hitler, so schien es, ist ein Westdeutscher gewesen. Die DDR jedenfalls hatte die richtigen Lehren aus der deutschen Geschichte gezogen und konnte sich daher, wie das maßgebliche Parteiorgan *Neues Deutschland* versicherte, zu den »Siegern der Geschichte« zählen.

Weder im Osten noch im Westen war das Problem durch Ablenkung und Selbstberuhigung zu lösen. Die Zeiten änderten sich, und damit wuchsen die Zweifel an der Art, wie die deutschen Staaten mit der jüngsten deutschen Vergangenheit umgingen. Für die Bundesrepublik ereignete sich zu viel, um weiteres Beschweigen zu erlauben: Ende der fünfziger Jahre eine Flut antisemitischer Provokationen, die nicht ignoriert werden konnten. 1961 in Israel der Prozeß gegen den Chefbürokraten des Massenmordes, Adolf Eichmann, der die Blicke der Welt auf die deutschen Untaten lenkte. In den folgenden Jahren Prozesse vor deutschen Gerichten gegen die Exekutoren des Massenmords in Auschwitz und Majdanek. 1965 eine leidenschaftliche Debatte, ob diese Morde wie jeder andere Mord nach zwanzig Jahren verjähren dürften. 1979 schilderte die amerikanische Fernsehserie *Holocaust* das Schicksal einer jüdischen Familie, die Zuschauer lernten nicht Fakten, Daten und Zahlen, sondern sahen Menschen in ihrer Not und Verzweiflung. Der Film belehrte nicht, er ließ nachempfinden und wirkte breiter und tiefer in beiden Teilen Deutschlands als viele Bemühung vorher.

Hinzu kamen zwei weitere Veränderungen. Mitte der sechziger Jahre waren zwanzig Jahre Abstand erreicht und ein gewisser Wohlstand geschaffen, beides ermöglichte eine gelassenere Betrachtung. Die Anhänger des »Schlußstrichs« blieben zwar in der Mehrheit, aber zeigten wachsende Einsicht. Daß Deutschland am Zweiten Weltkrieg schuld sei, meinte 1952 nur ein Drittel der Bundesbürger, 1967 waren es schon fast zwei Drittel.

Die zweite Veränderung lag im Erwachsenwerden jüngerer Jahrgänge. Auch die Alten lernten zwar, aber erst die Generationen, die von der »Gnade der späten Geburt« zehrten und anders erzogen waren, hatten die Unbefangenheit und Kraft, nachzuholen, was die Alten versäumt hatten. Die Söhne befragten in der Bundesrepublik – oft inquisitorisch und selbstgerecht – die Väter, wie sie es damals mit Hitler gehalten hätten. Die Söhne oder erst die Enkel nahmen sich der Themen an, die von den Vätern und Großvätern peinlich gemieden worden waren. Sie widmeten sich der Doppelaufgabe, die Zeit *vor* und *nach* 1945 aufzuarbeiten: den Nationalsozialismus und das Versagen bei dessen Bewältigung.

In der Bundesrepublik gab es Ende der achtziger Jahre kaum noch einen Berufsstand, eine soziale Schicht und Institution, die nicht auf ihr Verhalten zwischen 1933 und 1945 untersucht worden waren, manche auch auf ihr Verhalten danach. Mahnmale und Gedenktafeln wurden errichtet, die versteckter oder offener Starrsinn früher verhindert hatte. Opfer der Nazi-Verfolgung fanden Beachtung, die keine Lobby hatten oder sozialen Vorurteilen unterlagen: Zigeuner, nun als Sinti und Roma mit ihren eigenen Namen bezeichnet, Homosexuelle, Deserteure. Lokale Ausstellungen zeigten den erstaunten Bürgern, daß Juden nicht nur fern in Auschwitz, sondern zuerst in der eigenen Gemeinde verfolgt worden waren.

In der DDR vollzog sich seit Mitte der siebziger Jahre die gleiche Veränderung wie in allen kommunistisch regierten Staaten, ein wachsender Zweifel am System auch bei denen, die das System trugen oder doch billigten. Zugleich bildeten sich unabhängige Gruppen von Systemkritikern. Unvermeidlich dehnten sich Zweifel und Kritik auf das Bild aus, das die SED von der Vergangenheit malte: So klar, einfach und heroisch konnte es damals nicht gewesen sein. Spätestens seit den achtziger Jahren fragten junge Ostdeutsche das gleiche wie die 68er-Generation in der Bundesrepublik: wie es damals wirklich gewesen sei und wie sich Eltern und Großeltern verhalten hätten.

Die DDR als Sieger der Geschichte, die Ostdeutschen, weil Bürger der DDR, frei von Verantwortung für Hitler – seit Mitte der achtziger Jahre wurde offen widersprochen. Auch die große Mehrheit der DDR-Bürger habe »den faschistischen deutschen Staat durch ihr Stillhalten und Schweigen mitgetragen«, erklärten die Pfarrer Martin Gutzeit und Markus Meckel und fügten hinzu: »Nationalsozialistisches Gedankengut blieb unverarbeitet in den Köpfen.« Stephan Hermlin, alter Kommunist, literarische und politische Autorität, bestritt, daß die Vergangenheit in der DDR bewältigt sei, denn die Partei habe nicht den »unablässigen Kampf« geführt, »der nie aufhört«, sie habe sich mit einem »beruhigenden oder beruhigten Antifaschismus« zufriedengegeben.

Über die Ursachen des Nationalsozialismus hatte die Partei kaum mehr als Ideologie geboten, die vermeintliche Ursachenkette vom Kapitalismus bis zum Faschismus. Über das Leben unter Hitler hörten die Ostdeutschen weniger als über die Heldentaten der kommunistischen Widerstandskämpfer. Große Teile der Jugend, sagte Hermlin, empfänden sich als »die Nachkommen von Kämpfern«, aber höchstens ein Prozent der Deutschen habe »irgend etwas mit Widerstand« zu tun gehabt. Und je länger das so weitergehe, desto mehr drohe die Bemühung um Aufklärung zum Ritual zu werden.

Die Wege der Aufarbeitung verliefen in Bundesrepublik und DDR gegenläufig. Die Bundesrepublik verdrängte lange Zeit die peinliche Vergangenheit, bis vielerlei Umstände und eine neue Generation sie nötigten, sich des Problems ernsthaft anzunehmen. Was versäumt wurde, entwickelte sich zur großen Aufgabe und zu einer weithin im Ausland anerkannten Leistung. Was vorher zu wenig war, geriet in Gefahr, zu viel zu werden – der britische Historiker Tony Judt erkannte in den achtziger Jahren einen »veritablen Sünden- und Sühnestolz«. Umgekehrt begann die DDR mit großem Schwung und Einsatz vieler Kräfte, bot ein viel besseres Bild als der westdeutsche Gegenstaat, aber ermattete im Laufe der Zeit und erstarrte mit ihrem Antifaschismus in Dogmatisierung, Heroisierung und Ritualisierung.

Ihrer politischen Natur gemäß gingen der Ost- und der Weststaat unterschiedlich vor. Die DDR folgte der Methode, das Schlechte zu verbieten, zu unterdrücken und zu verdammen, ohne seine Ursachen ernsthaft zu diskutieren. Die Bundesrepublik versuchte, das Schlechte durch das Bessere zu überdecken und zu ersticken, die Freiheit des Wortes erlaubte, auch die Ursachen und Gefahren zu erörtern. In beiden Staaten kamen wichtige, vielleicht sogar die wichtigsten, Anstöße von unten und mußten zuweilen gegen Einschränkungen und Widerstände oben durchgesetzt werden. In der DDR wirkten viele namenlose Männer und Frauen, wahre Antifaschisten, teils Anhänger, teils Gegner der SED. In der Bundesrepublik wäre ohne die Beharrlichkeit und auch den Mut entschlossener Gruppen und Einzelkämpfer weit weniger geschehen. Die Erfolge, die sich auf beiden Seiten allmählich einstellten, verdanken sich zu einem großen Teil ähnlichen Bemühungen jenseits staatlicher Politik.

Einiges machten auch die Staaten gleich oder sehr ähnlich. Beide nahmen lange ihren Kampf gegeneinander wichtiger als den Kampf mit der Nazi-Hinterlassenschaft. Wo Gemeinsamkeit bestand oder hätte bewiesen werden können, gab es bis weit in die siebziger Jahre wechselseitige Verleumdung: Ihr seid Faschisten, tönte es von Ost nach West, ihr seid wie die Nazis, kam es von West nach Ost zurück. Die Normalisierung der staatlichen Beziehungen beendete die Diffamierungen nicht, aber verringerte sie erheblich und ermöglichte in der Bundesrepublik, den kommunistischen Widerstand anzuerkennen, und in der DDR, den Widerstand adliger, bürgerlicher und sozialdemokratischer Kreise.

Gleich blieb auf beiden Seiten die Neigung, die Schuld überall zu suchen außer bei sich selbst. Aus der Sicht der allermeisten Deutschen lag sie bei der Nazi-Führung von Hitler bis Himmler, dann auch bei Mittätern im zweiten Glied, Generälen und Blutrichtern, ferner bei Organisationen wie Gestapo und SS. Aus der Sicht der jüngeren Generationen lag die Verantwortung bei den Alten, aus der Sicht der SED bei Junkern, Monopolherren und deren Lakaien, aus der Sicht vieler DDR-Bürger bei den Nazis, die sich in der Bundesrepublik sammelten, und aus der Sicht der meisten Bundesbürger waren die Schuldigen längst hinter den Kommunisten verschwunden, die viel gefährlicher erschienen.

Einig blieb sich die Politik hier wie dort in dem Bestreben, die Deutschen frei zu halten von Schuld. In der West-Version wurden die Verbrechen nur »im deutschen Namen« begangen, in der Ost-Version nur von Faschisten. Oft verdünnte sich die Schuld zu abstrakten Größen wie »Krieg und totalitäres Regime« (Bundeskanzler Kohl 1985) oder »Hitlerfaschismus« und »Naziherrschaft« (DDR-Verteidigungsminister Heinz Hoffmann im selben Jahr).

Glaubhafte Abkehr von Hitlers »Drittem Reich« und überzeugende Absage an Nationalismus und Gewaltpolitik waren die Voraussetzung, unter der die deutschen Staaten eine Chance hatten, aus der Tiefe ihrer politischen und moralischen Katastrophe herauszukommen. Es war nicht die einzige, wohl aber die erste Voraussetzung. Mit einem Volk unbelehrbarer, verschworener Nationalsozialisten war eine demokratische Bundesrepublik nicht aufzubauen, auch nicht eine SED-sozialistische DDR. Ebenso außenpolitisch: Nur deutsche Staaten, die leidlich vertrauenswürdig wurden, konnten nach Krieg und Auschwitz international Ansehen gewinnen und Verbündete anderer Staaten werden.

Bonn und Ost-Berlin haben dieses Ziel erreicht, so unterschiedlich ihre Wege dahin waren. Beide sind den Zweifeln ihrer mißtrauischen Nachbarn nie ganz entgangen, mußten sich mit vielem, begründetem und unbegründetem, Verdacht auseinandersetzen und sich zuweilen gegen absurde Unterstellungen wehren. Aber was immer Kritiker draußen und noch mehr im eigenen Land an altem und neuem Nazismus zu entdecken meinten – weder die Ost- noch die Westdeutschen blieben oder wurden Nazis. Weder die DDR noch die Bundesrepublik war je in Gefahr, einer zweiten »Machtergreifung« anheimzufallen. Soweit es Menschen möglich ist, haben die Deutschen sich aus ihrer Vergangenheit befreit.

3.

WEGE ZUR SOUVERÄNITÄT

> Man muß eine klare Politik treiben,
> man muß eine stetige Politik treiben,
> man muß sich selbst treu bleiben in seiner Politik, um das Vertrauen der anderen, das Deutschland ja doch vollständig verloren hatte, langsam uns wiederzuerwerben.
>
> BUNDESKANZLER ADENAUER am Tag nach der Souveränitätserklärung der Bundesrepublik

Parteinahme und Aufstieg

Der Kalte Krieg war Deutschlands Unglück, aber auch sein Glück. Er teilte das Land, aber half den Teilen zu unerwartet schnellem Aufstieg. Nicht die Befreiung der Deutschen, sondern deren Zähmung war das Ziel der Kriegsgegner und wäre es noch lange geblieben, wenn sie sich einig geblieben wären. Doch schon ein Jahr nach der deutschen Kapitulation, am 3. März 1946, schrieb der britische Außenminister Ernest Bevin in einer Kabinettvorlage: »Die russische Gefahr ist inzwischen mit Sicherheit genauso groß, möglicherweise aber noch größer als die Gefahr eines wiedererstarkten Deutschland.« Nochmals ein Jahr später war man in London und auch in Washington vom Vorrang der russischen Gefahr überzeugt. Alle Länder Europas, die von der Roten Armee besetzt worden waren, wurden auch politisch rot; der Weltkommunismus, so schien es auch in anderen Kontinenten, strebt zur Welteroberung.

Der Kalte Krieg wurde zur Hauptsache, die Niederhaltung der Deutschen zur Nebensache, ja noch mehr: Die Deutschen, obwohl recht- und staatenlos, wurden wichtig, weil jede Seite

»ihre« Deutschen und deren Land brauchte und verhindern mußte, daß sie sich auf die Gegenseite schlugen. Die Politik aller vier Siegermächte änderte sich: Nicht mehr um die Beschränkung des deutschen Potentials ging es nun, sondern um dessen Nutzung, nicht mehr die Pazifizierung der Deutschen war Programm, sondern die Remilitarisierung. Dabei nahm das Gewicht der Deutschen in dem Maße zu, wie sich der Gegensatz zwischen den Siegermächten verschärfte.

Es war die Chance für die Deutschen. Ihre Politiker nutzten sie erstmals, als sie schon vier Jahre nach der Kapitulation die Möglichkeit erhielten, wieder einen Staat zu bekommen. Sie nutzten sie weiter durch konsequente Anpassung an die Vorgaben ihrer jeweiligen Vormacht. Um voranzukommen, mußten sie sich so verhalten und ihre Staaten so gestalten, wie es deren Schöpfer geplant hatten. Bundesrepublik und DDR waren nicht um ihrer selbst willen gegründet worden, sondern als Bastionen – die Bundesrepublik gegen die Sowjetunion und die DDR gegen die Bundesrepublik. Beide waren bestimmt, ihrem Bündnis, vor allem ihrer Vormacht, zu dienen; beiden war die Parteinahme schon in den Grundstein eingemauert.

Aber die Parteinahme entsprach auch den politischen Überzeugungen. In der Bundesrepublik war die überwiegende Mehrheit für ein Zusammengehen mit den Westmächten, in der DDR blieb das Bündnis mit Moskau nur Sache einer Minderheit aus Kommunisten, jungen marxistischen Idealisten und Opportunisten, doch diese Minderheit bestimmte. Allein die Allianz mit der eigenen Großmacht konnte den deutschen Staaten geben, was sie damals am dringendsten wünschten und brauchten: Sicherheit. Ein Krieg erschien, mindestens bis Mitte der fünfziger Jahre, keineswegs ausgeschlossen, viele in Ost wie West hielten ihn für unvermeidlich.

Folgsamkeit erschien auch politisch dringend geboten. Adenauer litt, solange er regierte, unter der Furcht, die Großmächte könnten sich über die Köpfe der Europäer hinweg und zu Lasten der Deutschen arrangieren. Wie war dann zu verhindern, daß man in den Sog der Sowjetunion geriete und die Kommunisten sich ebenso an die Macht manipulierten, wie sie es in der sowjetischen Zone getan hatten?

Ernstere Sorgen bewegten die Führung in Ost-Berlin. Ihr Staat war außerhalb des sowjetischen Machtbereichs nirgendwo anerkannt und galt als illegitimes und künstliches, weder lebensfähiges noch lebenswertes Gebilde. Bis Anfang 1955 wurde die DDR von ihrem Schöpfer und Schutzpatron sogar mehrfach offen zur Disposition gestellt. Moskau bot dem Westen freie Wahlen in ganz Deutschland an, wenn Deutschland neutralisiert würde – für die Kommunisten in der DDR war es eine tödliche Gefahr. Sie wußten, daß sie wirklich freie Wahlen haushoch verlieren würden, aber sie wußten nicht, wie ernst es der Kreml mit dem Angebot für solche Wahlen meinte. Auch wenn ihnen der sowjetische Botschafter Puschkin versichert haben sollte, das Ganze sei nur ein großes Propagandamanöver – war Stalin zu trauen? Die Unberechenbarkeit des Herrn im Kreml gehörte zur Moskau-Erfahrung der Ulbricht-Generation.

Unentbehrlich waren Washington und Moskau sogar – oder gerade dort –, wo man es am wenigsten erwarten durfte, beim Kampf der deutschen Staaten gegeneinander. Die Bundesrepublik brauchte die Hilfe ihrer Verbündeten, um eine internationale Anerkennung der DDR zu verhindern, die DDR blieb auf Moskau angewiesen, um aus dem Paria-Dasein eines international mißachteten Staates hervorzutreten. Ebenso brauchten beide Regierungen ihre Alliierten für ihre Vereinigungsvorstellungen. Ein demokratisches Deutschland, wie es die Bundesrepublik wollte, oder ein kommunistisches, wie die DDR-Führung es wünschte – beides war nur mit einem Sieg im Kalten Krieg zu erreichen: durch ein »Zurückrollen« des Kommunismus bis zur sowjetischen Grenze, wie es der amerikanische Außenminister Dulles proklamierte, oder durch ein »Überholen« des Kapitalismus, wie der sowjetische Parteichef Chruschtschow es als Ziel setzte.

Beide deutsche Staaten brauchten ihre Vormächte und mußten sich deren Unterstützung würdig beweisen, die einen als perfekte Demokraten, die anderen als prinzipienfeste Kommunisten. Nirgendwo im demokratischen Westen wurde so viel von Demokratie gesprochen wie in der Bundesrepublik, bei geringsten Anlässen ging es sogleich um die Grundwerte der Staatsordnung. Nirgendwo im kommunistischen Osten wurde das Gebäude des Marxismus-Leninismus mit solchem Eifer bis in die entlegensten Räume theoretisch und grundsätzlich ausstaffiert wie in der DDR. »Was Sozialismus ist«, bemerkte einmal ein polnischer Politiker, »das wissen nur die Deutschen, auch die Russen wissen es nicht so genau.«

Um ihrer Sicherheit willen mußten beide Staaten sich unentbehrlich machen, ihrer zweifelhaften Reputation wegen mußten sie sich bewähren. So entwickelten sie sich zu den Frontstaaten ihrer Allianz, nicht nur militärisch, sondern auch in ihrer Gesinnung. Keiner erfüllte – außer der Vormacht – die Bündnispflichten so korrekt, keiner behielt den Feind so wachsam im Auge, keiner achtete so sorgfältig auf die Geschlossenheit des Bündnisses, keiner mißtraute den Friedensbeteuerungen der Gegenseite so tief, und keiner warnte so entschieden vor den »Aufweichungs«-Gefahren einer Entspannung.

Was sich im historischen Rückblick als erklärlich und verständlich darbietet, kostete die meisten Zeitgenossen schwere Überwindung. Alle taten, was sie nicht wollten, ließen sich auf etwas ein, das ihnen zuwider war. Die Sieger mußten sich mit den Deutschen gemein machen, die noch wenige Jahre vorher ihre Todfeinde gewesen waren, denen sie tief mißtrauten und die Anfang der fünfziger Jahre in ihrer großen Mehrheit keineswegs vertrauenswürdige Parteigänger waren, keine Demokraten im Westen, keine Kommunisten im Osten.

Die Deutschen wiederum wurden Verbündete, bevor sie dazu innerlich bereit waren. Sie wünschten sich alles, nur nicht wieder einen neuen Kampf, der leicht in einen neuen Krieg überzugehen drohte. Sie hatten die Folgen des letzten Krieges nur zu einem kleinen Teil überwunden, wollten Ruhe, um sich ein normales Leben zu schaffen, und nicht wieder Front machen und schon gar nicht Soldat werden. Noch mehr galt das für die Deutschen in der DDR. Sie sollten für eine Sache kämpfen, von der nur wenige ganz, manche halb überzeugt waren und von der sich die meisten unterdrückt fühlten. Mit Eifer dabei waren auf beiden Seiten nur die Träger der Staaten, die alten und neuen Demokraten, die alten und neuen Kommunisten, die einen großen idealen Wandel Deutschlands vor Augen hatten. Mit Fleiß waren dabei die Opportunisten und Realisten, die Möglichkeiten für ihren Teilstaat sahen und wahrnehmen wollten.

Anerkennung und Selbstbewußtsein

Die Ziele waren in Bonn und im östlichen Berlin die gleichen. Zunächst ging es um Abbau des Besatzungsregimes, dann um Souveränität soweit erreichbar und um Gleichberechtigung mit anderen Staaten und schließlich um das Undefinierbare, aber Entscheidende, die Gleichrangigkeit. Die Deutschen wollten wieder ein Volk sein wie alle anderen. Niemals erregten in der Bundesrepublik Staatsbesuche eine solche Massenbegeisterung wie die Reisen des französischen Staatspräsidenten Charles de Gaulle im Jahr 1962 und der englischen Königin Elisabeth II. im Mai 1965. Beide absolvierten nicht nur Protokolltermine in Bonn, sondern fuhren auch durchs Land und zeigten sich den Deutschen, die sich anerkannt fühlten als eine achtbare Nation.

Die ersten Ziele wurden erstaunlich schnell erreicht. Zehn Jahre nach der Kapitulation waren beide – mit Einschränkungen – souverän. Die Hohen Kommissare, die höchsten Instanzen der Besatzungsmächte, verwandelten sich in Botschafter, die Besatzungstruppen wurden Verbündete, allerdings mit Sonderrechten; erhalten blieben nur die Rechte der Vier Mächte für ganz Deutschland. Die Daten verraten das Geheimnis der schnellen Beförderung: Am 5. Mai 1955 erhielt die Bundesrepublik Souveränität, am 6. Mai wurde sie Mitglied der Nato. Bundeskanzler Adenauer hatte das Jahrtausende alte Geschäft gemacht: Er lieferte Wehrkraft und erhielt politische Rechte. Beides hing unlösbar zusammen. Die Alliierten wußten, daß sie deutsche Soldaten nur bekommen konnten, wenn sie gleichberechtigt waren im Bündnis, also aus einem gleichberechtigten Staat stammten. Adenauer wußte, daß die Gestellung von Soldaten zur Souveränität führen werde, und setzte sich auch deshalb über die Mehrheitsmeinung der Bundesbürger, die eine Wiederbewaffnung ablehnten, hinweg.

Moskau mußte folgen. Bis 1955 hatte es, zuletzt nur noch propagandistisch, zu verhindern versucht, daß deutsche Soldaten gegen die Sowjetunion aufgestellt werden. Es hatte seine Gefolgsstaaten nicht in ein Militärbündnis gefaßt und den militärischen Einheiten der DDR nur den Namen »Kasernierte Volkspolizei« gestattet. Nun, 1955, blieb der sowjetischen Führung nur, mit dem Westen gleichzuziehen: Als Gegenallianz zur Nato gründete sie am 14. Mai 1955 den Warschauer Pakt. Als Antwort auf die Nato-Mitgliedschaft der Bundesrepublik wurde die DDR Gründungsmitglied. Als Gegenarmee zur Bundeswehr bildeten Einheiten der Kasernierten Volkspolizei die Nationale Volksarmee. Schon im September 1955 erhielt die DDR Souveränität, die ausgestattet wurde mit den gleichen Veränderungen wie in der Bundesrepublik.

Doch was gleich aussah, war nicht gleich. Beide wurden souverän, aber es war eine unterschiedliche Souveränität. Die DDR war es, weil sie die Russen im Lande hatte, die Bundesrepublik war es, obwohl ihr Land amerikanische, britische und französische Soldaten beherbergte. Bonn war frei, aber durfte manches nicht tun, Ost-Berlin war gebunden, aber mußte nicht alles tun. Was schon gesagt wurde: Die Westdeutschen hatten es leichter, sie trafen in Washington, London und Paris auf Politiker, deren Macht begrenzt war, die Ostdeutschen mußten sich mit Feudalherren arrangieren, die Allmacht für immer zu haben meinten. Die Demokraten im Westen waren es gewohnt, mit Widerspruch und Opposition umzugehen, die Herrscher im Osten waren es gewohnt, zu befehlen.

Die Bundesregierung meldete sich zuweilen sogar öffentlich zu Wort, um ihre Interessen zu wahren. Im April 1956 polemisierte das Auswärtige Amt gegen den französischen Ministerpräsidenten Guy Mollet, der erklärt hatte, Abrüstung müsse einer Wiedervereinigung vorangehen. Bonn hielt dagegen: »Keine deutsche Regierung wird bereit sein, Vorschläge ernsthaft zu diskutieren, die die Entspannung auf der Grundlage einer auch nur vorübergehenden Anerkennung oder stillschweigenden Hinnahme der Teilung Deutschlands bewirken wollen.«

Auch die DDR erstrebte Gleichberechtigung innerhalb ihrer Allianz. Das sowjetische »Lager« war eine Glaubensgemeinschaft, die SED-Führer wollten auf der marxistischen Leiter zum idealen Endzustand des Kommunismus auf der gleichen Stufe stehen wie die Polen, Tschechen, Ungarn, Rumänen und Bulgaren. Auch die deutschen Kommunisten formten seit 1948 Partei, Staat und Wirtschaft nach sowjetischem Vorbild um, wenn auch nicht überall ebenso schnell und radikal. Die anderen hießen bereits »Volksdemokratien« und errichteten die »Grundlagen des Sozialismus«, Ulbricht wollte das gleiche, aber Stalin bremste, solange er noch eine Chance sah, sich mit den Westmächten auf ein neutralisiertes, vereintes Deutschland zu verständigen. Als seine Noten vom Frühjahr 1952 auf Ablehnung stießen und Bonn Ende Mai den Vertrag über die Europäische Verteidigungsgemeinschaft unterschrieb, erlaubte er Ulbricht, im Juli den »Aufbau des Sozialismus« zu proklamieren. Aber auch das nahm Moskau offiziell erst Mitte Oktober zur Kenntnis, als der Notenwechsel mit den Westmächten zu Ende gegangen war. Walter Ulbricht, der Schöpfer und Gestalter des SED-Staats, hatte sein erstes Ziel erreicht, die ideologische Gleichrangigkeit mit den anderen sozialistischen Staaten.

Vor allem veränderte sich mit der Souveränität das Verhältnis Ost-Berlins zu Moskau. Die DDR wurde, wie Hermann Weber es ausdrückte, »von einem Ausbeutungsobjekt zu einem Partner der Sowjetunion«. Sie mußte es werden, denn nachdem sich Moskau endgültig entschlossen hatte, den ostdeutschen Staat zum Bestandteil seines Imperium zu machen, war es genötigt, für dessen Lebensfähigkeit zu sorgen. Es konnte nicht mehr nur nehmen, sondern mußte, wo nötig, auch geben – Kredite, Rohstoffe, Erdöl, Getreide. Es konnte sich nicht mehr damit begnügen zu herrschen, sondern mußte Verantwortung übernehmen. Und da die DDR ein eigener Staat bleiben sollte, mußte Moskau ihr gewisse eigene Entwicklungsmöglichkeiten zugestehen. Das geschah auch.

Aus sowjetischer Sicht erlaubte sich Ulbricht Eigenwilligkeiten. Als Moskau die Zügel zu lockern empfahl, hielt er sie fest, zum erstenmal nach dem Aufstand am 17. Juni 1953 und dann 1956, als Moskaus Entstalinisierung in Polen einen halben und in Ungarn einen ganzen Volksaufstand zur Folge hatte. Ulbrichts harte Linie sicherte die Sowjetherrschaft über die DDR, stärkte damit sein Ansehen im Kreml und gab ihm größere Bewegungsfreiheit für die DDR, die er nutzte. Im Vergleich zu anderen sowjetischen Klientelstaaten ließ er lange Zeit zu viel Privatwirtschaft, besonders bei Dienstleistungen, zu und verzögerte die Vollkollektivierung der Landwirtschaftlichen Produktionsgenossenschaften (vom Typ I zum Typ III). Er war auch, wenn hohe Gäste aus Moskau nachfragten, zu keiner Beschleunigung zu bewegen, empfahl den Besuchern vielmehr, es auch mit Privatgeschäften als Konkurrenz zu den staatlichen zu versuchen.

Der Streit ging nicht um Prinzipien, sondern um Methoden, aber da ließ sich der SED-Chef nicht hereinreden, wenn man den verärgerten sowjetischen Zeugen glauben darf. Nach dem Bericht Julij Kwizinskijs, eines bedeutenden, deutschlanderfahrenen Spitzendiplomaten, sorgte Ulbricht sogar dafür, daß allzu kritische und herrische Sowjetratgeber das Land verließen. Dieses Schicksal habe auch die Botschafter, also höchste Autorität, getroffen, nicht »im Guten« seien sie verabschiedet worden. Zweifellos äußert sich hier auch imperiale Empfindlichkeit, doch spätestens seit den sechziger Jahren erwarb die DDR, von Grundsatzfragen der Macht- und Außenpolitik abgesehen, zunehmend Souveränität.

Die Rolle der Persönlichkeit

Zu dem natürlichen Streben jedes abhängigen Staates, die Abhängigkeit zu lockern, kam ein personeller Zufall: Bundesrepublik und DDR wurden in ihrer ersten, entscheidenden Phase von starken Persönlichkeiten geführt. Adenauer und Ulbricht hatten nach Herkunft und Lebenslauf, Charakter und Persönlichkeit, politischer Überzeugung und Absicht nicht das Geringste miteinander gemein, beide waren tief beleidigt, wenn man sie auch nur miteinander verglich, doch in ihrer historischen Rolle waren sie vergleichbar.

Adenauer war nicht, wie ihm der SPD-Vorsitzende Kurt Schumacher vorwarf, ein »Bundeskanzler der Alliierten«; und Ulbricht war nicht, wie man im Westen meinte, der Handlanger des Kreml. Adenauer und Ulbricht strebten aus eigener Überzeugung in die Richtung, die im Westen die Amerikaner und im Osten die Russen vorgaben. Ihr erstaunlicher Erfolg hatte seine Hauptursache darin, daß ihre Wünsche und die Richtung der großen Politik im wesentlichen übereinstimmten.

Beide waren auch Realisten. Sie hielten sich an das, was sie hatten; Sicherheit und Stabilität waren ihr erstes Gebot; sie scheuten Risiken und warnten vor Experimenten, vor deutschnationalen ganz besonders. Beide waren zuweilen konservativer als ihre Vormacht, aber auch selbstbewußter, als ihre Kritiker wußten; beide lebten in der Sorge, die Großen könnten sich über ihren Kopf hinweg arrangieren, beider Wort aber hatte oder gewann in Washington und Moskau Gewicht.

Adenauer wie Ulbricht waren taktisch fast unbegrenzt beweglich und zugleich von eiserner Konsequenz bei der Verfolgung ihrer Hauptziele. Der eine wollte den Teil Deutschlands, über den er verfügte, für alle Zukunft mit dem Westen verklammern; der andere wollte seinen Teil für alle Zukunft dem Sozialismus zuführen. Beide hielten ihr Werk für historisch. Adenauer mißtraute seinen Landsleuten und empfand es als Lebensaufgabe, die Deutschen zu binden und vor der Versuchung neuer Machtpolitik oder Alleingängen nach Osten zu bewahren. »Nutzen Sie die Zeit, solange ich noch lebe«, sagte er 1954 zu zwei westeuropäischen Ministern. »Wenn ich nicht mehr bin, ist es zu spät – mein Gott, ich weiß nicht, was meine Nachfolger tun werden, wenn sie sich selbst überlassen sind, wenn sie nicht in fest vorgezeichneten Bahnen gehen müssen.« Für Ulbricht gibt es kein solches Zeugnis, aber seine Politik läßt keinen Zweifel daran, daß er die Durchsetzung seines Sozialismus, zunächst in der DDR, als Mission betrachtete.

Adenauer wie Ulbricht verwandten alle Kraft darauf, ihr Deutschland so »europäisch« oder »sozialistisch« zu machen, wie es die Verhältnisse erlaubten. Beide verweigerten jedes nationale Zugeständnis, das ihr Ziel hätte gefährden können. Sie waren nicht Anwälte der Teilung, aber sie brauchten die Teilung, um ihr Werk zu vollenden.

Ein kalendarisches Zusammentreffen zeigte beide gleichzeitig auf einem Höhepunkt ihrer Politik. Am 9. und 10. Juli 1952 debattierten in Bonn der Bundestag und in Ost-Berlin die 2. Parteikonferenz der SED. Am Rhein erläuterte der Bundeskanzler den Abgeordneten, weshalb die Bundesrepublik einen Beitrag zur Verteidigung des Westens leisten müsse. Als Adenauer seine Rede beendete, begann an der Spree der Generalsekretär Ulbricht seiner Partei zu erklären, weshalb die DDR ihre »Friedenspolitik« durch die Schaffung »nationaler Streitkräfte zur Verteidigung der Heimat« weiterführen müsse.

Die Mehrheit im Bundestag stimmte für die Verträge, die Delegierten der SED erhoben sich und brachen in »rasenden Jubel« aus, als Ulbricht den »Vorschlag« bekanntgab, »daß in der Deutschen Demokratischen Republik der Sozialismus planmäßig aufgebaut wird«. Für Adenauer hatte die Parlamentsentscheidung eine »wahrhaft geschichtliche Bedeutung«, die SED nannte ihre Konferenz einen »geschichtlichen Wendepunkt«. Beide hatten nicht unrecht. Mit ihrem Wehrbeitrag ging die Bundesrepublik unwiderruflich ihren Weg nach Westen, mit dem »Aufbau des Sozialismus« wurde die DDR unwiderruflich ein Staat des Ostens.

Eine Politik, die Wiedervereinigung versprach, aber die Teilung vertiefte, mußte Opposition hervorrufen. Es ging um die Zukunft Deutschlands. Der Bundestag erlebte bis Ende der fünfziger Jahre Meinungskämpfe von einem Ernst und einer Leidenschaft wie niemals später, nur um Brandts Ostpolitik wurde noch einmal mit gleicher Schärfe gestritten. In der DDR fanden die Auseinandersetzungen hinter den fest verschlossenen Türen des Zentralkomitees statt und am 17. Juni 1953 auf den Straßen. In der Sache jedoch ging es großenteils in West und Ost um das gleiche.

Die Bonner Politiker mußten noch einmal die Fragen beantworten, vor denen schon im Juli 1948 die Ministerpräsidenten der Länder gestanden hatten: Soll man im Westen etwas Festes schaffen oder sich nach Osten offen halten? Soll man die großen Vorteile für die Bundesrepublik wahrnehmen, auch wenn es zu weiterer Trennung von den Deutschen im Osten führt? Oder soll man um des deutschen Zusammenhalts willen auf eigene Möglichkeiten verzichten?

Adenauer verfolgte die erste Linie konsequent, seine Opponenten die zweite halbherzig. Sie wiesen dem Kanzler nach, daß eine militärische Bindung an den Westen eine Wiedervereinigung unmöglich machen werde, aber ein enges Verhältnis zum Westen wollten auch sie. Vor allem hatten sie keine Alternative. Die Sozialdemokraten sprachen vage von »Bündnisfreiheit«, aber wehrten sich entsetzt, als werde ihnen eine sittliche Verfehlung nachgewiesen, wenn behauptet wurde, sie wollten ein neutralisiertes Deutschland. »Neutralismus« kam damals gleich hinter Kommunismus.

So blieb Adenauer seinen Kritikern überlegen. Er handelte, die anderen mußten reagieren. Er wußte, was er wollte, die anderen wußten meist nur, was sie nicht wollten. Er hatte realisierbare Ziele, die anderen konnten nur auf Möglichkeiten verweisen. Er hatte die stärkeren Bataillone auf seiner Seite, die drei Westmächte und die Mehrheit der Bundesbürger.

Adenauers Gegner hätten eine Chance gehabt, wenn die Deutschen gewesen wären, was die Politiker ständig behaupteten: eine Nation, der die Zusammengehörigkeit über alles ging. Eine solche Nation hätte bereits opponiert, als im Westen ein Teilstaat gegründet werden sollte. Sie hätte sich geweigert, Waffen zu nehmen, die sie auf ihre Landsleute richten sollte. Sie hätte auf Marshallplan-Hilfe, Souveränität und Nato-Schutz verzichtet, um die Spaltung nicht zu verewigen. Sie hätten allen vier Besatzungsmächten klargemacht, was die Ostdeutschen den Russen am 17. Juni klarmachten: Wir lassen uns zur Teilung nur zwingen.

Doch eine solche Nation waren die Deutschen nicht und konnten es nach ihrer politischen und moralischen Niederlage nicht sein. Alle Kraft, die sie hatten, verwandten sie für sich selbst. Jeder sah, wie er wieder hochkam, der einzelne wie die ganze Bundesrepublik. Wer nach Osten blickte, bekam Angst. Die Russen- und Kommunistenfurcht hatte Tradition, war durch Goebbels wiedererweckt, durch die Schrecken des sowjetischen Einmarsches oft zur Panik gesteigert und durch die Verhältnisse in der DDR bestärkt worden. Der 17. Juni und der nicht endende Flüchtlingsstrom hielten das Schreckbild ständig im Bewußtsein.

Für die Bundesbürger der fünfziger Jahre war die Vaterfigur Adenauer der richtige Kanzler. Er empfahl, was einem besiegten und besorgten Volk am meisten einleuchtete: Es solle sich starke Freunde suchen und fest an sie halten. Er versprach, wonach sich die Leute nach Krieg und Nachkrieg am meisten sehnten: Schutz, Ruhe und Geborgenheit sowie beste Bedingungen für die schnelle Heilung aller Schäden. Und schließlich kündigte er an: Wenn die Westdeutschen fest zum Westen stünden und ihn stärkten, dann werde Moskau genötigt sein, die »Sowjetzone« freizugeben.

So gewann Adenauer innen- wie außenpolitisch. Gustav Heinemanns »Gesamtdeutsche Volkspartei«, die einzige konsequente Opposition, kam nicht einmal in den Bundestag: die Sozialdemokraten verloren eine Wahl nach der anderen; und 1957 erhielten die Kanzlerparteien CDU und CSU die absolute Mehrheit.

Im östlichen Berlin stellte sich die deutsche Frage mehr innen- als außenpolitisch. Am Rhein ging es um den Umfang der Verflechtung mit dem Westen, an der Spree um das Ausmaß der gesellschaftlichen Veränderungen – beides konnte einen Grad erreichen, der eine Wiedervereinigung unmöglich machte. Alle Auflehnung gegen Ulbricht richtete sich zunächst gegen dessen Stalinismus, gegen die übereilte, gewaltsame und schematische Sozialisierung, gegen Erhöhung der Arbeitsnormen und gegen den Terror. »Tausende« waren zu Unrecht verurteilt worden und mußten aus der Haft entlassen werden, gab der Generalstaatsanwalt der DDR später bekannt.

Sorge um die deutsche Einheit begleitete den Widerstand gegen Ulbricht vielfach oder mündete sogar in die Forderung danach. Als am 16. Juni 1953 Berliner Arbeiter auf die Straße gingen, forderten sie zunächst die Rücknahme einer Erhöhung der Arbeitsnormen. Fast unvermeidlich ging der soziale Protest in einen politischen über. Nicht nur in Berlin, in allen Teilen der DDR stürmten Demonstranten Gefängnisse, befreiten politische Häftlinge und verlangten »freie Wahlen«, das war die Forderung des Westens. Freie Wahlen in ganz Deutschland sollten die Einheit wiederherstellen. Die Sowjetarmee schlug die Rebellion nieder, rettete die SED-Herrschaft und sogar den Stalinisten Ulbricht.

Die andere Opposition kam aus der Partei. Das Programm des Philosophie-Professors Wolfgang Harich lief, vereinfacht gesagt, auf eine Sozialdemokratisierung der SED hinaus und dann auf eine Wiedervereinigung in Zusammenarbeit mit den westdeutschen Sozialdemokraten. Ulbricht schickte die »staatsfeindliche Gruppe« ins Zuchthaus. Die Opponenten in der Parteiführung wollten den Diktator absetzen, den Stalinismus durch einen autoritären, aber gemäßigten Sozialismus ersetzen und den Abstand zur Bundesrepublik nicht so groß werden lassen, daß er eine Wiedervereinigung unmöglich machte. Der erste Versuch scheiterte 1953, weil die Frondeure nach dem 17. Juni ihren Rückhalt in Moskau verloren. Der zweite ging nach langem internen Kampf im Februar 1958 zu Ende, als Ulbrichts »Kronprinz« Karl Schirdewan alle Ämter aufgeben mußte und zum Archivdirektor in Potsdam degradiert wurde. In der Anklagerede, die Erich Honecker, der nächste »Kronprinz«, hielt, fand sich der Halbsatz »... die Wiedervereinigung um jeden Preis herbeizuführen«. Das war übertrieben, aber nicht ganz falsch.

Spätestens Anfang 1958 waren Adenauer und Ulbricht Herren der Lage in ihren Staaten, der Kanzler durch die Bestätigung des Volkes im Wahlsieg, der Parteichef vor allem durch seine Unentbehrlichkeit für den Kreml. In unruhigen Zeiten, halber Aufstand in Polen und ganzer in Ungarn 1956, werden in Frontstaaten nicht »Tauben« gebraucht, sondern »Falken«.

Adenauer und Ulbricht wurden zu den Vätern ihrer Staaten, zogen sie auf, bis sie auf eigenen Füßen stehen konnten und als selbständige Gemeinwesen respektiert wurden. Es war nicht Deutschland, das wieder aufstieg, der Aufstieg war nur in Teilen möglich und im Gegeneinander. Der Kalte Krieg ließ nichts anderes zu. Nur als Feinde konnten die deutschen Staaten die Anerkennung und Unterstützung ihrer Vormächte und Verbündeten gewinnen, nur die eiserne Entschlossenheit Adenauers und Ulbrichts, das Wohl ihres Teils über das Wohl des Ganzen zu stellen, schuf und sicherte ihnen das Vertrauen ihrer Alliierten und öffnete den Weg zur Souveränität.

Adenauer beschrieb den Weg, als er am Ziel angekommen war: »Man muß eine klare Politik treiben, man muß eine stetige Politik treiben, man muß sich selbst treu bleiben in seiner Politik«, um das verlorene Vertrauen langsam wiederzuerwerben. Aus dieser unbeirrbaren Konsequenz ergaben sich der Erfolg und dessen Grenzen. Schon ein Jahrzehnt nach der bedingungslosen Kapitulation und dem moralischen Ausschluß aus der Völkergemeinschaft gab es zwei deutsche Staaten, die über ihre innere Ordnung selbst bestimmten, der eine beinahe ganz, der andere zu Teilen. Beider außenpolitischer Spielraum blieb jedoch beschränkt, die Bundesrepublik agierte nur in der westlichen und weithin westlich bestimmten Dritten Welt, die DDR nur in der östlichen von Warschau bis Peking. Für beide konnte das nur der erste Schritt sein. Sie waren gegeneinander souverän geworden, damit entstand die Voraussetzung, es miteinander zu versuchen, wenn die Weltlage es zuließ.

4.

WEGE NACH EUROPA

> In der DDR habe ich den Eindruck, in Deutschland zu sein, in der Bundesrepublik habe ich den Eindruck, in Europa zu sein.
>
> PIERRE JUQUIN, Mitglied des Zentralkomitees der Kommunistischen Partei Frankreichs

Vorsicht und Hochmut

Das erste außenpolitische Gebot für Bundesrepublik und DDR war, ein gutes Verhältnis zur Vormacht Amerika und Sowjetunion zu schaffen, das zweite verlangte die Wiederbegründung gedeihlicher Beziehungen zu den Nachbarn. Die Voraussetzungen dafür unterschieden sich. Die Politik Bonns folgte der Einsicht, nach den deutschen Verheerungen Europas sei es wichtiger, Vertrauen zu gewinnen als Vorteile. Erst wenn der neue deutsche Staat als glaubwürdiger und zuverlässiger Partner erkannt sei, könne ein Ausgleich der Interessen erreicht werden. Bonns Außenpolitik blieb lange von Vorsicht und Zurückhaltung bestimmt, sie forderte zuweilen weniger, als sie erwartete, und schreckte auch vor Vorleistungen nicht zurück. Im Hintergrund stand dabei die Gewißheit, das ökonomische und bald auch politische Gewicht der Bundesrepublik werde sich mit der Zeit von selbst durchsetzen.

Noch nach über zwanzig Jahren eingespielter Europapolitik prägte Bundeskanzler Helmut Schmidt den Grundsatz »Niemals allein!«: Um eine unliebsame Entscheidung zu verhindern oder ein Interesse durchzusetzen, brauchte Bonn Bundesgenossen, der liebste war meistens Frankreich. Auf sich selbst gestellt befürchtete es, daß sich auch unabhängig vom Streitgegenstand antideutsche Gemeinsamkeiten bildeten. Das Schreckgespenst hieß Singularisierung; gemeint waren europäische oder Nato-Regelungen, die nur für die Bundesrepublik gelten sollten. Mindestens ein oder zwei andere Länder, forderte Bonn, müßten dabei sein, in denen ebenfalls, zum Beispiel, neue Raketen aufgestellt werden. Singularisierung erschien als Isolierung oder sogar Diskriminierung. Trotz vieler Erfolge blieb die Bundesrepublik ein »deutscher« Staat: Wenn er das gleiche tat oder unterließ wie andere, war es nicht das gleiche.

In der DDR war zunächst alles anders. Pieck und Ulbricht, die Gründergeneration, mußten sich Vertrauen nicht erwerben, denn sie hatten es schon. Über ein Jahrzehnt hatten sie in der Moskauer Emigration zugebracht und waren von Stalin als vertrauenswürdige Kommunisten am Ende des Krieges nach Deutschland geschickt worden. Auch bei ihren Nachbarn brauchten sie sich nicht um Vertrauen zu bemühen, denn deren kommunistische Führer kannten sie bereits aus der Moskauer Emigration. Mit Bierut (Polen), Gottwald (Tschechoslowakei), Rákosi (Ungarn) und Dimitroff (Bulgarien) hatten sie das legendäre Komintern-Hotel »Lux« bewohnt, auch die Rumänin Ana Pauker lebte zur gleichen Zeit in Moskau. Sie alle waren von Stalin in ihre Länder gesandt worden, um dort auf kommunistische Art zu regieren. Wohin die SED-Führer in den ersten Nachkriegsjahren kamen, nach Warschau, Prag, Budapest, Bukarest oder Sofia, überall herrschten ihre Genossen, die sie aus Moskau kannten. Da gab es Sympathien und Antipathien, aber man verkehrte von gleich zu gleich. Und daran konnte sich nichts mehr ändern, als die Generationen nachrückten, die den Krieg nicht in Moskau, sondern in ihren Ländern verbracht hatten.

Auch die Belastung Deutschlands durch Hitler und Krieg hemmte die SED-Führer nicht in ihrem Verhältnis zu den Nachbarn. Sich selbst fühlten sie frei von Verantwortung für Nazi-Verbrechen, und die DDR sprachen sie frei davon, so sahen sie keinen Grund für Zurückhaltung gegenüber Ländern und Völkern, die unter Deutschland gelitten hatten. Im Gegenteil, die unangenehmen deutschen Eigenschaften konnten sich ungehemmt entfalten und taten es auch in den »Bruderländern«. Für das ganze östliche Europa war die DDR daher der »deutsche« Staat: feldgraue Uniformen, Kommandoton an den Grenzen, Ordnungseifer um der Ordnung willen, Prinzipienreiterei, Besserwisserei und ständige Anmaßung, andere zu belehren. Nicht zuletzt ein kaum verhülltes Überlegenheitsgefühl – auch in höheren Parteikreisen sprach man von Polacken für Polen und von Zigeunern für Rumänen.

Im Juli 1970 ermahnte der sowjetische Generalsekretär Leonid Breschnew den künftigen SED-Generalsekretär Erich Honecker: »Ich möchte es offen als Kommunist zu Kommunist sagen: Es gibt bei ihnen eine gewisse Überheblichkeit gegenüber anderen sozialistischen Ländern, ihren Erfahrungen, Methoden der Leitung usw. Es gibt dies auch gegenüber uns. Das beunruhigt uns. ... Man spricht davon, daß in DDR bestes Modell des Sozialismus entwickelt wurde und wird. Alles macht man besser in der DDR, alle sollen lernen von DDR. ... Die Polen und Tschechen werden vor den Kopf gestoßen ... Also, man muß die Überheblichkeit in der DDR beseitigen.« Als das Schlimmste empfanden manche, daß die Überheblichkeit mit einer schwer bestreitbaren Tüchtigkeit verbunden war. Als 1968 ein Abgeordneter des polnischen Sejm über die DDR herzog, gipfelten seine Beschwerden in dem Satz: »Bei denen funktioniert ja sogar die Landwirtschaft« – gemeint war die kollektivierte.

Beide deutsche Staaten waren in ihrer Deutschlandpolitik auf die Solidarität ihrer Verbündeten angewiesen. Bis 1972 ging es um Anerkennung oder Nicht-Anerkennung der DDR und für Bonn auch um die Offenhaltung der Grenzfrage zu Polen, bis 1989 um teils lebenswichtige, teils lächerliche Statusfragen Berlins. Für beide wuchsen die Schwierigkeiten, denn mit der Zeit wurde die Solidarität brüchig. Manche Verbündete zweifelten am Sinn der deutschen Position, die polnische Westgrenze wollte niemand ändern, de Gaulle sagte es im Frühjahr 1959 offen. Auch die Verweigerung jeglichen offiziellen Kontakts zur

DDR erschien vielen unvernünftig. Andere verlangten für den Rückhalt, den sie Bonn gaben, einen Preis oder gaben diskret zu erkennen, daß sie auch anders könnten, und verlangten einen höheren Preis.

Die DDR war Teil eines geteilten Landes und von der attraktiven Bundesrepublik ständig herausgefordert, ihre Verbündeten wurden daher genötigt, auf die »besondere Lage der deutschen Genossen« Rücksicht zu nehmen. Sie sollten zur Bundesrepublik, meist ihrem wichtigsten westeuropäischen Handelspartner, nicht mehr Beziehung haben als die DDR, wobei der umfangreiche Handel der DDR mit der Bundesrepublik als deren Sonderrecht zu gelten hatte. Zum Teil mußte Ost-Berlin die Rücksicht der Verbündeten erkaufen, zum größeren Teil mit Hilfe Moskaus erzwingen. Während die anderen Länder auf mehr Unabhängigkeit von der Sowjetunion bedacht waren, setzte die DDR nicht aus Treue, sondern aus Berechnung auf Unentbehrlichkeit. Ihre Beliebtheit im Kreise der Ostverbündeten wuchs dabei nicht.

Als die Bundesrepublik 1972 die DDR anerkannte und die Oder-Neiße-Grenze als endgültig bestätigte, verringerte sich die Abhängigkeit beider deutscher Staaten von ihren Alliierten erheblich. Doch sie verschwand nicht. Viele *querelles allemandes* blieben, nicht zuletzt in Berlin. Vor allem blieb und beunruhigte die Europäer in Ost wie West die »deutsche Frage«: Hat die Teilung Bestand oder kommt einmal ein vereintes, übergroßes Deutschland wieder?

Es war die Probe auf die Akzeptanz der Deutschen in ihren Bündnissen. Im Westen konnten allein die Amerikaner sich ein vereintes Deutschland leisten, die westeuropäischen Regierungen fürchteten es. Im Osten war nicht einmal sicher, ob sich die Sowjetunion ein sozialistisches Gesamtdeutschland zugemutet hätte. In der Tschechoslowakei hätten wohl auch die Kommunisten auf diesen »Sieg im Klassenkampf« gern verzichtet. Die polnische Antwort, pointiert, aber allgemeingültig, lautete 1968: »75 Millionen Deutsche, 230 Millionen Russen –

was sollen 30 Millionen Polen noch dazwischen? Ein sozialistisches Gesamtdeutschland, wir sind doch keine Selbstmörder.«

Ungleiche Nachbarschaft

Die unterschiedlichen Ansätze in der Außenpolitik führten zu unterschiedlichen Ergebnissen, am deutlichsten erkennbar im Verhältnis zu den wichtigsten Nachbarn. Der Bundesrepublik gelang mit Frankreich ein historisches Werk, eine Jahrhunderte alte Feindschaft wurde überwunden. Der DDR mißlang ein vergleichbarer Wandel mit Polen, die nationalen Ressentiments blühten auf beiden Seiten weiter bis zum Ende der ostdeutschen Republik.

Franzosen und Polen waren schwierige Nachbarn, ausgeprägte Eigenwilligkeit zeichnete sie gleichermaßen aus, ihr Selbstgefühl verlangte, wo irgend möglich eine Sonderrolle zu spielen. Paris wie Warschau stellten nationale Interessen über Bündnisinteressen, in deutschen Augen lag darin Verantwortungslosigkeit und zeitweise sogar eine Gefahr für die jeweilige Allianz.

Die Franzosen enttäuschten immer wieder die europäischen Hoffnungen Bonns. Die »integrierte« westeuropäische Armee, Adenauers Lieblingsprojekt, scheiterte an der Nationalversammlung; am französischen Staatspräsidenten de Gaulle brachen sich später für ein Jahrzehnt alle weiteren Integrationspläne – es blieb nur das »Europa der Vaterländer«. Frankreich störte, von Bonn aus betrachtet, auch den atlantischen Zusammenhalt. Es schuf sich eine eigene Atomstreitmacht und verließ 1966 die Militärorganisation der Nato; de Gaulle wollte ganz Westeuropa von Amerika möglichst unabhängig machen und suchte dafür die Unterstützung der Bundesrepublik, die sich jedoch verweigerte.

Aus der Sicht der DDR-Führung bedrohten die Polen das östliche Bündnis von innen her. Im Oktober 1956 rebellierten sie fast offen gegen Moskau und verfielen dann in lauter Todsünden, in ideologische Ketzerei, bedenkenlosen Liberalismus und fast ungehemmten Nationalismus. Da sie sich bei alledem auch noch als Sozialisten aufführten, gaben sie nach Auffassung der SED ein gefährliches Beispiel, nicht nur für die DDR, sondern für das ganze »Lager«.

Bonn wie Ost-Berlin erregten sich nicht zuletzt über die gesamt-europäischen Absichten ihrer Nachbarn. Der Rapacki-Plan für eine atomwaffenfreie Zone in Mitteleuropa, erstmals 1957 lanciert, und de Gaulles Ostpolitik »bis zum Ural« sollten die Teilung des Kontinents überbrücken, doch sie minderten damit zugleich Bedeutung und Zusammenhalt der Bündnisse. Gründliches Mißtrauen der deutschen Regierungen begleitete beide Entwürfe. Als aber in den achtziger Jahren einige Bonner Politiker sich de Gaulle zum Vorbild nahmen, entstand in Paris eisiges Schweigen: Gaullisten dürfen nur Franzosen sein. Und als die DDR, ebenfalls in den achtziger Jahren, mehr Westverbindungen knüpfte, als es das unter »Kriegsrecht« stehende Polen vermochte, geriet Warschau in Erregung: »Der Westen des Ostens« – das sind wir und nicht die Deutschen!

Die Parallelen frappieren, aber entscheidend war, was auf beiden Seiten aus ähnlichen Voraussetzungen gemacht wurde. In den ersten Nachkriegsjahren dachten und empfanden Franzosen und Polen sehr ähnlich. Beide waren, wie sonst niemand in Europa, auf die deutsche Gefahr fixiert, und beide wünschten sich das gleiche: Deutschland sollte wirtschaftlich schwach sein und politisch geteilt bleiben. Beide sahen mit Sorgen, wie sich die Deutschen dennoch wirtschaftlich schnell erholten und gute Aussichten hatten, allmählich auch politisches Gewicht zu bekommen. Franzosen und Polen reagierten unterschiedlich. Paris blieb nicht bei seiner »destruktiven« Politik der Anfangsjahre, sondern bemühte sich, die Fehler von Versailles nicht zu wiederholen. Statt den gefährlichen deutschen Nachbarn kleinzuhalten und zu fesseln, eröffnete es ihm Chancen, die ihn verpflichteten. Was Frankreich sich allein nicht zutraute, wollte es im größeren Verband erreichen: Europa bildete den gemeinsamen Nenner, der Franzosen und Deutsche zu Partnern machte.

Europäischer Aufsicht wurden in der »Montanunion« Kohle und Stahl unterworfen, der Stoff zur Kriegsführung gegeneinander. Europa erlaubte Paris, die Deutschen zu kontrollieren, ohne sie zu diskriminieren.

Für die DDR gab es keine Möglichkeiten vergleichbarer Art. Ihrem Verhältnis zu Polen fehlte zweierlei: zunächst eine europäische Brücke. Der gemeinsame Nenner für Warschau und Berlin war und blieb Moskau. Wenn die Nachbarn beiderseits der Oder sich nicht einigen konnten, mußten sie versuchen, den Kreml für ihren Standpunkt zu gewinnen. Ferner fehlte beiden Seiten der entschiedene Wille, deutsch-polnische Feindschaft beispielhaft in deutsch-polnische Partnerschaft zu verwandeln. Warschau hat nie eine »konstruktive« Politik mit der DDR geplant, wie Paris sie mit der Bundesrepublik betrieb; nach allem, was Polen bis 1944 durch Deutsche erlitten hatte, weit mehr als Frankreich, war sie auch nicht möglich. Soweit Polen sich um die DDR bemühte, geschah es in der Absicht »Umarmen, um festzuhalten«: Die DDR durfte nicht in eine deutsche Vereinigung entlassen werden.

Unterschiedlich war auch, wie Bonn und Ost-Berlin sich zu ihren Nachbarn stellten. Für Adenauer war die Versöhnung mit Frankreich eine Lebensaufgabe, für die er mit unbeirrbarer Beharrlichkeit wirkte und Opfer sowie innenpolitische Risiken auf sich nahm. Keiner seiner Nachfolger blieb der Versöhnung mit dem Nachbarn so ergeben, aber alle fühlten sich ihr verpflichtet, eindrucksvoll besonders Helmut Schmidt und Helmut Kohl.

Unter den regierenden deutschen Kommunisten fand sich niemals jemand, dem die Versöhnung mit Polen Herzenssache gewesen oder geworden wäre. Daß Warschau ein heikles Terrain war, wußte man zwar in Ost-Berlin und begann dort auf die gleiche Weise, wie Bonn es in Paris tat: Beide Regierungen entsandten als ersten diplomatischen Vertreter einen *homme de lettres*; für Bonn ging der Professor der Kunstgeschichte Wilhelm Hausenstein an die Seine, für die DDR der Schriftsteller Friedrich Wolf an die Weichsel. Schon 1948 wurde auch eine

Gesellschaft für deutsch-polnische Beziehungen gegründet, aber schon vier Jahre später löste sie sich in einer größeren Organisation auf, die den Beziehungen zu *allen* Oststaaten gewidmet war. Polen erschien der Ostberliner Führung keine besondere Anstrengung mehr wert. Das Gefühl einer moralischen oder auch nur politischen Verantwortung fehlte.

Dem unterschiedlichen Bemühen entsprachen die Ergebnisse. Zwischen Bonn und Paris entwickelte sich ein Verhältnis, das ohne Vergleich war in Europa. Frankreich und die Bundesrepublik wurden wirtschaftlich und auch politisch unlösbar miteinander verflochten; ihre Regierungen stimmten keineswegs immer überein, aber sie stimmten sich meistens ab – über ihr Verhältnis zueinander, aber auch über Europa- und Weltpolitik. Daraus wurde ein »Bündnis im Bündnis«, das auf die Umgebung einwirkte. Zu Anfang diente die westeuropäische Einigung als Voraussetzung für deutsch-französische Zusammenarbeit, dann aber wurde diese Zusammenarbeit zur Voraussetzung für die weitere Einigung Westeuropas. Ohne Paris und Bonn kam in der Brüsseler Gemeinschaft nichts zustande und wenig voran; manches kam sogar erst in Gang, weil beide es förderten. Oft genug wurde es den anderen Mitgliedsländern schon zu viel – sie befürchteten, von der »Achse« Paris-Bonn dominiert zu werden.

Zwischen Warschau und Ost-Berlin ging es allzeit kühl, zuweilen frostig zu; nur die Not brachte beide gelegentlich zusammen. Im Sommer 1968 war es die Angst vor dem »Prager Frühling«; Ulbricht und Gomulka drängten darauf, daß der Warschauer Pakt die Tschechoslowakei besetzte und der Reformbewegung ein schnelles Ende bereitete. Die andere Not verursachte Bonn mit seiner Weigerung, die DDR und die Oder-Neiße-Grenze anzuerkennen. Ost-Berlin und Warschau schlossen sich zusammen, um gemeinsam beides durchzusetzen, aber es war nur ein Zweckbündnis auf Zeit, das Gomulka – nicht gerade sozialistisch, aber treffend – als Gebot der »Staatsräson« bezeichnete. Ulbricht übernahm das Wort.

Je mehr die vermeintliche Gefahr aus dem Westen nachließ, desto mehr behinderten Polen und DDR einander. Polen fühlte sich durch die ostdeutsche Republik vom Westen abgeriegelt, die DDR fühlte sich durch Polen von der Schutzmacht Sowjetunion abgeriegelt, sah sich eingeklemmt zwischen der gefährlichen Bundesrepublik und dem unzuverlässigen Polen. Fünfmal brachen dort seit dem Sommer 1956 Unruhen aus, dreimal wurde dabei die Führung gestürzt. Die Gewerkschaft Solidarność brachte sogar die ganze Parteiherrschaft fast zum Erliegen. Das 1981 folgende Kriegsrecht des Generals Jaruzelski drückte die Aufsässigen in den Untergrund, aber gab Ost-Berlin nur für wenige Jahre Entwarnung. Dann begannen die Warschauer Parteiführer selbst, den autoritären Staat für die Demokratie zu öffnen. Die SED hatte sich zu Recht gesorgt, mit Polen war ihr Sozialismus nicht in Einklang zu bringen.

Zweierlei Gemeinschaft

Im West- wie im Ostteil Europas geboten Vernunft und Notwendigkeit, übernationale Wirtschaftsgemeinschaften zu bilden. Im Osten entstand schon 1950 der »Rat für gegenseitige Wirtschaftshilfe« (RGW), im Westen wurde 1957 der Vertrag über die »Europäische Wirtschaftsgemeinschaft« (EWG) unterzeichnet. Von Beginn an gehörte die DDR der östlichen, die Bundesrepublik der westlichen Organisation an – wie meist bekam die Bundesrepublik den besseren Teil.

In der westeuropäischen Gemeinschaft war die Großmacht Amerika nicht Mitglied, in der osteuropäischen spielte die Großmacht Sowjetunion die entscheidende Rolle. Der Westverband setzte sich bis Anfang der achtziger Jahre aus alten Industriestaaten zusammen, im Ostverband waren außer der DDR und Tschechoslowakei nur sozialökonomisch minderentwickelte Länder versammelt. So ergab sich ein gegensätzliches Bild: im Westen zwei hoch effiziente Wirtschaftsgrößen, die USA und Westeuropa, politisch und organisatorisch selbständig und etwa gleich stark; im Osten nur eine Wirtschaftsorganisation, in der sechs kleine Länder um die wenig leistungsfähige Sowjetunion sich gruppierten. Im Westen Unabhängigkeit von der Bündnisvormacht, im Osten die ständige Gefahr, ökonomische Provinz des östlichen Giganten zu werden. Im Westen, wo es keine Obermacht gab, Integration, im Osten aus Angst vor der Obermacht verzweifelte Verteidigung wirtschaftlicher Selbständigkeit.

Westeuropa bot der Bundesrepublik Schutz gegen das Übergewicht Amerikas, die DDR konnte sich gegen das Übergewicht der Sowjetunion schwerer wehren, weil sie allein stand und keine Gemeinschaft hatte, mit der sie dem Kreml gegenübertreten konnte. Moskau achtete auch darauf, daß sich unter seinen Gefolgsstaaten keine Koalitionen bildeten.

Westeuropa bot der Bundesrepublik die Möglichkeit, mit Ländern gleichen sozialökonomischen Entwicklungsstandes zusammenzuarbeiten. Der DDR fehlten Partner, wie die Bundesrepublik sie in Frankreich, Benelux, Italien und Großbritannien hatte. Die DDR mußte sich in eine Umgebung einfügen, in der sie außer der Tschechoslowakei niemanden fand, mit dem sie auf gleichem industriellem Niveau kooperieren konnte.

Die Wirtschaftszahlen illustrierten das. Vom westdeutschen Außenhandel entfiel kaum ein Zehntel auf die Vereinigten Staaten, fast die Hälfte hingegen auf die Europäische Wirtschaftsgemeinschaft. Der ostdeutsche Osthandel aber verteilte sich fast gleichmäßig auf die Sowjetunion und die anderen RGW-Mitglieder. Bonn war wirtschaftlich vor allem Westeuropa verbunden, Ost-Berlin in hohem Maße seiner Vormacht Moskau. Die Bundesrepublik gehörte in der EWG einem Unternehmen mit Zukunft an und nahm an einem faszinierenden Versuch ohne Beispiel teil, dem Zusammenschluß Gleicher ohne Zwang. Die DDR blieb in einer absterbenden Organisation, die wenig vorankam. Wichtiger als ihre Zugehörigkeit zum RGW wurde in ihren letzten Jahren der indirekte Zugang zur EWG, den sie über den innerdeutschen Handel bekam und den ihre Nachbarn im Osten ihr neideten.

Die Bundesrepublik erhielt ein riesiges Betätigungsfeld mit einer eigenen Bezeichnung: »Europapolitik« wurde, außer der Pflege der Beziehungen zu Amerika, zum Hauptfeld der westdeutschen Außenpolitik. Das blieb es auch nach 1970, als Bonn begann, sich um den Ostteil des Kontinents zu bemühen, die Westbilanz aller Kanzler war größer als ihre Ostbilanz.

Europa war die große Chance der Bundesrepublik, weil es neben der Nato ein ökonomisches und politisches Feld öffnete, auf dem die Bundesrepublik ihr wachsendes Gewicht zur Geltung bringen konnte. Europa ermöglichte Gleichberechtigung und sogar Gleichrangigkeit. Im Jahr 1951 mußte der deutsche Generalkonsul im französischen Außenamt über eine Stunde im Korridor neben dem Portier warten, bis er die Ratifikationsurkunde eines europäischen Vertrages übergeben durfte. Im Jahr 1958 wurde Walter Hallstein, ein enger außenpolitischer Helfer Adenauers, zum ersten Präsidenten der Europäischen Wirtschaftsgemeinschaft gewählt, ein Deutscher an der Spitze des größten Zusammenschlusses der Alten Welt. Europa erlaubte den Aufstieg der Bundesrepublik zu einem der drei führenden Staaten im Westteil des Kontinents und gab ihr ein breites Fundament für die Verfolgung weiterer Ziele, besonders im Osten.

Hier setzten die Befürchtungen der DDR-Führung ein. Die »westdeutschen Imperialisten«, erklärte Ulbricht 1967, wollten mit Hilfe der USA die »Hegemonie über Westeuropa« erringen, um ihre »Expansionspolitik nach Norden, Süden und Osten« zu verwirklichen. Europa war in den Augen der SED lediglich Mittel und Schlagwort des Klassenfeindes im Westen, für die Mehrheit der Ostdeutschen wurde Europa zum Ausdruck westdeutscher Abgewandtheit vom Osten. Die regierende Partei fürchtete eine Überwältigung durch die mächtiger werdende Bundesrepublik, das Volk fürchtete, von den Landsleuten vergessen zu werden. Das Volk hatte das bessere Urteil. Wenn am Rhein von Europa die Rede war, dann war nur der Westteil des Kontinents gemeint, alles, was östlich der Elbe lag, hieß dort

»Osten«. Europa bedeutete für den DDR-Bürger: Wir gehören nicht dazu. Europapolitik war für ihn Hinwendung der Landsleute zum Westen und Abwendung von ihm. Noch lange nach der Vereinigung 1990 blieb Europa für die meisten Ostdeutschen ein fremder Begriff.

Für die Nachbarn der DDR war es hingegen ein Wort der Hoffnung. Polnische, tschechische, ungarische und rumänische Politiker und Autoren entwarfen Pläne oder entwickelten wenigstens Gedankenspiele zur Überbrückung des großen Grabens, der Europa teilte. In den siebziger Jahren erfuhr der Begriff Mitteleuropa eine Renaissance in diesen Ländern, die breite Diskussion darüber verriet, worum es ging: Die Mitte wollte Bindeglied sein zwischen dem Westen und dem Osten des Kontinents. Die DDR, Volk wie Regierung, nahm an alledem nicht teil und blieb fixiert auf Deutschland. Erst in ihren letzten Jahren versuchte der Staatschef Erich Honecker, der DDR in Westeuropa, und im ganzen Westen, einen Platz zu schaffen, wie ihn die anderen Staaten des Ostens, von Polen bis Bulgarien, längst hatten. Die DDR sollte nicht mehr Klientelstaat Moskaus sein, sondern ein Land Europas. Aber dem außenpolitischen Ehrgeiz fehlten die inneren Kräfte und die Teilnahme der Bürger. Die DDR blieb, was sie war, der am wenigsten europäische Staat Europas – ein weiterer Kontrast zur Bundesrepublik, die der europäischste sein wollte.

Reisen in West und Ost

Europa war nicht nur eine Chance für die Bundesrepublik, sondern auch für die Bundesbürger. Europa eröffnete ihnen Möglichkeiten, mit der Außenwelt in Verbindung zu kommen, die den DDR-Bürgern vorenthalten wurden. Die Westdeutschen konnten bald den einfachsten und sichersten Weg beschreiten, mit den Nachbarn einen neuen Anfang zu finden. Sie fuhren überall hin und zeigten, daß Deutsche nicht nur in feldgrauer Uniform Grenzen überschritten, sondern Besucher sein konnten, Touristen, Sonnenanbeter, Kunstbewunderer, Abenteuerlustige, eben Menschen wie alle anderen.

Die Ostdeutschen blieben lange in der DDR eingeschlossen; alle Staaten in Stalins Bereich waren durch hohe Zäune voneinander getrennt, erst Mitte der sechziger Jahre wurde ein Reiseverkehr größeren Umfangs innerhalb des Ostens möglich. Allerdings hatte Stalin den Ostdeutschen zur Akzeptanz im Osten verholfen. Nachdem er einen deutschen Staat geschaffen hatte, konnte er keine Feindschaft gegen Deutsche dulden. Polen und Tschechen, so verständlich ihre Gefühle waren, mußten sich mit Deutschen ebenso abfinden wie die Völker der Sowjetunion, Russen, Weißrussen und Ukrainer, die nicht minder unter Hitlers Rassenkrieg gelitten hatten. So wurden im ganzen Osten Deutsche und Deutsches erstaunlich schnell wieder möglich – auch die Westdeutschen haben später davon profitiert.

Dennoch hatten die DDR-Bürger erhebliche Vorbehalte zu überwinden. Ein Ukas Stalins konnte die Erinnerungen der gequälten Nachbarn nicht löschen. In den Zeitungen galten zwar die Besucher aus der DDR als die guten Deutschen im Gegensatz zu den revanchistischen und neofaschistischen der Bundesrepublik, in der Volksmeinung aber waren sie Deutsche und hatten es nicht immer leicht, weder als Ex-Nazis noch als Kommunisten betrachtet zu werden. Im Laufe der Zeit taten Gewohnheit und Menschlichkeit ihr Werk. Die Völker im Osten gewöhnten sich an Deutsche, und die Ostdeutschen besuchten die Länder und Völker, zu denen sie allein Zugang hatten. Man lernte einander jenseits der Politik und böser Erfahrungen kennen, nicht das gleiche »System« verband, wohl aber der gleiche Ärger über das »System«. Manche wurden vertraut miteinander, es entstanden Beziehungen, die sogar die Jahre der Wende überlebten und zeigten: Die Ostdeutschen hatten nicht nur im Osten leben müssen, viele waren ihm auch nähergekommen durch Kenntnis und Verständnis.

Die unterschiedlichen Systeme schufen unterschiedliche Bedingungen. Im Westen wurde Verständigung nicht nur von den

Regierungen vereinbart, sondern gleichzeitig von unten aufgebaut. Im Osten wurde Freundschaft verordnet, ohne daß man sich ausreichend um die Voraussetzungen kümmerte. Im Westen wußte man, daß Völkerverständigung wachsen muß und Politik ihr nur den Boden bereiten kann. Im Osten bestimmten die Arroganz der Herrschenden und deren Unfähigkeit, Spontaneität zu dulden; so organisierte man auch die Versöhnung und ließ lange Zeit statt der Menschen nur Delegationen über die Grenzen.

Aber auch die verordnete Freundschaft öffnete Tore, denn sie ermöglichte unverordnete, wahre Freundschaft. Nicht nur Funktionäre, auch Fachleute jeder Art sollten sich verständigen und taten es oft mehr, als sie sollten. Aus fachlicher »Beratung« erwuchsen persönliche Beziehungen. Besonders Künstler, Intellektuelle und Individualisten entdeckten Polen als anregendes Vergleichsland: Es herrschte das gleiche System dort, und doch war vieles anders – leichter, gelassener, ohne Respekt vor jeglicher Obrigkeit, ganz und gar unideologisch, aber nationaler, was die einen Ostdeutschen mit Neid, die anderen mit Kopfschütteln feststellten. Mancher fand in Warschau und Krakau mehr »Westen« als in der DDR; wenn er nicht »Reisekader« war, also in den eigentlichen Westen reisen durfte, fuhr er dorthin. Doch die Polenfreunde waren immer eine schmale Minderheit in der DDR.

Die Westdeutschen bekamen auch den interessanteren Teil Europas. Ob Vergnügungs- oder Bildungsreise – zu allen Zeiten fuhr man nicht nach Rußland, Polen oder auf den Balkan, sondern nach Paris, London und Italien. Seit Jahrhunderten lernten die Deutschen, wie alle Europäer, französisch und englisch; slawische Sprachen konnte nur, wer in slawischer Umgebung lebte. Die abendländische Kultur, aber auch die Haute Couture – alles kam aus dem Westen. Vergessen blieb, wie weit das Abendland nach Osten reichte und daß auch Rußland zu Europa gehört. Fast unbemerkt blieb auch, wie vieles im Westen unter seinem Glanz Substanz verlor.

Den Westdeutschen stand der Westen offen, den Ostdeutschen bis zur Mitte der achtziger Jahre nur der Osten und auch das zuweilen mit politischen und allezeit mit ökonomischen Einschränkungen; die Ost-Mark konnte nur begrenzt in die Währungen der Gastländer umgetauscht werden. Die Westdeutschen entwickelten sich zu Europameistern des Tourismus, die Ostdeutschen kamen schwerer ins Ausland, waren dort ärmer als in der Heimat und blieben auf Länder beschränkt, die unter den gleichen wirtschaftlichen Nöten und politischen Bürokratismen litten wie sie selbst. Polen erschien den meisten nur als Camping-Land lohnend, die Tschechoslowakei wurde zum beliebtesten Reiseland, vielleicht durch Landschaft und Kultur ein wenig Ersatz für Süddeutschland. Budapest bot einen Abglanz des k.u.k. Charme. Sonst gab es nur den Plattensee und die Schwarzmeerküste, um Urlaub zu machen.

So entwickelten die Deutschen ein unterschiedliches Verhältnis zu ihrer neuen Umgebung. Für die Westdeutschen wurde ganz Westeuropa zu dem Raum, in dem sie dachten und sich bewegten – fast wie im eigenen Land. Die Ostdeutschen waren, vielleicht mit Ausnahme von Böhmen, nur bei sich selbst zu Hause. Die Bundesbürger verbanden sich, wie ihr Staat, äußerlich und innerlich mit ihrer Hälfte Europas, die große Mehrheit der DDR-Bürger lebte in Distanz zu den Ländern, denen sie so nahe sein sollte wie ihr Staat. Die Westdeutschen wurden Teil des Westens, die Ostdeutschen wurden nur in engen Grenzen Teil des Ostens. Die Westdeutschen entwickelten sich, soweit es das gibt, zu Europäern, die Ostdeutschen beschränkten sich auf sich selbst: Zum Westen durften sie nicht und zum Osten wollten sie nicht, sie bekamen nach der Befreiung von Hitler nichts, woran sie sich verlieren konnten – also blieben sie deutsch.

IV.

WIE DIE DEUTSCHEN SICH ZUEINANDER WANDTEN

1.

ENTSPANNUNG UND KOEXISTENZ

Vor allem müssen die Atommächte,
bei gleichzeitiger Wahrung ihrer eigenen
Lebensinteressen, solche Konfrontationen vermeiden,
die einem Gegner nur die Wahl zwischen einem
demütigenden Rückzug oder einem Atomkrieg lassen.

JOHN F. KENNEDY 1963

Das hätte eine Situation geschaffen wie
in jenem Märchen, in dem sich zwei Ziegenböcke
über einem Abgrund begegnen, die Hörner
gegeneinander stemmen, weil jeder sich weigert,
dem anderen Platz zu machen. Bekanntlich stürzten
beide in den Abgrund. Ist es vernünftig,
daß Menschen so handeln?

NIKITA S. CHRUSCHTSCHOW 1962

Mit den sechziger Jahren begann eine neue Zeit. Sie hatte ihren Ursprung in einem veränderten und sich weiter verändernden Kräfteverhältnis zwischen den USA und der Sowjetunion. Die atomare Überlegenheit der Amerikaner schwand, in der zweiten Hälfte des Jahrzehnts erreichten die Russen Gleichstand. Keiner konnte mehr einen Atomkrieg führen, ohne selbst atomar verwüstet zu werden. Die Vereinigten Staaten traf ein zweifacher Schock. Nicht nur die unvorstellbare Zerstörungskraft der Nuklearwaffen schreckte, auch die Existenz sowjetischer Raketen, die Ozeane überfliegen konnten, bedeutete eine historische Zäsur: Die Meere schützten Amerika nicht mehr, die USA waren nicht mehr unverwundbar. Seit 1814 englische Truppen Washington angezündet hatten, war ihr Territorium von Feinden und Feindeinwirkung frei geblieben. Mehr als anderthalb Jahrhunderte konnten die Amerikaner in allen Ländern der Welt Krieg führen und sich gewiß sein, daß ihr Land, ihre Familien, Häuser und Industrieanlagen unversehrt blieben.

Auch die Sowjetunion stand unter dem Druck ihrer Geschichte, nur gerade umgekehrt. Was den Amerikanern erspart geblieben war, hatten die Russen und anderen Völker der Union im Übermaß erlitten. Als Bundeskanzler Brandt zum erstenmal nach Moskau kam, zeigte man ihm in der Nähe des Flugplatzes das Denkmal, das die Stelle bezeichnete, an dem die deutschen Panzer 1941 umkehren mußten. Auf der Weiterfahrt zur Stadt ließ Ministerpräsident Kossygin auf den Leninhügeln anhalten und führte Brandt an den Platz, von dem Napoleon einen letzten Blick auf das brennende Moskau gerichtet hatte. Das 20. Jahrhundert brachte zwei Weltkriege und die Besetzung großer Teile des Landes, im zweiten Verluste, die bei Volk und Politik lebendig blieben: 13,5 Millionen gefallene Soldaten, über sieben Millionen umgekommene Zivilisten, unendliche Verwüstungen in Städten, Dörfern und Industrie.

Der Anfang der sechziger Jahre hatte Russen und Amerikanern vor Augen geführt, daß aus strategischen Spekulationen Wirklichkeit werden konnte. Als die DDR im Sommer 1961 durch Massenabwanderung auszubluten drohte, sagte der amerikanische Präsident John F. Kennedy zu einem Berater: »Ostdeutschland entgleitet Chruschtschow, das kann er nicht hinnehmen. Wenn Ostdeutschland verlorengeht, sind auch Polen und ganz Osteuropa verloren. Er muß etwas tun, um den Flüchtlingsstrom einzudämmen – vielleicht eine Mauer? Wir werden nichts dagegen tun können.« Kennedy sprach nicht von Freiheit und kommunistischer Gewaltherrschaft, er sah die Notlage einer anderen Großmacht, auf die er Rücksicht nahm, damit aus der Krise nicht Krieg wurde. Chruschtschow reagierte entsprechend. Er redete nicht von Kapitalisten oder Imperialisten und beschränkte sich auf die Rettung der DDR. Er ließ Ulbricht die Mauer bauen, aber ließ ihn nicht an den Flugverkehr der Westmächte nach West-Berlin heran, den der SED-

Chef kontrollieren wollte, um West-Berlin allmählich abzuwürgen. Chruschtschow erläuterte sein Handeln wie Kennedy mit der Rücksicht auf den Frieden, er habe »einen ernsten Konflikt mit den Vereinigten Staaten« vermeiden wollen, »der möglicherweise zum Krieg geführt hätte«.

Mit gleicher Vorsicht bewältigten beide den Kuba-Konflikt. Chruschtschow hatte ihn herbeigeführt, indem er auf Kuba Raketen stationierte, die das Gebiet der USA schlagartig erreichen konnten. Amerikanische Raketen in der Türkei vermochten ebenso schnell das Gebiet der Sowjetunion zu erreichen, Chruschtschow wollte den USA »ein bißchen von ihrer eigenen Medizin verabreichen«, also militärisches Gleichgewicht schaffen. Kennedy reagierte scharf, folgte aber nicht den militanten Empfehlungen seiner Militärs, sondern baute dem Gegner eine Brücke zum Rückzug, die Chruschtschow, den Ernst der Lage begreifend, unter einigem Prestigeverlust beschritt. Offen abgebaut wurden die Sowjet-Raketen auf Kuba, in aller Stille die US-Raketen in der Türkei. Schrecken hatte beide Atommächte gepackt – ein Krieg um Berlin war möglich gewesen, ein Krieg wegen Kuba wahrscheinlich. Das Wort Frieden, lange in der Propaganda-Routine zur Phrase verkommen, erhielt seine Bedeutung wieder.

Washington und Moskau zogen bald erste Konsequenzen. Um in Krisen schnell in Kontakt zu kommen und zu bleiben, installierten sie zwischen den Führungszentren eine Fernschreibverbindung. Die Gefahr eines ungewollten atomaren Zusammenstoßes erzwang ein nahezu widernatürliches Verhalten. Den Feind mit neuer Technik zu übertrumpfen konnte nicht mehr alles sein; da es um beider Leben ging, erschien es ratsam, sich über Art und Zahl der tödlichen Waffen zu informieren und ihre Begrenzung zu verständigen, so mühsam es war und so unvollständig es oft gelang. Über ihr strategisches Verhältnis blieben Moskau und Washington in vertraulichem Gespräch, das sie allein führten und das sie über alle anderen Länder erhob. Nur Amerika und Rußland konnten die Welt vernichten.

Unabhängig vom stark wechselnden Stand ihrer politischen Beziehungen lagen darin eine exklusive Gemeinsamkeit und gemeinsame Verantwortung.

Beide wurden zu Hütern des Status quo, der bestehenden Verhältnisse. Jeder wahrte wie bisher seinen Besitzstand, verzichtete aber darauf, den Besitz des anderen zu schmälern. Beide wußten, schwere Verluste oder auch nur die Gefahr schwerer Verluste wären für den Gegner nicht erträglich und würden ihn zu gemeingefährlichen Gegenmaßnahmen nötigen. Neue Begriffe erlangten Bedeutung: Stabilität hieß, beiderseits der Grenze solle Ruhe herrschen, in den unruhigen Wochen vor und nach dem Mauerbau fürchtete die amerikanische Politik einen Aufstand in der DDR. Berechenbarkeit hieß, auf die Vernunft der anderen Seite mußte Verlaß sein, Abenteuer wie Raketenaufbau in Kuba durften nicht mehr vorkommen.

Allmählich änderte sich auch das Denken, man mißtraute einander weiter, aber die Verteufelung ließ nach. Äußerungen westlicher Politiker verrieten die Abkehr von Wunschvorstellungen und Schreckbildern und die Rückkehr zum Realismus. Man müsse mit Moskau verhandeln »im Wissen um die Lage, wie sie ist« (Adenauer 1959). »Wir müssen uns mit der Welt befassen, wie sie ist« (Kennedy 1963). »Wir sind gezwungen, die Welt so zu nehmen, wie sie ist« (de Gaulle 1965). »Unsere Politik muß den Realitäten von heute – nicht denen von gestern entsprechen« (Präsident Johnson 1966). »Ohne Scheuklappen sehen, was ist« (Bundeskanzler Kiesinger 1967). »Ausgehen von dem, was ist« (Bundeskanzler Brandt 1970). »Man muß die Welt so sehen, wie sie ist« (Präsident Nixon 1971).

Alle diese Äußerungen galten der Notwendigkeit, ein neues Verhältnis zum politischen Osten zu finden; sie entsprangen der Einsicht in veränderte Umstände und der Absicht, die Umstände weiter zu verändern. Wirklichkeitssinn verband sich mit leiser Hoffnung: Wir können den Gegner nicht besiegen, also müssen wir uns mit ihm arrangieren. Wir können den Kommunismus nicht beseitigen, also müssen wir versuchen, ihn zu mildern. Der Osten verändert sich, also können wir die Beziehungen zu ihm verändern.

Die Politiker des Ostens sprachen oft ähnlich und dachten ebenso realistisch. Der polnische Parteichef Wladislaw Gomulka belehrte den naiven Ex-KPD-Chef Max Reimann: »Der Sozialismus ist eine schöne Idee, aber das Leben ist sehr brutal.« Und die Einsicht in die Notwendigkeit, sich mit dem Westen zu arrangieren, breitete sich in allen Ost-Hauptstädten aus: Überwinden konnte man den Kapitalismus nicht, aber nutzen mußte man sein Kapital und seinen technischen Vorsprung.

So wurde Entspannung zum großen Thema der sechziger Jahre – ganz wörtlich: Es wurde mehr darüber gedacht und gesprochen als dafür getan. Die meisten wollten Entspannung, aber eigene Hemmungen und fremde Hemmnisse hinderten. Entspannung bedeutete zunächst zwar nicht mehr, als das Wort sagt: weniger Spannungen und später vielleicht gar keine mehr. Doch dann sollte mehr kommen: »détente, entente, coopération« hieß de Gaulles Formel, von der Entspannung wollte er fortschreiten zur Verständigung und schließlich zur Zusammenarbeit. »Von der Konfrontation zur Kooperation«, proklamierte der amerikanische Präsident Richard Nixon.

Die Formel des Ostens hieß »friedliche Koexistenz«, auch daraus sollte mehr werden als die bloße Hinnahme der Existenz des anderen. Über Handel, technischen Austausch, ausgewählte Kulturbegegnungen sollte politisches Verständnis entstehen und am Ende auch Verständigung. Beiden Seiten ging es um politische Vorsichtsmaßnahmen zur Verhinderung eines Krieges, nicht aber um Beendigung des Kampfes zwischen Ost und West. Der sowjetische Parteichef Chruschtschow proklamierte einen »Wettkampf der Systeme«, der entscheiden solle, »welches System lebensfähiger ist, welches System den Erwartungen der Völker mehr entspricht und sowohl die materiellen als auch die geistigen Bedürfnisse der Völker ausgiebiger befriedigen kann«. Und weitergehen müsse der ideologische Kampf, die Koexistenz der Staaten sei sogar »eine Form des Klassenkampfes zwischen

Sozialismus und Kapitalismus« und biete dafür günstigere Bedingungen. Genauso wurde auf der Westseite gerechnet. Wirtschaftlich war man dem Osten überlegen, ebenso in der Attraktivität der Lebensverhältnisse, Entspannung versprach günstigere Bedingungen für einen »freien Austausch von Informationen und Ideen«, also bessere Einflußmöglichkeiten des Westens auf den Osten. Beide Seiten glaubten weiter an den Sieg ihres Systems, vertagten ihn aber in eine ferne, kaum mehr erkennbare Zukunft.

Wichtig war allen Seiten, daß Entspannung nicht mit Schwäche verwechselt wurde. Entspannungspolitik konnte nur treiben, wer sich sicher fühlte. Amerikaner und Russen rüsteten weiter, auch wenn sie über eine Begrenzung der Rüstungen verhandelten. Präsident Richard Nixon scheute sich nicht, am Vorabend seiner ersten Reise nach Moskau den Bombenkrieg gegen Moskaus kommunistischen Bruder Nord-Vietnam zu steigern. Als Bundeskanzler Brandt Entspannung mit dem Osten suchte, wußte er: »Unsere Ostpolitik hat im Westen zu beginnen«, das hieß: Ohne Rückhalt im Westen, zur Not sogar ohne Rückzugsmöglichkeit zum Westen, konnte sich die Mittelmacht Bundesrepublik nicht der Großmacht Sowjetunion stellen.

Die sechziger Jahre waren eine Zeit des Übergangs, aber auch der ersten Erfahrungen. Erstmals wirkte das Grundgesetz jeder Entspannung: Wie sich das Verhältnis zwischen den Fronten aus der Erstarrung lockerte, so lockerten sich auch die Fronten selbst. Die Erleichterung, daß Spannung und Kriegsgefahr nachließen, verringerte das Gefühl, bedroht zu sein; wo sich alle viele Jahre lang der Blockdisziplin fügten, gingen nun mittlere und kleine Allianzmitglieder eigene Wege. Die halbe amerikanische Westeuropapolitik war mit de Gaulle beschäftigt, der die Militärorganisation der Nato verließ und Alleingänge nach Osten unternahm. Das sowjetische Politbüro mußte sich mit den eigenwilligen Rumänen herumärgern und fand 1968 gegen die eigenständig werdende Tschechoslowakei kein anderes Mittel mehr als die militärische Besetzung.

Die Entspannung erwies sich als zweischneidig. Sie minderte die Bedrohung durch Raketen und Soldaten, aber schuf neue Gefahren durch Verlockung und Verführung. So gab es auf beiden Seiten Anhänger und Gegner der Entspannung, je nachdem ob man die Chancen oder die Risiken für größer hielt. Die Sorgen und die Gründe zur Sorge waren im Osten stärker und die Art und Weise, damit fertigzuwerden, viel brutaler. Der »Prager Frühling«, die wunderbare Erlösung von stalinistischem Druck und Hoffnung auf einen »Sozialismus mit menschlichem Antlitz«, all das entstand in dem leichten Klima, das sich seit Mitte der sechziger Jahre ausbreitete. Doch nach der sowjetischen Intervention wurde für zwei Jahrzehnte alles schlimmer, die Tschechoslowakei erstarrte unter der drückenden Herrschaft engstirniger Funktionäre. Zugleich aber war es dieser Gewaltakt, der Moskau zur Entspannung erst wieder befähigte, denn nun hielt es sein »Lager« für ausreichend gefestigt, um mit dem Westen große Geschäfte zu machen.

Für die Deutschen entstand mit der Entspannung eine neue Lage. Die Grenzen in Europa wurden leichter überschreitbar, aber sie verfestigten sich und erhielten eine höhere Bedeutung. Vorher waren sie nur das Zufallsergebnis des Zweiten Weltkrieges, teilweise änderungsbedürftig, zumindest nicht endgültig. Jetzt markierten sie ein Gleichgewicht, das als Bedingung für den Frieden erschien; sie wurden zur Voraussetzung einer europäischen Ordnung, in der sich die Völker einrichten sollten. Das Gleichgewicht beruhte auf keiner exakten Berechnung der Kräfte beider Seiten, das vorhandene Kräfteverhältnis wurde vielmehr zum Gleichgewicht erklärt und damit zur Grundlage einer europäischen Ordnung. Diese Ordnung entbehrte jeder historischen, kulturellen oder sonst sinnvollen Gliederung, sie rechtfertigte nur, was nicht zu ändern war. Auch die deutsche Teilung, bisher ein Gewaltakt gegen die Natur, wurde in den Augen der Welt zu einem unentbehrlichen Element dieser Ordnung.

2.

VERGEBLICHE VERSUCHE

Tempora mutantur,
nos et mutamur in illis.
Die Zeiten ändern sich
und wir uns mit ihnen.

Gewachsene Kraft

Die Welt hatte sich verändert, die deutschen Staaten hatten es auch, sie waren stärker geworden. Die Bundesrepublik erwarb in den sechziger Jahren fast uneingeschränkte Gleichrangigkeit, die Westdeutschen wurden in den Kreis der demokratischen Nationen aufgenommen, wenn auch nicht ganz ohne Vorbehalte. Es war ein großer Erfolg. Als die Westmächte 1948 beschlossen, aus ihren Besatzungszonen einen Staat zu machen, wußten sie nicht, ob die Deutschen bereit und fähig waren, aus Überzeugung Demokraten zu werden. Und wenn sie sich manche fragwürdigen Gestalten und Parteien ansahen, die in den ersten und zweiten Bundestag gewählt worden waren, konnten sie weiter Zweifel hegen. Doch Ende der fünfziger Jahre war das alles ausgeschwitzt oder von Adenauers CDU aufgesogen, und das nicht nur im Bonner Politik-Ghetto. Die Westdeutschen verwestlichten sich, wurden nach Lebensform, -auffassung und -zielen Mitglieder der westlichen Gemeinschaft. Die verfrühten Verbündeten hatten sich zu echten Verbündeten entwickelt.

Auch außerhalb des Westens gewann die Bundesrepublik zunehmend Bedeutung. Es war ihre wirtschaftliche Kraft, die kommunistische Regierungen anzog und noch mehr weite Teile der Dritten Welt. Dennoch blieb ein Widerspruch, der sich in dem damals aufkommenden Bonmot ausdrückte: Wirtschaftlich sei die Bundesrepublik ein Riese, politisch aber ein Zwerg. Das Wort enthielt so viel Wahrheit wie jede gute Karikatur. Der Bonner Staat war stärker geworden, als er sich eingestand; er konnte mehr, als er sich zutraute.

Die Sowjetunion hatte Ost-Berlin schon 1964 eines Vertrages über »Freundschaft, gegenseitigen Beistand und Zusammenarbeit« gewürdigt. Das geschah, als Chruschtschow einen Besuch in Bonn plante. Bevor er mit der westdeutschen Regierung sprach, wollte er jeden Zweifel daran beseitigen, daß die DDR ein unaufgebbarer Bestandteil des sowjetischen Imperiums sei, ja sogar ein befreundeter und geschätzter Verbündeter. Eine Vereinigung Deutschlands, das sollte Bonn begreifen, stand für Moskau nicht zur Diskussion.

Die Sowjetunion hatte ihr Deutschland als Partner akzeptiert. Die Nationale Volksarmee galt ihr als so zuverlässig, daß sie ihr 1963 für den Kriegsfall einen Platz in der vordersten Linie, der Ersten Strategischen Staffel, anvertraute, sie modern ausrüstete und personell verstärken ließ. Ein Jahr vorher, im Sommer 1962, durfte die Volksmarine ihren ersten Besuch in der Sowjetunion machen, siebzehn Jahre nach Kriegsschluß schienen deutsche Soldaten einer russischen Stadt zumutbar. Seitdem reiste auch der DDR-Verteidigungsminister Heinz Hoffmann offiziell mit Militärdelegation in die Hauptstädte des Warschauer Pakts, 1962 nach Moskau und Warschau, erst 1965 nach Prag. Zugleich wuchs das Selbstbewußtsein. Anfang der fünfziger Jahre richtete sich der Ehrgeiz der SED-Führung darauf, die anderen einzuholen, Ende der sechziger behauptete sie kaum verhüllt, die anderen überholt zu haben.

Die deutschen Kommunisten erklärten, sie hätten »Neuland« betreten, denn erst sie hätten bewiesen, »daß der Marxismus-Leninismus auch für industriell hochentwickelte Länder volle Gültigkeit hat«. Da die DDR »industriell hochentwickelt« war und die anderen Oststaaten noch nicht, hieß das: Alle werden es machen müssen wie wir, auch die Sowjetunion. Unbestreitbar war jedenfalls, daß die DDR sich in den sechziger Jahren eine Spitzenstellung im sowjetischen Osten erworben hatte, nur Polen rangierte noch vor ihr. Im Inneren schien sie gefestigt, der Mauerbau hatte die Ostdeutschen in die Resignation gezwungen und genötigt, sich auf den ungeliebten Staat einzustellen. Wirtschaftliche Fortschritte und ein bescheidener, aber spürbarer Wohlstand versöhnten ein wenig mit den politischen Verhältnissen, die Hoffnung auf Erlösung durch den Westen schwand. Die DDR war trotz ihrer Randlage ein leidlich stabiler Staat geworden. Das gab ihr Gewicht in Moskau und nötigte die Nachbarn zu gewissem, meist widerwilligem Respekt.

Zumutung oder Chance?

Die deutschen Staaten waren stärker geworden, aber nicht stark genug, um sich den Forderungen der neuen Zeit zu entziehen. Ihre Vormächte ließen sie auch nicht im Zweifel, was die Stunde geschlagen hatte. DDR wie Bundesrepublik verfolgten Ziele, die den Status quo verändern würden. Die DDR wollte sich West-Berlins bemächtigen, ein separater Friedensvertrag mit Moskau sollte ihr die Kontrolle über dessen Verkehrswege zum Westen geben, die Lebensadern der Stadt. Die Bundesrepublik wollte die Wiedervereinigung Deutschlands, also die Auslöschung der DDR. Beiden Vorhaben versagten die Verbündeten ihre Unterstützung, Chruschtschow machte Ulbricht im Sommer 1963 öffentlich klar, mit der Grenzschließung zu West-Berlin sei alles getan, was die DDR brauche.

Die Westmächte strichen das Thema deutsche Einheit von ihrer Traktandenliste; nach der Kubakrise war es »einfach vom Tisch«, wie ein Bonner Spitzendiplomat sagte. Als Bundeskanzler Ludwig Erhard Ende 1964 die Alliierten drängte, Moskau ein ständiges Vier-Mächte-Gremium zur Behandlung der Deutschlandfrage vorzuschlagen, aber nicht zu sagen wußte, was da zu behandeln sei, beließen es die Drei bei einer »Deutschland-Erklärung«, in der nur ein Satz von Bedeutung stand: »Die Möglichkeiten, in dieser Frage an die sowjetische Regierung heranzutreten, werden unter Berücksichtigung der Aussichten, dabei zu nützlichen Ergebnissen zu gelangen, weiterhin geprüft.« Mitte der sechziger Jahre stellten der französische und dann der amerikanische Präsident eine neue Rangordnung auf, erst müsse Europa »wiederhergestellt« werden, dann sei auch eine Einigung Deutschlands möglich.

In Deutschland bleibt alles, wie es ist, darin lag die erste Zumutung der Entspannung für die deutschen Staaten: Auf unabsehbare Zeit sollte die Bundesrepublik mit der Teilung und die DDR mit dem Störenfried West-Berlin leben. Die zweite Zumutung bestand im Gebot neuer Umgangsformen. Bundesrepublik und DDR verdankten dem Kalten Krieg ihre Existenz und ihren Aufstieg, nun sollten sie sich in einer Welt zurechtfinden, die nicht mehr auf Kampf gestellt war, sondern Verständigung, zumindest Koexistenz, mit dem Feind suchte. Für Bonn und Ost-Berlin lag darin eine schwere Herausforderung. Verständigung verlangte von der Bundesrepublik, die DDR als gleichberechtigten Partner zu behandeln, doch alle westdeutschen Parteien waren darauf eingeschworen, dem Gegenstaat nicht nur Anerkennung, sondern schon jegliche »Aufwertung« zu verweigern. Die DDR wollte anerkannt werden, Entspannung unter Bewahrung der Machtverhältnisse war hilfreich, entspannter Umgang mit der Bundesrepublik aber war gefährlich für sie.

So bauten sich wieder gegensätzliche Interessen auf. Bonn wollte den Staat DDR weiter ignorieren, aber Zugang zu dessen Bürgern bekommen, Ost-Berlin wollte den Staat DDR anerkannt sehen, aber den Zugang zu dessen Bürgern so weit wie möglich sperren. Auf beiden Seiten traten innenpolitische Hemmnisse hinzu. Wer in der Bundesrepublik eine Anerkennung der DDR für nötig erklärte, riskierte, als Verräter an der deutschen Einheit diffamiert zu werden. Wer in der DDR für Verständigung mit Bonn plädierte, geriet in Gefahr, mangelnder »Wachsamkeit« oder gar »Prinzipienlosigkeit« bezichtigt zu werden, was böse Folgen für Karriere oder Freiheit haben konnte.

Sorge bereitete beiden, die Entspannung werde über sie hinweggehen. Bonn fürchtete, in einem größeren Ost-West-Arrangement werde die DDR einen Platz erhalten, sie wäre formell zwar nicht anerkannt, tatsächlich aber dabei. Ost-Berlin fürchtete das gleiche, nur umgekehrt: Die DDR wäre zwar dabei, aber weiterhin nicht anerkannt. Bonns Schreckbild nahm schon im Sommer 1963 Gestalt an. Als sich die Atommächte auf ein Versuchsverbot (mit Ausnahme der unterirdischen Versuche) geeinigt hatten, sollten alle Staaten der Welt unterzeichnen, auch die DDR. Die Bundesregierung wurde nicht einmal informiert; der Außenminister erfuhr es aus der Zeitung. Adenauers Vertrauter Heinrich Krone notierte in seinem Tagebuch: »Über dieses Abkommen kommt Ulbricht mit an den Tisch. … Wir sind Opfer der amerikanischen Entspannungspolitik.«

Die Fragen Entspannung und Anerkennung drängten nicht nur von außen, sie stellten sich den Deutschen selbst und wurden durch die sechziger Jahre immer lebhafter diskutiert, intern in der DDR, öffentlich in der Bundesrepublik. Beide waren etwas zu Kräften gekommen, mußten sich den Großen nicht mehr in allem und jedem fügen und konnten versuchen, eigene Interessen stärker durchzusetzen. War Entspannung nur eine Gefahr oder auch eine Chance? Manches sah für beide gleich aus oder doch ähnlich.

Bundesrepublik wie DDR litten unter ihrer außenpolitischen Einseitigkeit. Sie lagen im Zentrum Europas, hatten ein weit ausgebautes, bis zur Integration gehendes Verhältnis zu einem Teil des Kontinents, aber keine oder fast keine Beziehung zum anderen. Es war ein absurder Zustand, nicht nur politisch und wirtschaftlich, viele praktische Notwendigkeiten, beginnend beim Verkehr, blieben ungelöst. So konnte es nicht weitergehen. Im Juni 1961 äußerte der Bundestag einstimmig den Wunsch, mit den »osteuropäischen Staaten« zu einer »Normalisierung« zu gelangen. Im Dezember desselben Jahres sagte

Adenauer zu einem Vertrauten, für den Rest seines Lebens halte er es für das Wichtigste, das er noch tun wolle, unser Verhältnis zu Rußland in eine erträgliche Ordnung zu bringen. Die DDR war seit ihrer Gründung an »normalen Beziehungen« zu den »kapitalistischen« Ländern Europas interessiert, mühte sich auf verschiedene Weise darum, kam aber kaum voran, weil Bonn den Westen auf ihre Nicht-Anerkennung verpflichtet hatte.

Noch absurder war der Zustand in Deutschland: zwei Staaten, die außer einer Wirtschaftsvermittlungsstelle keine Beziehung hatten, statt dessen einander beargwöhnten und bekämpften. Eine Nation, deren Angehörige immer weiter voneinander getrennt wurden. Eine Hauptstadt, in der man nicht einmal von einem in den anderen Teil telefonieren konnte. Das alles war so lange hinnehmbar, wie es noch einen Rest von Hoffnung auf Wiedervereinigung gab, doch die schwand bei den Westdeutschen meßbar, bei den Ostdeutschen langsamer, aber spürbar. Im April 1966 sagte Franz Josef Strauß als erster Politiker seines Ranges, er könne sich eine Vereinigung unter allen voraussehbaren Umständen nicht vorstellen. Im April 1967 erklärte Ulbricht die »Vereinigung« als »nicht real«, sie werde »es erst im Sozialismus geben«.

In den Folgerungen stimmten beide Seiten ebenfalls überein. Der deutsch-deutsche Zweikampf war sehr teuer, materiell und politisch. Allein die Aufwendungen in der Dritten Welt, um eine Anerkennung durchzusetzen oder zu verhindern, verlangten Gelder und menschliche Energie, die an anderer Stelle mehr gebraucht wurden. Vor allem schadeten die *querelles allemandes* beiden. Bonn wie Ost-Berlin strapazierten die Nerven ihrer Verbündeten mit immer neuen Bitten und Forderungen um Beistand oder Solidarität, und je länger das ging durch die sechziger Jahre, desto teurer wurde es und lästiger für die Bittsteller wie für die Gebenden.

Wichtiger war, daß der deutsche Konflikt in die Isolierung führte. Was immer für ganz Europa geplant wurde, militärische, wirtschaftliche, politische Vereinbarungen oder auch nur Konferenzen darüber, ohne das zänkische Volk in der Mitte des Kontinents ging es nicht, die Deutschen waren zu zahlreich, wirtschaftlich zu wichtig und geographisch nicht zu umgehen. Ihre Unfähigkeit, sich zu arrangieren, hinderte die Möglichkeiten der Europäer, sich zu arrangieren. Deutschland, Bundesrepublik und DDR, drohte zum Störenfried des Kontinents zu werden.

Für Bonn wie Ost-Berlin empfahl es sich, eine Einigung zu suchen. In beiden Hauptstädten sah man es und fand sogar gleiche Formulierungen. Von einem geregelten Nebeneinander fortschreiten zu einem Miteinander, hieß es am Rhein; an der Spree erklärte Ulbricht, da die Einheit noch lange auf sich warten lassen werde, sei es um so dringlicher, für die – wahrscheinlich lange – Übergangszeit eine »Ordnung des Nebeneinander- und Miteinanderlebens der beiden deutschen Staaten« zu schaffen. Der Unterschied begann aber bei der Frage, wie diese Ordnung aussehen sollte.

Bonner Halbheiten

Der Geist der Zeit, das Drängen der Verbündeten und immer stärker eigene Einsichten setzten sich allmählich durch. Beide deutsche Regierungen paßten sich der Entwicklung an und bemühten sich, sie für ihre Zwecke zu nutzen. Die Bundesregierung aus CDU/CSU und FDP, geführt von dem schwachen Kanzler Ludwig Erhard und dem konservativen, energischen Außenminister Gerhard Schröder, versuchte, Alt und Neu zu verbinden. Um mit dem Osten Europas ein politisches Verhältnis zu begründen, löste sie sich zur Hälfte von dem Dogma: keine diplomatischen Beziehungen zu Staaten, die solche Beziehungen zur DDR unterhalten. Bonn etablierte in Warschau und Budapest, auf dem Balkan und schließlich auch in Prag Handelsmissionen. Sie waren beschränkt auf Wirtschaftsfragen, aber besetzt mit Diplomaten, die auch ein wenig Politik machen sollten, soweit die eifersüchtige DDR es nicht verhinderte.

Auch einer Entspannung wollte die Regierung Erhard sich nicht widersetzen, aber sie sah, durchaus zutreffend, die Gefahr für die deutsche Einheit. Je länger und weiter sich Ost und West bei Fortdauer der deutschen Teilung arrangierten, desto mehr verfestigt sich die Teilung, weil die Welt sich daran gewöhnt. Entspannung, war die Folgerung, dürfe man nicht einfach geschehen lassen. Die Bundesregierung werde, sagte Außenminister Schröder 1963, »den Verbündeten zu jedem einzelnen konkreten Entspannungsschritt, der die deutschen Interessen berührt, ihre Meinung sagen und ihre Forderungen anmelden«. Denn: »Für uns ist Entspannung nur sinnvoll, wenn sie zu einer positiven Veränderung des Status quo führt.« Daraus ergab sich die Folgerung: »Wir müssen den Status quo international ständig in Frage stellen.« Das konnte nichts werden: Den Status quo, den politischen Besitzstand des Ostens und des Westens, nicht mehr in Frage zu stellen war die Basis, auf der Ost und West ein neues, entspanntes Verhältnis zueinander schaffen wollten. Schröder vertrat seinen Standpunkt nicht so radikal, wie er ihn formulierte, aber allein die Vorstellung, den Trend der Zeit an deutsche Bedingungen koppeln zu können, bewies die Rat- und Aussichtslosigkeit der Bonner Politik.

Die folgende Regierung aus CDU/CSU und SPD machte sogleich Schluß mit einem Programm, mit dem sich Bonn gegen den Rest der Welt stellte. Bundeskanzler Kurt Georg Kiesinger und Außenminister Willy Brandt waren erfahrene Außenpolitiker und drehten die Reihenfolge der Ziele um: Nur in einem Europa, das sich entspannt, kann es auch in Deutschland besser werden. Jeder Schritt, der zur Entspannung führt, bringt auch die deutschen Angelegenheiten weiter. Damit befand sich die westdeutsche Politik im Einklang mit den Westmächten und auch dem Osten.

Noch mit zwei anderen Grundsätzen brach die Große Koalition. Sie schreckte nicht mehr davor zurück, daß Moskaus Klientelstaaten den Klientelstaat DDR anerkannt hatten, und bot ihnen volle diplomatische Beziehungen an. Auch der DDR gegenüber ging Kiesinger einen Schritt weiter als alle seine Vorgänger. Gedrängt vom Minister für Gesamtdeutsche Fragen, Herbert Wehner, schlug er im April 1967 dem SED-Parteitag ein ganzes Programm zur innerdeutschen Entspannung vor; es begann mit »verbesserten Reisemöglichkeiten« und endete mit »wirtschaftlichen und technischen Zweckgemeinschaften«.

Doch den letzten, den alles entscheidenden Schritt schaffte der Kanzler nicht. Mit allen Staaten im Osten wollte er normale diplomatische Beziehungen, aber nicht mit der DDR. Mit der Regierung in Ost-Berlin wollte er Brücken über das geteilte Deutschland bauen, aber zugleich erklärte und behandelte er sie als rechtlich nicht existent. Hätte die große Koalition diese Politik durchgesetzt, dann hätte Bonn alles bekommen, was es wünschte, und alles vermieden, was ihm nicht paßte. Es hätte ein normales Verhältnis zum östlichen Europa begründet und die DDR vom westlichen Europa weiterhin ferngehalten. Es hätte diplomatische Beziehungen zu Polen hergestellt und dessen Westgrenze den Revisionsforderungen der Vertriebenenverbände überlassen. Es hätte über Behördenkontakte vieles Nötige und Nützliche mit der DDR regeln können, ohne die DDR anerkannt zu haben. Rainer Barzel, der Fraktionsvorsitzende der CDU und CSU, brachte alles auf die Formel: »Unsere rechtlichen, moralischen und historischen Positionen bleiben unverändert. Unsere Methoden können und müssen wechseln.«

Ulbricht reagierte entsprechend. Er ließ Ministerpräsident Willi Stoph einen Brief an Kiesinger schreiben und ihm Verhandlungen über »normale Beziehungen« zwischen beiden Staaten vorschlagen. Kiesinger tat, was kein Kanzler vor ihm riskiert hatte: Er beantwortete den Brief und schlug vor, Beauftragte beider Regierungen sollten über »praktische Fragen des Zusammenlebens der Deutschen« sprechen. Stoph reagierte mit einem Vertragsentwurf für Staatsbeziehungen, Kiesinger verwies nochmals auf die Notwendigkeit, »wenigstens die Not der Spaltung zu mildern«.

Damit endete die Korrespondenz, die zunächst viel Aufmerksamkeit auf sich zog und auch einige Hoffnungen weckte, am Ende aber bewies, daß die deutschen Regierungen unfähig waren, die deutschen Angelegenheiten in die Hand zu nehmen. Ulbricht und Stoph wollten Anerkennung haben und erst dann bestimmen, ob und wieviel Annäherung sie dulden könnten; Kiesinger wollte Annäherung ohne Anerkennung. Die SED-Regenten fürchteten um die Stabilität ihres Staates, der CDU-Kanzler fürchtete die Konservativen seiner Partei. Beide Seiten beschworen die Dringlichkeit einer Entspannung, aber befrachteten ihre Vorschläge dafür mit Begleitreden und Bedingungen, die für den anderen unerträglich waren. Stoph verlangte von Bonn die völkerrechtliche Anerkennung der DDR, Kiesinger erklärte im Fernsehen, Anerkennung sei Verrat. Stoph forderte vom Kanzler die Halbierung der Rüstungsausgaben und Teilnahme an einer atomwaffenfreien Zone, was schon fast einem Ausstieg aus der Nato gleichgekommen wäre; Kiesinger bot dem Regierungschef der Ostdeutschen Verhandlungen an, aber erklärte sich selbst zum Sachwalter der Ostdeutschen, indem er den Anspruch, für alle Deutschen zu sprechen, scharf betonte.

Daraus konnte so wenig werden wie aus dem Annäherungsversuch an die anderen Staaten im Osten. Bukarest, Budapest und Sofia wollten zwar die Gelegenheit nutzen und zur Wirtschaftsmacht Bundesrepublik ein näheres Verhältnis bekommen, doch das gelang nur den Rumänen, die blitzschnell zugriffen. Ost-Berlin, Warschau und dann auch Moskau waren hingegen alarmiert, stoppten die Ungarn und Bulgaren auf ihrem Weg nach Bonn und errichteten eine politische Sperrmauer. Kein Oststaat durfte nun sein Verhältnis zur Bundesrepublik normalisieren, bevor die DDR das getan habe. Die Bundesrepublik durfte ihr Verhältnis zu keinem Oststaat normalisieren, bevor sie die Oder-Neiße-Grenze anerkannt und einige weitere Bedingungen erfüllt hatte. Um der DDR die Solidarität ihrer Verbündeten zu sichern, erhielt sie Verträge über Freundschaft und Beistand mit allen Allianzmitgliedern. Bis dahin hatte sie einen solchen Vertrag nur mit Moskau, nun wurde sie ganz in das Vertragsnetz einbezogen, das alle Oststaaten miteinander verband. Die DDR stieg zum uneingeschränkt gleichberechtigten und gleichgesicherten Mitglied der sozialistischen Staatengemeinschaft auf und verpflichtete ihre Verbündeten in Vertragsform, ihren Standpunkt gegenüber der Bundesrepublik zu unterstützen.

Die Ostpolitik der Großen Koalition hatte, bevor sie recht begann, das Gegenteil ihres Zwecks erreicht. Der Warschauer Pakt, die Ostallianz, schloß sich nicht auf, sondern riegelte sich ab. Die Solidarität seiner Mitglieder wurde nicht gelockert, sondern gefestigt, und die DDR im Osten nicht isoliert, sondern integriert.

Die westdeutschen Politiker waren zu einer Entscheidung gezwungen, die sie bisher zu umgehen versucht hatten. Was immer sie im Osten erreichen wollten, ohne Anerkennung der DDR und der Oder-Neiße-Grenze war es nicht zu haben. Wer die Grenze weiter in Frage stellen wollte, mußte auf Politik im Osten Europas verzichten und sich mit den Beziehungen zu Moskau begnügen. Wer jede »Aufwertung« der DDR verhindern wollte, mußte die weitere Trennung der Deutschen hinnehmen. Zwei Richtungen hatten sich im Laufe der sechziger Jahre schon gebildet. Die einen empfanden es als moralische Bewährungsprobe, daß man auch in schlechten Zeiten zu seinen Grundsätzen stand. Die anderen hielten es für unverantwortlich, der sich vertiefenden Spaltung und wachsenden menschlichen Not tatenlos zuzusehen, weil Prinzipien die Hände banden. Beide fürchteten, die deutsche Einheit werde verlorengehen – nach Meinung der einen durch ein deutsches Siegel auf die Zweistaatlichkeit, nach Meinung der anderen durch eine Entfremdung der Deutschen.

Ostberliner Experimente

Zwei Richtungen bildeten sich auch in der Führung der SED. Die einen sahen vor allem die Gefahren, die in einer Entspannung für die DDR lagen und besonders in den Versuchen Bonns, die Entspannung zu nutzen. An der Spitze dieser Gruppe stand Ulbrichts Ziehsohn Erich Honecker, unterstützt vom Propagandachef Albert Norden und dem Sicherheitsverantwortlichen Erich Mielke. Die zweite Richtung repräsentierte Ulbricht, der vor allem nach Möglichkeiten Ausschau hielt, die sich aus dem veränderten Klima für die DDR ergaben. Hinzu kamen innenpolitische Meinungsverschiedenheiten über Ulbrichts »Neues ökonomisches System« und der Ärger über einen ziemlich unerträglichen Chef. All das summierte sich zu einer Opposition gegen Ulbricht, getragen vom Ehrgeiz Honeckers, die Nachfolge anzutreten.

Die letzte Entscheidung lag in Moskau. Dessen Urteil über die unterschiedlichen Vorstöße Bonns schwankte. Chruschtschow plante einen Besuch in der Bundeshauptstadt, wurde aber vorher im Oktober 1964 gestürzt. Der Nachfolger Leonid Breschnew setzte nicht mehr auf Bewegung, sondern auf Beharrung. Die neue Führung verfolgte, zeitweise nicht ohne Wohlwollen, was die Westdeutschen unternahmen, doch ihr Hauptinteresse galt dem Zusammenhalt des »Lagers«. Je mehr Entspannung sich abzeichnete, desto fester mußte die DDR an Moskau gebunden bleiben und sich gegen Verführungen Bonns abschirmen. Im Zweifel neigte die Vormacht zu Honeckers Richtung.

Als Chruschtschow 1964 die Bundesrepublik besuchen wollte, kam die DDR der Bundesrepublik weiter entgegen als vor- und nachher in den sechziger Jahren. Während sie früher und vor allem später darauf bestand, mit jeder Vereinbarung, die sie vorschlug, ein wenig Anerkennung als Staat zu gewinnen, begnügte sie sich nun mit Verträgen, die »staatliche Beziehungen nicht zu präjudizieren« brauchten. So war es schon Ende 1963 beim Passierscheinabkommen, das Westberlinern über Feiertage den Besuch bei Verwandten in Ost-Berlin ermöglichte. So war es bei einem Vertragsentwurf über den Verzicht beider deutscher Staaten auf Atomwaffen (Bonn schickte den Brief ungeöffnet zurück), ebenso beim Abkommen über den Wiederaufbau einer Brücke über die Grenze, beim Protokoll über Steigerung des Eisenbahnverkehrs Westdeutschland–West-Berlin, ebenso auch beim zweiten Passierscheinabkommen.

Aufsehen erregte das Angebot, Zeitungen auszutauschen. Die DDR wollte die *Süddeutsche Zeitung* und *Die Zeit* »zum Verkauf auslegen«, wenn in der Bundesrepublik das führende Parteiblatt der SED *Neues Deutschland* in die Kioske käme. Die Sache scheiterte am Bonner Starrsinn. Später lud sie westdeutsche Journalisten, die nicht ihre Parteigänger waren, zu längeren Besuchen ein, um DDR-Einrichtungen vorzuführen, Betriebe, Produktionsgenossenschaften, Polikliniken, Landambulatorien. Zum 15. Jahrestag der DDR kamen zehntausend Häftlinge frei, darunter auch prominente aus der Politik wie der ehemalige CDU-Außenminister Georg Dertinger, der Gewerkschafter Heinz Brandt und der Kopf der intellektuellen Opposition, Wolfgang Harich.

Ohne Bonner Gegenleistung milderte Ost-Berlin im Herbst 1964 die Trennung. Ehemalige DDR-Bürger, die vor dem Mauerbau in den Westen gegangen waren, wurden »amnestiert«, sie durften ihre Heimat wieder besuchen. Umgekehrt erhielten DDR-Rentner die Erlaubnis, jedes Jahr vier Wochen zu ihren Verwandten in der Bundesrepublik und West-Berlin zu fahren. Es war eine Verfügung von großer Bedeutung: Wenigstens die Alten konnten die getrennten Familien in persönlicher Verbindung halten und damit auch ein wenig das gespaltene Land.

Am 15. Oktober 1964 hatte die vorsichtige Öffnung der DDR ein Ende, es war der Tag, an dem Chruschtschow gestürzt wurde. Seine Bonn-Reise fand nicht statt, Ulbricht konnte wieder soweit Abstand zur Bundesrepublik wahren, wie es ihm nötig erschien. Die Hoffnung, Bundeskanzler Erhard werde sich der DDR zuwenden, hatte er, soweit er sie überhaupt hegte, schon im Sommer aufgegeben. Die Anerkennung war nicht zu erschleichen, sie mußte erzwungen werden. Sechs Wochen nach Chruschtschows Sturz errichtete die DDR mit dem Pflichtumtausch die Finanzmauer gegen Westbesucher. Seit März 1965 durften die Synoden der evangelischen Kirchen nicht mehr gemeinsam tagen, für 1968 sollte keine gesamtdeutsche Olympiamannschaft mehr gebildet werden. Die Treuhandstelle für Interzonenhandel diente nur noch Wirtschaftsfragen, nicht mehr als diskreter Verhandlungsplatz. Das Berliner Passierscheinabkommen wurde 1966 mit einer Begründung nicht mehr verlängert, die für die ganze DDR-Politik galt: »Wer normale menschliche Beziehungen will, muß auch normale staatliche Beziehungen wollen.«

Zugleich mit der Verhärtung suchte Ulbricht Verbindung und Einflußmöglichkeit im Westen. Anfang 1966 lud die SED die SPD zu einer »Zusammenkunft« ein, und erstmals antworteten die Sozialdemokraten. Aus dem öffentlichen Briefwechsel ergab sich ein »Redneraustausch«, drei führende Sozialdemokraten sollten in der DDR und drei führende SED-Politiker in der Bundesrepublik öffentlich sprechen. Der Plan, bis in die Einzelheiten ausgehandelt, scheiterte am Veto Moskaus und blieb dennoch nicht ohne Folgen. Nach Jahren zermürbenden Stillstands war endlich die Sprachlosigkeit überwunden. Auch wenn man erwarten mußte, daß die Redner ihre gegensätzlichen Auffassungen mit Schärfe vertreten würden, so war endlich Bewegung in die deutsche Politik gekommen, die Phantasie wurde angeregt, und besonders in Ostdeutschland keimten Hoffnungen. Die Sozialdemokraten fühlten sich ermutigt. Sie hatten sich als erste westdeutsche Partei aus der Selbstblockade befreit, hatten eine Herausforderung der SED angenommen und sich selbst wie auch den anderen Parteien bewiesen, daß Demokraten keineswegs verlieren, wenn sie sich der Auseinandersetzung mit Kommunisten stellen. Die SPD hatte gelernt, daß es sich lohnte, gegenüber der DDR initiativ zu werden.

Auch Ulbricht ließ sich nicht entmutigen. Als im Herbst 1966 in Bonn die Koalition zwischen CDU/CSU und FDP zerbrach und Erhard stürzte, schrieb er einen nicht-öffentlichen Brief an den SPD-Vorsitzenden Brandt und forderte ihn auf, mit der FDP eine Regierung zu bilden. SPD und FDP hatten sich, zwar vorsichtig, aber deutlich, aus den Nicht-Anerkennungsfesseln weiter gelöst als CDU und CSU. Von einer sozialliberalen Koalition erhoffte sich Ulbricht mehr als von einer Regierung, die von der Union geführt wurde. Als sich die Sozialdemokraten jedoch mit der CDU/CSU zur Großen Koalition zusammenschlossen, ging Ulbricht demonstrativ auf Abstand. Anfang 1967 begann die SED eine Verfolgungsjagd auf die Begriffe »deutsch« und »gesamtdeutsch«. Sie machte aus deutschen Staatsbürgern – was die Ostdeutschen noch waren – Staatsbürger der DDR. Sie taufte das Staatssekretariat für gesamtdeutsche Fragen in ein Amt für westdeutsche Fragen um und verdammte jegliches gesamtdeutsche Vorhaben, welcher Art auch immer. Die letzte gesamtdeutsche Institution, die Evangelische Kirche Deutschlands (EKD), behinderte sie in ihrer Arbeit beiderseits der Grenze. Schließlich schreckte sie sogar vor Albernheiten nicht zurück und verkürzte SPD auf SP. Auf Deutschland sollte eine Partei, die zum Klassenfeind übergelaufen war, keinen Anspruch mehr haben.

3.

WEGE ÜBER DIE GROSSE GRENZE

Ich kann freilich nicht sagen,
ob es besser werden wird,
wenn es anders wird;
aber so viel kann ich sagen,
es muß anders werden,
wenn es gut werden soll.

LICHTENBERG

Neue Leute, neue Anläufe

Was sich in den sechziger Jahren langsam vorbereitet, aber noch nicht als möglich erwiesen hatte, nahm in den Siebzigern Gestalt an – ganz wörtlich: In Washington, Moskau und Bonn übernahmen neue Männer die Außenpolitik. Mit Richard Nixon kam 1969 einer der wenigen amerikanischen Präsidenten ins Amt, die über außenpolitische Erfahrung verfügten. Vom ideologischen Eiferer hatte er sich zum reifen Realpolitiker entwickelt. Als Mensch war er unsicher, mißtrauisch und bemüht, seine Herkunft aus kleinen Verhältnissen zu überwinden, als Staatsmann bewegte er die Weltpolitik und bewahrte dabei den Sinn für das Mögliche. Er befreite Amerika aus seiner Verstrikkung im Vietnamkrieg und aus seiner Selbstblockade gegenüber China. Als Sicherheitsberater und kongenialen Mitstreiter hatte er Henry Kissinger engagiert, einen jüdischen Flüchtling vor Hitler, den er später zum Außenminister ernannte. Kissinger wurde zum »europäischsten« Außenminister Amerikas – durch historische Bildung und durch eine gründlich unamerikanische Auffassung vom Verhältnis großer Staaten zueinander. Kissinger sah sich weniger Freunden und Feinden gegenüber als anderen Mächten, er strebte weniger nach Lösungen als nach Verfahren, die es erlaubten, mit unlösbaren Problemen ohne Krieg durch die Zeiten zu kommen. Er war sich einig mit seinem Präsidenten in der Auffassung, daß Konflikt und Arrangement einander nicht ausschließen müssen und daß Gleichgewicht zu schaffen und zu wahren ist, wenn Überlegenheit nicht erreicht werden kann.

In Moskau rückte zwischen 1970 und 1971 Generalsekretär Leonid Breschnew zur unbestrittenen Nummer Eins auf und übernahm die Leitung der Außenpolitik, ein Machtpolitiker mit starken Gefühlen, die er nicht verbarg. Ein »russischer Renaissancemensch«, schrieb Egon Bahr; »vor allem ein Russe«, meinte Henry Kissinger: »grob und warm, brutal und anziehend, verschlagen und entwaffnend zugleich«. Sein Weltbild war von den Erfahrungen seiner Generation bestimmt, vom Krieg mit seinen Leiden und vom Sieg mit der Herrschaft über halb Europa, andererseits beschränkt auf den Umgang mit kommunistischen Politikern und unsicher gegenüber der Weltmacht Amerika: Gleichberechtigung mit den USA war für ihn »ein zentrales Anliegen«, wie Kissinger beobachtete. An der Ernsthaftigkeit seines Friedenswillens und seiner Entspannungsbereitschaft zweifelten seine deutschen Gesprächspartner nicht und seine amerikanischen wenig. Seine Autorität stand hinter Moskaus Wunsch, mit dem Westen zum Ausgleich zu kommen.

In Bonn befreite sich der SPD-Vorsitzende Willy Brandt von der Vorherrschaft der CDU/CSU und verbündete sich mit Walter Scheel, dem Chef der Freien Demokraten. Mit den Unionsparteien war eine konsequent neue Ostpolitik nicht möglich gewesen, so riskierte Brandt im Herbst 1969 eine Koalition mit der FDP; deren Mehrheit betrug nur zwölf – keineswegs sichere – Stimmen, dafür herrschte ostpolitische Übereinstimmung. Zweierlei qualifizierte den neuen Kanzler mehr als alle seine Vorgänger, den Schritt über die große Grenze zu wagen. Einerseits war er ein Gegner und Verfolgter des Nationalsozialismus, das half im Osten, Vertrauen zu begründen; andererseits hatte er als politischer Festungskommandant West-Berlin gegen den Kommunismus verteidigt, damit wurde er zu einer Symbolfigur für die Zugehörigkeit der Deutschen zum Westen. In Berlin, auf der Insel zwischen Bundesrepublik und DDR und unter der Oberhoheit der drei Westmächte, hatte er außenpolitische Erfahrungen sammeln können.

In Berlin erwarb er auch seine zweite, eine innenpolitische Qualifikation, es war die Erfahrung mit der brutalen Realität der deutschen Teilung. Nach dem Mauerbau wurde er als Regierender Bürgermeister tagtäglich mit der Not der Berliner konfrontiert: Eltern waren von ihren minderjährigen Kindern getrennt, Eheleute, Geschwister und Freunde konnten sich nur über die Trennwand zuwinken, die Klagen, Bitten, Forderungen an den Senat erzwangen eine Änderung der Reden und der Politik. Nicht mehr »Die Mauer muß weg« konnte das Ziel der Politik sein, notwendig im Wortsinn waren Bemühungen, die »Mauer durchlässig« zu machen.

Ende 1963 gelang das mit einem Passierscheinabkommen, das den Westberlinern über Weihnachten und Neujahr Verwandtenbesuche in Ost-Berlin erlaubte. Ein bescheidener Fortschritt, aber ein Fortschritt, den niemand vergaß, der die endlosen Schlangen in der Dezemberkälte vor den Grenzübergängen sah. Ausgehandelt werden mußte das Abkommen mit der Regierung der DDR, die es nach westdeutscher Lehre gar nicht gab. Bundeskanzler Ludwig Erhard sprach große Worte: »Die Mauer wird nicht durch Passierscheine abgetragen ... Wir wollen nicht das Heute mit dem Morgen bezahlen und nicht für Erleichterungen eines Augenblicks die Zukunft aufs Spiel setzen.« Brandt hielt dagegen: Die ganze Politik solle sich zum Teufel scheren, wenn sie nicht dazu da sei, den Menschen das Leben leichter statt schwerer zu machen.

Der Streit zwischen Brandt und Erhard war beispielhaft für viele Auseinandersetzungen über die neue Ostpolitik: Brandt hatte die Nähe zum Problem, die Erhard fehlte. Am Rhein lernte man nicht, was man an der Spree lernen mußte: Die Trennung zu mindern war wichtiger, als die Prinzipien der Einheit hochzuhalten. »Was gut ist für die Menschen im geteilten Land«, sagte Brandt, »das ist auch gut für die Nation.«

Der neue Präsident der Vereinigten Staaten und der neue Kanzler der Bundesrepublik waren 1969 zu großangelegten Versuchen entschlossen, mit ideologie- und illusionsfreier Politik dem Kalten Krieg allmählich ein Ende zu machen; der Generalsekretär in Moskau war bereit und interessiert zu hören, was der Westen vorschlug, um vielleicht darauf einzugehen.

Zur neuen personellen Konstellation kamen günstige Umstände. Die Sowjetunion hatte bei den strategischen Atomwaffen ungefähren Gleichstand erreicht, Moskau konnte sich nun auf vereinbarte Beschränkungen einlassen, Washington war daran stark interessiert. In beiden Hauptstädten verringerte sich die Furcht vor einem atomaren Überfall weiter, ebenso die Sorge vor einem fahrlässig ausgelösten Konflikt à la Chruschtschow. Als sowjetische Divisionen 1968 in die Tschechoslowakei einmarschierten, meinten nur noch Hysteriker, sie würden nach Westen weitermarschieren. Das »Gleichgewicht des Schrekkens« hatte den Schrecken vor einem Krieg fast überwunden. Alle Staaten stellten ihre Außenpolitik unter das Ziel des Friedens – schon damit andere sich nicht allein als Friedensmacht präsentieren konnten.

Förderlich für einen Ost-West-Ausgleich wirkten zwei asiatische Entwicklungen. Der Vietnamkrieg hatte eine Annäherung zwischen Washington und Moskau stark behindert, Nixon war entschlossen, den zermürbenden und aussichtslosen Kampf zu beenden, und ließ es den Kreml wissen. Die sowjetische Führung wiederum sah sich unter chinesischem Druck. Seit dem März 1969 kam es am Ussuri, dem sibirischen Grenzfluß zu China, zu größeren bewaffneten Zusammenstößen, die Moskau so ernst nahm, daß seine Botschafter im Westen unaufgefordert Aufklärung anboten. Der Kreml verstärkte seine Truppen im Osten und schätzte Ruhe im Westen höher.

Gewachsen waren auch die wirtschaftlichen Interessen. Im

Westen wuchs die Hoffnung auf große Geschäfte, im Osten der Zwang zu qualitativem, nicht nur quantitativem Wachstum. Reformen an der Planwirtschaft brachten bestenfalls halbe Erfolge, weil sie halbherzig blieben, konsequent betrieben hätten sie die Parteiherrschaft bedroht. Statt zu reformieren, zog man es überall vor zu importieren, dafür mußte man dem Westen ein wenig entgegenkommen. »Handel ist auch bei schlechten Beziehungen möglich«, sagte ein polnischer Fachmann, »Kooperation nicht.«

Schließlich hatten alle Beteiligten im vergangenen Jahrzehnt etwas gelernt; Möglichkeiten wie Grenzen waren besser bewußt. Illusionen, der Osten lasse sich schnell und gründlich verändern, zerstoben ebenso wie die sowjetischen Hoffnungen, westeuropäischer Gaullismus werde den Amerikanern den Boden in Europa entziehen. In Bonn wie Ost-Berlin hatte sich die Einsicht durchgesetzt, daß mit der Existenz des anderen auf absehbare Zeit zu rechnen war.

Alle operative Politik orientierte sich »an dem, was ist«, an den Grenzen und Machtverhältnissen, wie sie waren, am Status quo, wie die Diplomaten sagten. Für Moskau, Warschau und Ost-Berlin bildete die förmliche Anerkennung des Status quo sogar das politische Hauptziel. Die Sowjetunion wollte ihr bis zur Elbe reichendes Imperium vom Westen bestätigt erhalten, Polen seine Westgrenze und die DDR ihre staatliche Existenz. Im März 1969 appellierte der Warschauer Pakt, die Militärallianz des Ostens, an alle Länder Europas, zu einer großen Konferenz zusammenzukommen, um über »Sicherheit und Zusammenarbeit« zu beraten; der eigentliche Zweck war zu erreichen, daß der Westen die Veränderungen und Neuerwerbungen im Osten nicht mehr in Frage stellte. Die Sowjetunion hatte alle Macht, ihr Reich militärisch zu sichern, doch das genügte ihr nicht, sie brauchte auch die Form.

Übereinstimmung herrschte in West und Ost über das Verhältnis von Politik und Ideologie. Politisch und vor allem wirtschaftlich wollte man einander näherkommen, ideologisch durfte man es aber unter keinen Umständen. In Glaubensfragen gab es weder Kompromiß noch Annäherung. Wenn man schon mit dem Gegner Geschäfte machte und Verträge schloß, mußte der eigenen Bevölkerung ganz deutlich bleiben, daß es immer noch der Gegner war. Das galt um so mehr, als sich in Wahrheit die Vorstellungen voneinander versachlicht hatten. Mit dem Feindbild der fünfziger Jahre wäre die Entspannung der siebziger nicht möglich geworden.

Trotz alledem hatten es die Hauptmächte Amerika und Sowjetunion schwer miteinander. Präsident Nixon bemühte sich seit seinem Amtsantritt Anfang 1969, mit Moskau in fruchtbare Verhandlungen zu kommen – über atomstrategische Rüstungen, den Nahen Osten und Berlin. Man sprach miteinander, aber nichts kam voran. Zweieinhalb Jahre hielt die »Erstarrung« an, bis Nixon und Kissinger sie mit einem diplomatischen Gewaltakt auflösten: Der Präsident kündigte an, er werde demnächst China besuchen. Es war eine Weltsensation nach Form und Inhalt. Henry Kissinger, Amerikas erster Außenpolitiker, war wie ein Geheimagent von Indien über den Himalaya nach Peking geschlichen und hatte die Aufnahme politischer Beziehungen und einen Präsidentenbesuch vereinbart. China war die DDR der Vereinigten Staaten: Zwanzig Jahre lang hatten sie ihm, weil es kommunistisch geworden war, bestritten, China zu sein, nun begannen sie, sich mit Rußlands bedrohlichem Rivalen zu arrangieren. Das weltpolitische Dreieck funktionierte: Vier Wochen nach der Ankündigung der Peking-Reise erhielt Nixon eine Einladung nach Moskau.

Danach ging alles sehr schnell. Im Februar 1972 besuchte Nixon China, im Mai flog er in die Sowjetunion, wo er den ersten Vertrag über die Begrenzung der strategischen Atomwaffen (SALT I) unterzeichnete. Im November begannen die Vorgespräche über SALT II, im Januar 1973 über eine Truppenverringerung in Mitteleuropa. Im Mai 1973 besuchte Breschnew die Bundesrepublik, im Juni die USA, die Führer der beiden Weltmächte unterzeichneten ein Abkommen über die Verhinderung von Atomkriegen. Im September wurden die Verhandlungen über SALT II aufgenommen, im Oktober über die »konventionellen« Streitkräfte in Europa (MBFR). Im Juli 1975 folgte der Höhe- und Schlußpunkt der euphorischen Entspannungszeit, im neutralen Helsinki versammelten sich 35 Staats- und Regierungschefs ganz Europas (außer Albanien) sowie Nordamerikas (USA und Kanada) zu der sowjetischen Wunsch-Konferenz für »Sicherheit und Zusammenarbeit in Europa«. Die feierlich unterzeichnete Schlußakte der KSZE enthielt Grundsätze für den Umgang miteinander und bekundete gute Absichten auf den Feldern Ökonomie, Humanität und kultureller Austausch.

Die Wünsche und Hoffnungen dieser Zeit übertrafen die Ergebnisse erheblich. In der zweiten Hälfte der Siebziger wuchsen Enttäuschung, neues Mißtrauen und bald wieder viel von der alten Feindschaft. Aber für Deutschland hatte die globale Klimaerwärmung genügt, um das Verhältnis seiner beiden Staaten grundlegend zu verändern.

Der Sprung über den Schatten

Die Bereitschaft dazu bestand in Bonn wie in Ost-Berlin, allerdings aus unterschiedlichen Gründen und zu unterschiedlichen Zwecken. Die Initiative ging von der neuen Regierung am Rhein aus, die sich entschlossen hatte, den Status quo anzuerkennen, die Voraussetzung aller Entspannungspolitik. Es war ein Sprung über den Schatten fast geheiligter Grundsätze, denen sich alle Parteien der Bundesrepublik zwei Jahrzehnte lang verschworen hatten. Schon in seiner ersten Regierungserklärung am 28. Oktober 1969 sprach Bundeskanzler Brandt von »zwei Staaten in Deutschland«. Die DDR galt nicht mehr als »Gebilde« oder als »Phänomen«, wie Kiesinger sie noch bezeichnet hatte. Sie wurde auch für die Bundesrepublik, was sie war, ein zweiter deutscher Staat, aber kein Ausland. Bonn war unter einigen Voraussetzungen bereit, ihre weltweite Anerkennung nicht mehr zu behindern, mit ihr gemeinsam die Aufnahme in die Vereinten Nationen zu beantragen, doch die Beziehungen zwischen den deutschen Staaten sollten besonderer Art sein, gleichberechtigt, aber bestimmt von der Zugehörigkeit zur fortbestehenden deutschen Nation. Ebenso verfuhr die neue Regierung mit dem zweiten Tabu, der Oder-Neiße-Grenze. Auch sie wurde für die Bundesrepublik, was sie für die übrige Welt längst war, die Westgrenze Polens.

Das Neue an der neuen Ostpolitik war, daß die Einsicht in die Notwendigkeit ganz vollzogen und damit die Möglichkeit zu handeln gewonnen wurde. Die Verweigerung des Unvermeidlichen hatte nichts eingebracht außer ständig wachsenden Schwierigkeiten. Seit Ende der fünfziger Jahre waren alle Bundesregierungen um bessere Ostbeziehungen bemüht gewesen, doch es hatte nie ganz gereicht, der Berg der Bedingungen war von Mal zu Mal höher geworden. Die Erfahrung empfahl, den letzten, entscheidenden Schritt zu tun, um endlich frei zu werden: von der Rolle oder jedenfalls vom Ruf des Entspannungsstörers; von den leisen Mahnungen im Westen und dem diplomatischen und propagandistischen Druck aus dem Osten; von dem aussichtslosen und kostspieligen Anerkennungskampf mit der DDR; von der Rücksicht auf Prinzipien, die Politik verboten oder beschränkten; von dem Zwang zur Unwahrheit, wenn am 17. Juni das Thema Wiedervereinigung anstand.

Bonn mußte Ballast abwerfen, um manövrierfähig zu werden, aber auch der Osten mußte es werden. Öffnen zum Westen konnte er sich nur soweit, wie er sich nicht mehr bedroht fühlte. Zusammenzuarbeiten mit dem Westen vermochten die kommunistischen Führungen nur, wenn ihre Herrschaft unangefochten blieb. Daraus folgte für Brandt, nicht nur der territoriale Status quo sei zu respektieren, sondern auch der politische: »Unter gegenseitiger Achtung der verschiedenen Ordnungen und des Prinzips der Nichteinmischung« hoffte er, werde es möglich sein, »eine Basis gemeinsamer Interessen in Europa« zu schaffen.

Schließlich steckte in Brandts Entspannungsprogramm eine

Absicht, über die er öffentlich nicht sprach, die sein Gegner Ulbricht aber sogleich erkannte. Zwei Tage nach Brandts erster Regierungserklärung stellte er seinem Politbüro die Frage, um die es beim Kampf um Deutschland ging: »ob wir … bei ihnen eindringen oder sie bei uns eindringen«. Die Planer in Bonn waren sich des zweiten sicher. Sie hatten die Angst vor dem Kommunismus überwunden und wußten: Bei unmittelbarer Begegnung zwischen West und Ost gewinnt der Westen. Sie wollten Entspannung auch, um offensiv werden zu können.

Ulbricht hatte allezeit große Sorge vor dem »Eindringen des Klassenfeindes«, Mitte der sechziger Jahre erschien ihm dies als die Hauptgefahr. Andererseits hatte er nie die Hoffnung aufgegeben, die nach rechts abgeirrten westdeutschen Sozialdemokraten auf den sozialistischen Weg zurückbringen zu können. Nun reagierte er auf Brandt, der endlich mit den Freien Demokraten zusammenging, wie Ulbricht es ihm schon nach Erhards Sturz nahegelegt hatte. »Wenn wir«, sagte er dem Politbüro, »die Existenz einer unter sozialdemokratischer Führung stehenden Regierung Westdeutschlands nicht maximal ausnutzen, um die friedliche Koexistenz zu erreichen, dann werden uns die Völker das nicht verzeihen.«

Ulbricht dachte keineswegs an einen nationalen Kompromiß oder gar an eine Überwindung der Teilung. Er wünschte eine Normalisierung im Verhältnis zur Bundesrepublik, soweit Nicht-Normalität zum Schaden der DDR war. Er suchte Erleichterungen wie die Vereinbarung vom Dezember 1968, die den überaus komplizierten Mechanismus des innerdeutschen Handels vereinfachte und den »Swing«, einen zinslosen Kredit für die DDR, erhöhte. Auch er wollte Ballast abwerfen, der Kalte Krieg war teuer, der Anerkennungskampf mit Bonn besonders. Schließlich sah er, wie Brandt, in einer Entspannung politische Möglichkeiten.

Die sozialdemokratische Regierung in Bonn erschien ihm als Gelegenheit für die »offensive Westpolitik«, die er lange im Sinn hatte. Die DDR müsse, so erklärte er der sowjetischen Führung, »die Überlegenheit der sozialistischen Gesellschaftsordnung über das westdeutsche spätkapitalistische System beweisen. Das ist das Haupterfordernis, um auf die westdeutschen Werktätigen Einfluß zu gewinnen und international die Autorität der DDR weiter zu erhöhen. Das erfordert, daß die DDR in bezug auf die Produktion pro Kopf Westdeutschland gleichkommt«. Dafür brauchte er Energie und Rohstoffe aus der Sowjetunion, die er aber im gewünschten Umfang nicht bekam. Jahrelang baten die deutschen Kommunisten ihre sowjetischen Genossen um größere Lieferungen, aber sie erhielten nicht, was sie für ihren Wettkampf mit der kapitalistischen Wirtschaft für nötig hielten. Breschnew und Kossygin selbst, der Partei- und der Regierungschef, hatten noch im Juli 1969 die letzte Absage erteilt.

Die Begründung war aufschlußreich. Wie jeder DDR-Bürger verglich Ulbricht die wirtschaftliche Lage des ostdeutschen Staates mit der im westdeutschen Staat, sein Ehrgeiz richtete sich darauf, die Bundesrepublik einzuholen. Die sowjetische Führung aber orientierte sich nicht am Westen, sondern an den Verhältnissen im Osten und erklärte den deutschen Genossen, sie sollten ihre Pläne reduzieren, denn im sozialistischen Lager stehe die DDR besser da als alle anderen.

Ulbricht setzte seine Hoffnung, eine fast verzweifelte Hoffnung, auf eine Automatisierung der DDR-Produktion, aber nun auch auf irgendeine Form der Zusammenarbeit mit der westdeutschen Wirtschaft. Was und wie er sich das vorstellte, ist nicht klar, illusionär war die Erwartung, mit neuer Technik und West-Kooperation die Mängel seines Systems ausgleichen zu können. Jedenfalls sah er in der sozialdemokratischen Regierung am Rhein wirtschaftliche und politische Möglichkeiten: Die SED mit der SPD, die ostdeutschen mit den westdeutschen Gewerkschaften – das sollte seine »offensive Westpolitik« werden. Eine andere hatte er nicht, dafür brauchte er die SPD in Bonn. »Wir haben keinen anderen Weg, als der SPD-Regierung zu langem Leben zu verhelfen.«

Zweifelnde Vormächte

Die Verbündeten der Bundesrepublik hätten diesem Ulbricht-Satz nicht ohne weiteres zugestimmt. Zwanzig Jahre lang regierte in Bonn die CDU, sie war zuverlässig und berechenbar, man kannte sie. Den Berliner Bürgermeister Brandt kannte man auch, er hatte sich in Krisenzeiten bewährt, aber auch als eigenwillig erwiesen. Die SPD war schwer einzuschätzen. War sie links oder national oder beides und damit dem Osten näher? Auffällig erschien jedenfalls, daß sie als erstes eine neue Politik mit dem Osten ankündigte, und das auch noch in einer neuen Form. Seit Adenauer 1950 den Westmächten deutsche Soldaten angeboten hatte, ging jetzt zum ersten Mal ein entscheidender Anstoß auf die europäische Politik von Bonn aus. Erstmals seit zwanzig Jahren reagierte die Bundesrepublik nicht auf Bewegungen in ihrer Umgebung, sondern nötigte ihre Umgebung, auf ihre Initiative zu reagieren.

Für ganz Europa, besonders für die beiden Vormächte, entstand eine ungewohnte Situation. Eigentlich hätte es für die neuen Leute am Rhein nur Lob und Zustimmung geben müssen. Brandt und Scheel wollten in die Wege leiten, was der gesamte Osten seit zehn Jahren immer schärfer von der Bundesrepublik forderte und was die West-Verbündeten fast ebenso lange dringend empfahlen. Die Westdeutschen taten endlich, was alle wollten, aber ganz richtig war das nun auch wieder nicht.

Ganz richtig konnte es nicht sein, weil es die Deutschen waren, die hier auf einmal energisch zur Tat schritten. Wenn sie Erfolg damit haben sollten, waren Veränderungen in Deutschland zu erwarten – niemand vermochte vorauszusehen, was da alles in Bewegung geraten konnte. Die Erfahrung warnte: Wenn die Deutschen erst einmal in Bewegung kommen, weiß niemand, wie weit und wohin sie gehen. Für Nixon und Kissinger kam noch Konkurrenzneid hinzu. Ihre Politik hatte denselben Hauptadressaten wie Brandts Ostpolitik, aber während sie zwei

Jahre warten mußten, bis sie in Moskau ernsthaft verhandeln konnten, hatte Brandt schon im August 1970, zehn Monate nach Regierungsantritt, einen fertigen Vertrag. Der Kleine erfolgreicher als der Große, die Deutschen Vorreiter des Westens und das auch noch in der Sowjetunion – das war schwer hinzunehmen.

Washington und Moskau reagierten gleich, sie bemühten sich, ihre Deutschen unter Kontrolle zu halten. Kissinger beklagte sich, früher habe Bonn die amerikanische Regierung konsultiert, jetzt werde sie nur noch informiert und um Zusammenarbeit auf einem politischen Kurs gebeten, »dessen Grundrichtung schon vorausbestimmt war«. Das mochte die Vormacht nicht hinnehmen. Als der Außenamts-Staatssekretär Paul Frank Kissinger die neue Bonner Politik erläutert hatte, erhielt er den Bescheid: »Na gut, schön. Aber das eine sage ich Ihnen: Wenn Entspannungspolitik, dann machen wir sie und nicht Sie«.

Das Instrument dafür war Berlin. Brandt konnte den alten, immer noch nicht ruhigen Krisenherd nicht auslassen, wenn er ein entspanntes Verhältnis zum Osten schaffen wollte. Aber über Berlin verhandeln durften nur die Vier Mächte, damit bekam Kissinger einen »Hebel« in die Hand: Brandt konnte seine Ostpolitik nur zum Abschluß bringen, wenn Amerika sich mit der Sowjetunion über Berlin geeinigt hatte. Als der Kanzler 1970 einmal um Beschleunigung der Berlin-Gespräche bat, notierte Kissinger erleichtert: »Jetzt waren wir das entscheidende Element.«

Eben das wollte auch die sowjetische Führung in ihrem Bündnis sein. Als sie erkannte, daß Bonn zu einer neuen Politik ansetzte, rief sie die Leiter der Klientelstaaten zusammen und erklärte zwei Grundsätze für verbindlich: Die Annäherungsversuche der Westdeutschen sind gefährlich, also Abstand halten. Wenn mit ihnen verhandelt wird, tun wir das; erst wenn wir das Wesentliche geklärt haben, könnt ihr mit ihnen sprechen.

Zwei Allianzmitglieder gaben besonderen Anlaß, den sowjetischen Führungsanspruch rigoros hervorzukehren. Schon im

Mai 1969, vor dem Regierungsantritt Brandts, aber schon in Hoffnung auf Brandt, hatte der polnische Parteichef Wladislaw Gomulka der Bundesrepublik vorgeschlagen, einen Vertrag über die Oder-Neiße-Grenze und die Normalisierung der Beziehungen zu schließen. Entscheidend bei diesem Vorstoß war, daß alle übrigen Forderungen des Ostens an Bonn darin nicht vorkamen. Gomulka zielte auf eine gesonderte Vereinbarung Polens mit der Bundesrepublik. In Moskau sah man darin eine Unbotmäßigkeit, in Ost-Berlin ein Ausscheiden aus der vereinbarten Solidarität.

Im Blick auf Moskau dachte Ulbricht wie Gomulka. Auch er wollte der Sowjetunion nicht den Vortritt lassen, sondern selbst mit Bonn verhandeln, am liebsten als Vorreiter für das ganze Bündnis. Wie sich bei Gomulka polnisches Selbstbewußtsein gegen die russische Dominanz wehrte, so bei Ulbricht deutsches Selbstbewußtsein. Kooperieren wolle er mit der Sowjetunion »als echter deutscher Staat«, denn, so sagte er es Breschnew und der versammelten Sowjetführung, »wir sind nicht Bjelorußland, wir sind kein Sowjetstaat. Also echte Kooperation«.

Breschnew war besorgt. In seinen Augen suchte Brandt Entspannung, um die DDR zu umarmen, dem Sozialismus zu entfremden und am Ende ins feindliche Lager zu entführen. Kaum mehr als ein Jahr war es her, daß er in der Tschechoslowakei Auflösungserscheinungen mit Gewalt hatte stoppen müssen. Und nun hörte er aus Berlin, daß sich Ulbricht und Honecker, die beiden Hauptverantwortlichen dort, ganz uneinig waren, wie auf Brandt zu reagieren sei. Gefahr aus dem Westen und eine zerstrittene Führung an der Westfront, Breschnew mußte handeln.

Ulbrichts Wunsch, als erster mit der neuen Regierung in Bonn zu verhandeln, lehnte er ab und nahm selbst als erster das Gespräch mit der Bundesrepublik auf. Die DDR erhielt die Weisung zu »mauern«: Forderungen an die Bundesregierung stellen, die sie nicht erfüllen konnte; keinerlei Kompromisse eingehen; alle nationalen Gemeinsamkeiten mit den Westdeutschen ablehnen! So war die größte deutsch-deutsche Sensation, die Treffen der Regierungschefs Willy Brandt und Willi Stoph in Erfurt und Kassel, zur Ergebnislosigkeit verurteilt. Ein Fortschritt lag nur darin, daß sie überhaupt miteinander sprachen. Das Treffen in Erfurt wurde bedeutsam, weil sich eine Kraft zum Wort meldete, die nicht eingeladen war. Es war die Menge, die auf dem Bahnhofsvorplatz die Sperren durchbrach und »Willy« rufend demonstrierte, auf wen sie ihre Hoffnung setzte, den Kanzler Willy Brandt aus Bonn und nicht den Ministerratsvorsitzenden Willi Stoph. Die Szene erhellte, daß es Deutschland noch gab, den Westdeutschen war es eine Mahnung, den ostdeutschen Regenten eine Warnung.

Erich Honecker wurde in dieser Zeit ganz zum Vertrauten Breschnews. In der Beurteilung der Brandt-Politik hatte er Ulbricht von Beginn an widersprochen, auch weiter folgte er genau der sowjetischen Linie, wurde von Ulbricht als unreif für seine Nachfolge entmachtet und suchte Hilfe bei Breschnew. In zwei denkwürdigen Gesprächen, besser Monologen, erklärte ihm der sowjetische Machtpolitiker, wie die neue Ostpolitik Bonns und Ulbrichts Haltung dazu beurteilt werden müßten: »Brandt und Strauß im Prinzip kein Unterschied. Weder Brandt noch Strauß werden den Sozialismus in Westdeutschland einführen. Es gibt kein Beispiel, daß eine sozialdemokratische Partei eine sozialistische Umgestaltung in Angriff genommen und bewerkstelligt hat. Sowas wird es auch in Westdeutschland nicht geben. Was will Walter (Ulbricht) mit der Möglichkeit, der durch nichts zu beweisenden Möglichkeit der Zusammenarbeit mit der westdeutschen Sozialdemokratie? Was versteht er unter der Forderung, der Brandt-Regierung zu helfen? Gut, Sie wissen es nicht, ich auch nicht. Es darf zu keinem Prozeß der Annäherung zwischen der BRD und der DDR kommen. Das will Brandt, das will Strauß.«

Für das Wohl der DDR, erläuterte Breschnew, sorge die Sowjetunion, durch ihren Vertrag mit der Bundesrepublik werde die DDR gewinnen. »Ihre internationale Autorität wird sich erhöhen. Ihre Grenzen, ihre Existenz werden von aller Welt bestätigt werden, ihre Unverletzlichkeit. Das wird die Lage in der DDR festigen. Mit dem Vertrag wird die DDR noch deutlicher, noch mehr von Westdeutschland abgegrenzt, ein festerer Bestandteil der sozialistischen Gemeinschaft.«

Die Entspannung war eine viel zu heikle Sache, als daß man sie den Deutschen anvertrauen könnte, darin waren sich die Siegermächte einig, in den Folgerungen unterschieden sie sich jedoch stark. Breschnew wünschte ein besseres Verhältnis der Sowjetunion zur Bundesrepublik und verordnete der DDR das Gegenteil, keine Annäherung, mehr Abgrenzung. Nixon wünschte ein besseres Verhältnis Amerikas zur Sowjetunion, nahm die Bundesrepublik bei ihrem Weg nach Osten genau unter Kontrolle, aber ließ sie gehen. Breschnew machte sich berechtigte Sorge um die DDR und ihren Sozialismus, wenn sie in nähere Berührung mit dem westlichen Deutschland käme. Nixon brauchte eine kommunistische Infiltration der Bundesrepublik nicht zu befürchten, er achtete darauf, daß sich die Bonner Politiker nicht von den sowjetischen vereinnahmen ließen.

Plan und Ausführung

Die Bundesrepublik hatte ziemlich freie Fahrt, die DDR blieb fest vertaut im sowjetisch bewachten Hafen. Fast alles verlief, was in der Politik selten vorkommt, im wesentlichen nach der Planung, die Egon Bahr, Brandts Vertrauter seit 1960, jetzt Staatssekretär im Kanzleramt, entworfen hatte. Anders als die früheren Bundesregierungen begann Bahr in Moskau, wo die Macht lag. Sein Gegenüber, Außenminister Andrej Gromyko, vertrat die Macht: Er verhandelte nicht nur für die Sowjetunion, sondern zugleich für alle Staaten im sowjetischen Machtbereich. Das Ergebnis war das »Bahr-Papier«, ein informelles, aber verbindliches Dokument, das die Grundzüge aller Verträge enthielt, die Bonn mit dem Osten schließen wollte. Beide Seiten bekamen, was sie brauchten, Moskau die Bestätigung der Herrschaft über sein Imperium und stark erweiterten Zugang zur Wirtschaftsmacht Bundesrepublik, Bonn erhielt die Möglichkeit, sein Verhältnis zum Osten Europas und zum anderen Teil Deutschlands zu regeln.

Der Moskauer Vertrag wurde zum Schlüssel für alles. Er erlaubte Verhandlungen mit Polen für einen Neubeginn nach furchtbarer Vergangenheit sowie über die Oder-Neiße-Grenze und die Umsiedlung Deutscher in die Bundesrepublik. Er erlaubte die Normalisierung mit der Tschechoslowakei und die Entschärfung eines die Tschechen quälenden historischen Problems, Hitlers Münchner Abkommen von 1938. Er beschleunigte die Verhandlungen der Vier Mächte über Berlin und bewirkte ein überraschend gutes Ergebnis.

Zweck der Berlin-Verhandlungen war, den Unruheherd ruhigzustellen und den Westberlinern ein erträglicheres Inselleben zu ermöglichen. Die Westmächte waren aus Gründen der Geographie nicht stark in Berlin, das Meer ist immer stärker als die Insel, ihre Position verbesserte sich jedoch spürbar, nachdem am 12. August 1970 der Moskauer Vertrag unterzeichnet worden war. Da dessen Ratifizierung von einem »befriedigenden« Berlinabkommen abhängig gemacht wurde, sah sich die Sowjetunion genötigt, in Berlin mehr zuzugestehen, als sie wollte und die Westmächte erwarteten.

Auch zwischen den deutschen Staaten wurden Gespräche mit Ergebnis erst Ende 1970 möglich, als der Moskauer Vertrag unterzeichnet war. Für die Bundesrepublik sprach Egon Bahr, für die DDR Michael Kohl, Staatssekretär beim Ministerrat. Aus den Gesprächen wurden allmählich Verhandlungen und schließlich ein Vertrag, der Verkehrsvertrag hieß, Verkehrsfragen löste, vor allem aber beide Seiten einen großen Schritt weiterbrachte zu ihren eigentlichen Zielen. Die DDR erhielt einen ratifizierungsbedürftigen Vertrag mit der Bundesrepublik, den sie sogleich Staatsvertrag nannte. Ihre Gegenleistung bestand aus beträchtlichen Reisemöglichkeiten für Westdeutsche in die DDR und, in ganz geringem Maße, für Ostdeutsche in »dringenden Familienangelegenheiten« in die Bundesrepublik. Mit Verkehr hatte das nichts zu tun, es war Politik für die Nation, die Bonn durchsetzte.

Die zweiten Verhandlungen führten Bonn und Ost-Berlin im Auftrag der Vier Mächte. Deren Grundsatzvereinbarungen über Berlin mußten von den Deutschen in Regeln umgesetzt werden, die der Praxis standhalten konnten. Dafür war Unvereinbares zu vereinbaren. Der Verkehr zwischen West-Berlin und der Bundesrepublik sollte unbehindert, unverzögert und bequem sein und doch der DDR die Herrschaft darüber lassen, er ging schließlich über ihr Staatsgebiet. Die Abfertigung sollte sich auf Prüfung der Personalien beschränken und doch ausschließen, daß im Kofferraum eines PKW oder zwischen der Ladung eines LKW versteckt ein Flüchtling in den Westen gelangte. Selbst Optimisten zweifelten, ob die Formeln, die Bahr und Kohl fanden, tragfähig sein würden – sie waren es in unerwartetem Maße. Fahrten von und nach West-Berlin wurden, was sie noch nie gewesen waren: sicher und berechenbar. Mit der gleichen Gewißheit wie bei einer Reise von München nach Salzburg wußte man nun bei einer Reise von Berlin nach Hannover, daß man ankam und wann man ankam – ohne Auto, Bus oder Bahn verlassen zu müssen, ohne die Sorge vor unberechtigter Festnahme und bösartiger Kontrolle bis zum Abbau der Radkappen. Die Insel Berlin war ihrem Festland ein großes Stück nähergerückt.

Ebenfalls im Auftrag verhandelte der Westberliner Senat mit der DDR-Regierung, ebenfalls mit fundamentalen Veränderungen. Erstmals seit 1966 durften Westberliner den anderen, Ostberliner Teil ihrer Stadt betreten und erstmals seit 1952 in die übrige DDR fahren, beides ohne Beschränkungen auf Feiertage und Verwandtenbesuche. Erstmals seit 19 Jahren konnten Ost- und Westberliner wieder miteinander telefonieren.

All dies verlief anders, als Ulbricht es sich gedacht hatte. Er hatte die Politik mit Brandt selbst leiten und mit ihm als erster aus dem Osten verhandeln wollen, aber mußte erleben, daß er es erst als letzter durfte – nach der Sowjetunion, Polen und den Vier Mächten über Berlin. Er hatte sich kooperativ, auch in Grenzen konzessionsbereit, mit Brandt einigen wollen, um möglichst viel für die DDR herauszuschlagen, nun merkte er, daß die DDR die Rechnung für das ganze Geschäft würde bezahlen müssen: keine völkerrechtliche Anerkennung, keine Souveränität mehr über den Transit Westdeutschland–West-Berlin, weitere staatliche Bindungen der Insel mit der Bundesrepublik und dann noch eine Invasion der Frontstadt-Feinde in der DDR.

Ulbricht widersetzte sich, wo er noch Kraft und Autorität hatte. »Auch in unserer Politik gegenüber der BRD verfolgt Genosse Walter Ulbricht eine persönliche Linie, an der er starr festhält«, schrieb das Politbüro Ende Januar 1971 an Breschnew, damit werde das zwischen Berlin und Moskau koordinierte Vorgehen gegenüber der Bundesrepublik ständig gestört. Gegen das Bündnis Breschnew–Honecker kam Ulbricht nicht mehr an. Er war alt und krank, außerdem ganz unerträglich geworden. Manches sah er realistischer als seine Genossen, verfiel dann aber wieder sozialistischen Utopien, hielt sich für unfehlbar und fühlte sich auf gleicher Stufe mit Marx, Engels und Lenin. So waren am Ende fast alle gegen ihn. Am 3. Mai 1971 wurde er mit Breschnews Hilfe genötigt, als Parteichef zurückzutreten. Danach, so berichteten die westlichen Verhandlungsführer, kam alles besser voran. Der Nachfolger Honecker war, um Nachfolger werden zu können, auf Breschnews Linie verpflichtet. Und nachdem er Nachfolger geworden war, konnte er sich auch aus eigener Einsicht auf eine Politik der Verständigung mit Brandt einstellen.

Ostpolitik und Innenpolitik

Aber zunächst wußte niemand, ob Brandt überhaupt weiter regieren werde. Seine Ostpolitik hatte ihn die Mehrheit im Bundestag gekostet, vier Sozialdemokraten und sechs Freidemokraten waren abgesprungen. Andererseits stimmte eine kleine, aber gewichtige Minderheit in CDU und CSU Brandts Politik zu. Wer die außenpolitische Lage übersah und sich nichts vormachte, wußte, daß es keine andere Möglichkeit gab. Der CDU-Abgeordnete Kurt Birrenbach, ein welterfahrener Mann, hatte fast alle Nato-Hauptstädte besucht, seine guten Verbindungen genutzt und Regierung wie Opposition gefragt, wie sie eine Ablehnung der Ostverträge beurteilen würden. Mancherorts fand Birrenbach Verständnis, nirgendwo aber Unterstützung.

Der Oppositionsführer Rainer Barzel gehörte zu den Realisten, deren eigentliche Kritik an Brandts Politik nur den Formen, dem Tempo und bestimmten Einzelheiten galt. Zur politischen Einsicht kam bei manchen die moralische Erkenntnis der Pflicht, sich nach den deutschen Untaten im Osten um Verständigung und allmählich um Versöhnung zu bemühen. Richard von Weizsäcker war hier der bekannteste. Wer hingegen früher regiert oder eigene Pläne entwickelt hatte, Schröder, Kiesinger, Strauß, konnte bei anderen schwer billigen, was er selbst versäumt hatte. Vor allem gab es immer noch die nationalen und antikommunistischen Dogmatiker und Pathetiker. Als Brandt erstmals die DDR als Staat bezeichnete, sprach der Baron zu Guttenberg (CSU) von einer »dunklen Stunde für unser Haus, für unser Volk«; und der außenpolitische Arbeitskreis der CDU/CSU-Fraktion lehnte darauf die Regierungspolitik so grundsätzlich ab, daß er darüber nicht einmal mehr grundsätzlich diskutierte. Die Mehrheit der Unionsfraktion wußte wenig vom Osten, wurde einseitig informiert und war auf dogmatische Weise antikommunistisch. Sie hatte alle Parteiführer, beginnend bei Adenauer, ostpolitisch gefesselt, mußte sich in der Großen Koalition mit der SPD zurückhalten, konnte aber als Opposition gegen die SPD ungehemmt den Ton bestimmen.

Natürlich ging es dabei nicht nur um die Ostpolitik. Wie Honecker gegen Ulbricht opponierte, um dessen Nachfolge anzutreten, aber später das gleiche tat wie Ulbricht, so bekämpften die Unionsparteien Brandt, um ihn zu stürzen. Keineswegs alle

Abgeordneten aber wollten auch seine Ostverträge zu Fall bringen. Die Verträge konnten gar nicht scheitern, weil sie unlösbar mit dem Berlin-Abkommen verknüpft blieben, an dessen Inkraftsetzung die Vier Mächte interessiert waren. Die Sowjetunion war es, weil am Berlin-Abkommen ihr Vertrag mit Bonn und die gesamteuropäische Sicherheitskonferenz hingen. Die drei Westmächte waren es, weil das Abkommen Europa von dem ewigen Krisen- und Unruhe-Herd zu befreien versprach. Präsident Nixon war es, weil er noch Ende Mai nach Moskau fahren und das Abkommen bis dahin als amerikanisch-sowjetisches Gemeinschaftswerk gesichert sehen wollte. Es bildete für ihn eine Station auf dem Wege zu SALT, dem Vertrag über die Begrenzung der strategischen Atomwaffen, der in Moskau zur Unterzeichnung bereit stand.

Brandts Verträge mit Moskau und Warschau waren nicht nur mit den Großmächteinteressen verbunden, sondern auch mit der ersten großen Öffnung der DDR zum Westen. Das Berlin-Abkommen öffnete sie für die Westberliner, der Verkehrsvertrag für die Bundesbürger und, in sehr geringem Maße, öffnete er sogar für DDR-Bürger die Grenze zur Bundesrepublik. All das aber nur, wenn Brandts Ostverträge und das Berlin-Abkommen in Kraft traten! Um das Ausmaß der Verbesserungen vor Augen zu führen, folgte die DDR-Regierung einer Empfehlung Breschnews, der einer Anregung aus Bonn folgte: Über Ostern und Pfingsten 1972, kurz vor der Bundestagsentscheidung über die Ostverträge, setzte sie schon einmal alle Reise- und Besuchsmöglichkeiten in Kraft – es wurde ein gesamtdeutsches Ereignis. Massen strömten aus der Insel West-Berlin in ihr seit zwanzig Jahren versperrtes Umland; viele fuhren über die Autobahnen zwischen Bundesrepublik und West-Berlin, wie es 25 Jahre lang nicht möglich gewesen war, bequem, schnell und vor allem sicher. Jeder Abgeordnete in Bonn sollte sehen, was verlorengehen werde, wenn er den Ostverträgen nicht zustimmen würde.

CDU und CSU hatten keine Wahl. Sie konnten das Werk der West-Alliierten, das Berlin-Abkommen, nicht zerstören und mußten innenpolitische Rückschläge fürchten, wenn sie die »menschlichen Erleichterungen« für die getrennten Deutschen verhinderten, die sie dauernd forderten. Barzel wußte das. Nach gelungenem Mißtrauensvotum wollte er als Kanzler nach Moskau fahren, um dort ein paar Schönheitsreparaturen an den Verträgen auszuhandeln und sie für die CDU/CSU-Fraktion »zustimmungsfähig« zu machen. Als ihm der Kanzlersturz mißlang, mußten er und die Einsichtigen ihre Fraktion zur Stimmenthaltung überreden, damit die Verträge nicht scheiterten. Eine mühsam ausgehandelte All-Parteien-Entschließung erlaubte, daß die Verträge passierten und die Unionsparteien mehr schlecht als recht ihr Gesicht wahrten. CDU und CSU unterlagen Brandt aus dem gleichen Grunde, aus dem die SPD in den fünfziger Jahren Adenauer unterlag: Der Kanzler wußte, was er wollte, und setzte es in die Tat um, die Opposition wußte nur, was sie nicht wollte, und hatte keine Alternative. Der Kanzler bekam den Rückenwind der großen Politik, die Opposition stand im Gegenwind.

In Bonn wie Ost-Berlin hatte, was selten geschieht, die Außenpolitik über die Innenpolitik gesiegt. Die westdeutschen Politiker, die opponierten, konnten sich nicht über die Vorgaben ihrer Vormächte hinwegsetzen, zumal sie nützlich waren. Die ostdeutschen Streitigkeiten über Politik und Posten wurden durch Befehl der Vormacht entschieden. Trotz dieses Unterschieds – bei großen Entscheidungen waren beide noch von den Großen abhängig.

Das Maximum des Möglichen

Knapp zwei Wochen nach Inkraftsetzung der Verträge setzten sich die unermüdlichen Unterhändler Bahr und Kohl wieder zusammen, um das Verhältnis zwischen den deutschen Staaten in eine zeitgemäße Form zu bringen. Für die Bundesrepublik hieß das: Die DDR war ein Staat, das zu bestreiten und ihre Anerkennung durch andere Staaten zu blockieren, war weltfremd geworden und gar nicht mehr lange durchzuhalten. Seit 1969 hatten bereits zehn Staaten in Asien, Afrika und Lateinamerika diplomatische Beziehungen zu ihr aufgenommen, der Prozeß ließ sich bremsen, aber nicht stoppen. Wichtiger erschien: Ohne die DDR konnte in und für Deutschland nichts vorangebracht werden; selbst wo Moskau das entscheidende Wort sprach, mußte Ost-Berlin für die Realisierung sorgen. Und es war absehbar, daß eine anerkannte DDR bestrebt sein würde, ihre Abhängigkeit von Moskau zu verringern und ihren Entscheidungsraum zu erweitern. So geschah es dann auch im Laufe der Zeit. Anerkennung bedeutete nicht, wie viele in der Bundesrepublik argwöhnten, Wertschätzung des kommunistischen Staates, sie war ein Akt der Zweckmäßigkeit, ohne den Politik mit dem Ostteil Deutschlands nicht möglich werden konnte.

Der Grundlagenvertrag, auf den sich Bonn und Ost-Berlin Anfang November 1972 einigten, verlangte Zugeständnisse beider Seiten. Bonn mußte seinen Anspruch aufgeben, ganz Deutschland zu vertreten, durfte andere Länder nicht mehr von einer Anerkennung der DDR abhalten und hatte dem ungeliebten Gegenstaat Gleichberechtigung zuzugestehen. Keiner kann »den anderen international vertreten oder in seinem Namen handeln«, hieß es im Vertrag, deshalb sollten beide gleichzeitig ihre Aufnahme in die Vereinten Nationen beantragen. Und weiter: »Die Hoheitsgewalt jedes der beiden Staaten beschränkt sich auf sein Hoheitsgebiet.« Diese Sätze beendeten eine Ära: Die demokratische Bundesrepublik erkannte die Regierung der DDR als Regierung über einen Teil Deutschlands an, obwohl sie demokratisch nicht legitimiert war.

Die DDR mußte den Anspruch aufgeben, der bis dahin an der Spitze ihrer Forderungen gestanden hatte: Sie erhielt von der Bundesrepublik nicht eine völkerrechtliche Anerkennung, sondern nur Gleichberechtigung. In der Sache machte das keinen Unterschied, nur in der Form, doch Formfragen hatten für die deutschen Rivalen fast die gleiche Bedeutung wie Sachfragen. Für die DDR kam alles auf Endgültigkeit an: Nicht den leisesten

Zweifel sollte es geben, daß sie für alle Zukunft als eigener Staat bestehen werde. Für die Bundesrepublik kam alles auf Vorläufigkeit an: Auch wenn eine Wiedervereinigung nach westlichem Muster unwahrscheinlich, jedenfalls nicht absehbar war, sollte die Möglichkeit dafür rechtlich nicht verbaut werden. Später hieß die Formel: »Die deutsche Frage bleibt offen.«

Die Unterhändler kämpften um Begriffe. Bahr wollte Wörter im Vertrag unterbringen, die zumindest indirekt ausdrückten, daß noch nicht alles über Deutschland entschieden sei: Nation, Wiedervereinigung, Friedensvertrag, Zuständigkeiten der Vier Mächte für ganz Deutschland. Kohl wehrte sich gegen alle mit der gleichen Hartnäckigkeit, mit der Bahr immer neu versuchte, das eine oder andere zur Bedingung zu erheben. Er erreichte schließlich zweierlei: Die DDR bestätigte in einer Note an Moskau, daß die Rechte der Vier bestanden und dem Grundlagenvertrag übergeordnet waren. Sie fand sich ferner damit ab, daß die Nation in den Vertrag kam, indem gesagt wurde, man sei darüber unterschiedlicher Auffassung. Schließlich mußte sie hinnehmen, daß in Bonn und Ost-Berlin nicht Botschaften eingerichtet wurden, sondern Ständige Vertretungen, was den besonderen Charakter der deutsch-deutschen Beziehungen ausdrücken sollte.

All das war für die Bundesregierung unentbehrlich – innenpolitisch und verfassungsrechtlich sowie im Verhältnis zu den Siegermächten. Historisch blieb es so belanglos wie der Brief zur deutschen Einheit, den sich die Außenministerien in Moskau und Ost-Berlin widerspruchslos zustellen ließen. Geschichtliche Umwälzungen vollziehen sich jenseits juristischer Erklärungen; die Einheitsbekundungen haben 1989/90 die Vereinigung Deutschlands so wenig ermöglicht, wie ihr Fehlen sie verhindert hätte.

Reale Bedeutung für den Fortbestand Deutschlands und seiner Nation hatten praktische Vereinbarungen: ein kleiner Grenzverkehr für Besuche von West nach Ost. Absichtserklärungen der DDR zur Familienzusammenführung. Getrennte

Eheleute durften zu ihrem Partner in der Bundesrepublik, Eltern zu ihren Kindern dort; »in besonderen Ausnahmefällen« konnten Frauen sogar in den Westen heiraten. Schließlich eine Liste von »Gebieten«, auf denen »zum beiderseitigen Vorteil« Verträge zu schließen seien, von der Wirtschaft bis zur Kultur und zum Umweltschutz.

Wie schon beim Verkehrsvertrag mußte die DDR beim Grundlagenvertrag mehr geben, als in ihrem Interesse lag. Beide Male stand sie unter Druck, beim ersten Mal sollte sie Stimmung für die Ostverträge machen, beim zweiten Mal für Brandt bei den Bundestagswahlen. So kam ein Vertrag zustande, »wie er noch vor ein bis zwei Jahren undenkbar gewesen wäre. Es ist schwer, sich vorzustellen«, schrieb Honecker während der Verhandlungen an Bonn, »daß er später mit diesem Inhalt möglich wäre«. Was Breschnew zwei Jahre vorher Ulbricht vorgeworfen hatte, er wolle »Brandt helfen«, tat nun Honecker mit Einverständnis Breschnews und jetzt auch aus eigener Überzeugung.

Schritt zur Einheit oder Teilung?

Nach der Entstehung zweier deutscher Staaten im Jahr 1949 bildeten die Jahre 1970 bis 1972 den zweiten Wendepunkt der deutschen Nachkriegsgeschichte – die Frage war nur: Wende wohin? Würde die Anerkennung der Zweistaatlichkeit die Teilung Deutschlands verfestigen oder gar verewigen? Oder würde die jetzt mögliche Annäherung der Staaten die Einheit Deutschlands fördern oder gar zur Vereinigung führen?

Unstreitig war der große Erfolg für die Bundesrepublik, weniger offensichtlich, aber ebenfalls unbestreitbar war auch der Fortschritt für die DDR. Beide gewannen einen außenpolitischen Handlungsspielraum, der ihnen vorher größtenteils oder ganz verschlossen war. Beide rückten in die große Politik vor, indem sie Mitglieder der Vereinten Nationen wurden und Teilnehmer gesamteuropäischer Verhandlungen und Beschlüsse. Beide erhielten damit mehr Gewicht in ihren Allianzen und

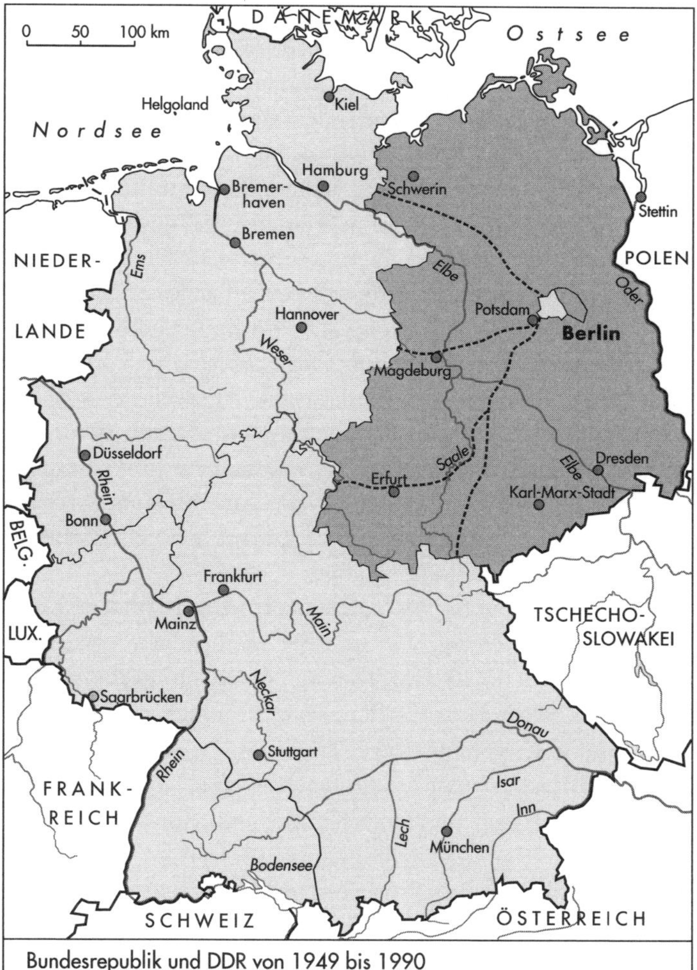

Bundesrepublik und DDR von 1949 bis 1990
----- Transitautobahnen und -straßen

emanzipierten sich etwas weiter von ihren Vormächten und Verbündeten, die sie für ihren Anerkennungskampf nicht mehr brauchten.

Den weitaus größeren Gewinn erzielte die Bundesrepublik, sie war der Initiator der Politik, die den Wandel herbeiführte, die DDR war nur der Nutznießer. In Kanzler Willy Brandt hatte die Entspannung eine Personifizierung erhalten. Im Warschauer Ghetto hatte er vor dem Denkmal für die ermordeten Juden gekniet, ein Bild, das um die Welt ging und ein Deutschland zeigte, das Ernst machte mit der Einsicht in seine Schuld. Dann war ihm der Nobelpreis für Bemühung um den Frieden zugesprochen worden. Als er im Frühjahr 1972 gestürzt werden sollte, boten viele Hilfe an. Kissinger fragte, ob Nixon der CDU Briefe schreiben solle, Breschnew ließ Rußlanddeutsche ausreisen und empfahl Honecker, was in Ost-Berlin dann die »Brand(t)-Schutzwochen« genannt wurde, die beispielhafte Vorführung aller Verbesserungen für West-Berlin. Agenten des sowjetischen und des DDR-Geheimdienstes kamen nach Bonn und hatten viel Geld bei sich, um CDU-Abgeordnete vom Votum gegen Brandt abzuhalten. Als der Kanzlersturz mißlang, herrschte in Ost wie West Erleichterung, die zahlreichen Glückwünsche waren nicht diplomatischer Natur.

Die Bundesrepublik, bis dahin noch wirtschaftlicher Riese, aber politischer Zwerg, war zu einer maßgeblichen Macht in Europa geworden, zur »europäischen Entspannungsvormacht« und zum »Eisbrecher« für die Erwärmung der amerikanisch-sowjetischen Beziehungen, wie Christian Hacke es ausdrückt. Für die DDR läßt sich nichts dergleichen sagen, aber auch sie erhielt Möglichkeiten, die sie vorher nicht hatte und bald zu nutzen wußte.

Ihre Politik und ihr politisches Denken waren bis dahin von zwei Polen bestimmt worden, vom Feind in Bonn, der ihre Existenz bestritt, und vom Freund in Moskau, der ihre Existenz sicherte. Der Kampf um Anerkennung hatte alles bestimmt, was sie außerhalb des Ostens unternahm und teilweise sogar innerhalb des Ostens. Jetzt, nicht mehr eingeengt von formalen Schranken, vermochte sie erstmals, ihre Interessen so zu definieren, wie es ihrer geographischen Lage, historischen Herkunft und ihren ökonomischen Erfordernissen entsprach. Sie konnte auch einen Begriff in ihre außenpolitischen Vorstellungen aufnehmen, der ihr bis dahin wenig bedeutet hatte: In Ost-Berlin begann man, europäisch zu denken, nicht nur das eigene »Lager«, sondern den ganzen Kontinent ins Auge zu fassen.

Auch die DDR war nun imstande, über die große Grenze hinweg Politik zu versuchen. Allein die Möglichkeit mußte ihr Verhältnis zur Vormacht verändern. Jetzt waren es nicht mehr die Schranken des Gegners, Bonns Anerkennungsblockade, die ihr den Weg in den Westen verstellten, jetzt waren es nur noch Moskau und die Gebote der eigenen Sicherheit, die Grenzen setzten. Das galt vor allem für das Verhältnis zur Bundesrepublik.

Beide deutsche Staaten gingen gestärkt in die siebziger Jahre, ihrer selbst mehr sicher und bewußt. Manche sprachen von einer Selbstanerkennung der Bundesrepublik. Die Bestätigung der Zweistaatlichkeit bestätigte die Teilung, andererseits entstanden offizielle Beziehungen zwischen den Staaten mit der Absicht, »einigermaßen vernünftige und friedliche Beziehungen« daraus werden zu lassen. Zwanzig Jahre lang hatten sich Bundesrepublik und DDR immer weiter voneinander entfernt, jetzt ging es erstmals in die umgekehrte Richtung. Normalisierung der Beziehungen bedeutete schon Annäherung. Auch manche Vereinbarungen erbrachten sogleich meßbare Fortschritte. In den sechziger Jahren wurden nie mehr als 1,25 Millionen Reisen aus der Bundesrepublik in die DDR gezählt, meist waren es weniger, 1973 mußte die DDR sechs Millionen Mal ihre Grenzen für Westbesucher, nun auch Westberliner, öffnen, zweifellos zum Mißfallen der Verantwortlichen für die Staatssicherheit. Auch der kontroll- und störfreie Verkehr von und nach West-Berlin zeigte eine Steigerung von sieben bis acht Millionen auf 13,5 im Jahr 1973. Auch telefoniert wurde meßbar mehr zwischen den Deutschen, seit 1971 auch zwischen Westberlinern und DDR-Bürgern.

Dennoch war alles erst der Anfang eines Anfangs. Zwei Jahrzehnte lang gab es zwischen Bundesrepublik und DDR fast nur Feindschaft, da mußte normaler Umgang miteinander erst gelernt werden. Die Verhandlungsdelegationen, geführt von den Staatssekretären Bahr und Kohl, zeigten beispielhaft, wie unendlich schwierig das war. Als Bahr das erste Mal von West- nach Ost-Berlin zu Kohl fuhr, nahm er den Grenzübergang für Bundesbürger, den er aber mit seinem Westberliner Personalausweis nicht passieren durfte. Wenn man ihn dort nicht durchlasse, ließ er Kohl ausrichten, werde er nach Bonn zurückkehren. Man ließ ihn durch, Kohl war wütend und sprach von Provokation. Als Kohl zum ersten Mal zu Bahr nach Bonn fuhr, wurde das »wie eine Expedition vorbereitet«. Um möglichst lange durch eigenes Land und möglichst kurz durch Feindesland zu fahren, nahm man einen Umweg über Eisenach und Frankfurt. Da das an einem Tag nicht zu schaffen war, mußte kurz vor der Grenze übernachtet werden, um am nächsten Morgen um sechs die Weiterfahrt nach Bonn anzutreten – »ausgerüstet mit Proviant und Thermoskannen«, wie Kohls Stellvertreter Karl Seidel berichtet. Beide Seiten hatten ein Einsehen: Bahr erhielt einen Spezialausweis für die Benutzung aller DDR-Grenzübergänge, Kohl erhielt eine Spezialgenehmigung zur Benutzung einer Flugtrasse nach Bonn. Eine Linienmaschine von West-Berlin nach Bonn zu nehmen verbot sich für ihn, weil die DDR den zivilen Flugverkehr nach West-Berlin für unrechtmäßig erklärte.

Über 75mal trafen sich die Unterhändler von Ende 1970 bis 1973, aber erst nach 21 Verhandlungsrunden seien Kohl und er sich »menschlich nähergekommen«, berichtet Bahr. Als ersten Eindruck nennt er: »Michael Kohl war mir gänzlich unsympathisch: grob, stur, eng, linkisch, komplexbeladen und humorlos.« Die vielen Treffen hatten jedoch Bedeutung für die Zukunft: »Wir gewöhnten uns aneinander und gewannen langsam persönliches Vertrauen.« Hohe Intelligenz, gründliche Sachkenntnis und achtenswerte Festigkeit in der Vertretung ihres Staates bescheinigten beide einander. Den Unterschied zwischen ihnen beschreibt Seidel: »Im Gegensatz zu Egon Bahr war Michael Kohl völlig humorlos, ihm fehlte die leichte Hand, die

die Verhandlungsführung Bahrs auszeichnete, dessen Souveränität; aber das konnte wohl nicht anders sein, denn Kohl war, anders als Bahr, an strikte Direktiven gebunden.« Unterschiede in der Persönlichkeit, aber auch Unterschiede der politischen Systeme und Erziehung, die bis zum Ende der DDR den Umgang zwischen den deutschen Staaten mühsam machten.

Immerhin hatte sich das Verhältnis zwischen ihnen geändert, es begann eine andere Zeit, aber niemand wußte, was sie bringen werde. Die Meinungen teilten sich. Viele im Ausland hofften und viele in der CDU und CSU fürchteten, die Anerkennung der Teilung werde die Teilung zur Gewohnheit machen und am Ende zur Lösung der deutschen Frage werden lassen. Andere im Ausland fürchteten und die Anhänger von SPD und FDP hofften, die ersten Brücken über die Teilung würden sich verbreitern und vermehren und das Bewußtsein wieder erwecken und verstärken, daß die Nation noch lebte und daß es Deutschland noch gab. Die Bundestagswahl Ende 1972 gab Brandts Ostpolitik die Bestätigung, die der Bundestag verweigert hatte. Zum ersten und einzigen Mal wurde die SPD stärkste Partei. Es war eine Ratifizierung durch das Volk, das den Mut und die praktische Vernunft dieser Politik honorierte. Viele hofften, es werde künftig einfacher, leichter und menschlicher zugehen im Verhältnis zwischen Bundesrepublik und DDR. Die meisten Ostdeutschen hofften das gleiche noch viel stärker. Aber was aus Deutschland würde, blieb für alle ungewiß.

V.

WIE DIE DEUTSCHEN NEBENEINANDER LEBTEN

1.

DIE RÜCKKEHR EUROPAS

In den letzten Julitagen des Jahres 1975 erreichte die Entspannung ihren Gipfel – ganz wörtlich: In Helsinki versammelten sich die Staats- und Regierungschefs aller Staaten Europas (außer Albanien) und Nordamerikas; sie verabschiedeten ein Dokument, das in der Nachkriegsgeschichte ohne Vergleich ist. Seit der Einigung über die Charta der Vereinten Nationen war es Demokraten und Kommunisten nicht mehr gelungen, sich auf Regeln im zwischenstaatlichen Umgang zu verständigen – schon gar nicht bis in Einzelheiten wie Manöverbeobachtung, Luftverschmutzung oder Heiratsmöglichkeiten. Zweieinhalb Jahre lang hatten 35 Delegationen verhandelt, bis die 35 Staatsoberhäupter, Ministerpräsidenten oder Kanzler die »Schlußakte« unterzeichnen konnten. Nie zuvor waren Bereitschaft und Wille zu dauerhafter Entspannung so hoch und zahlreich repräsentiert und so feierlich demonstriert worden.

Die »Konferenz für Sicherheit und Zusammenarbeit in Europa« (KSZE) setzte multilateral fort, was bilateral seit Anfang der sechziger Jahre begonnen worden war; sie wurde durch Bonns neue Ostpolitik ermöglicht. Die Schlußakte folgte dem gleichen Schema wie die Ostverträge. »Korb 1« enthielt Grundsätze und Grenzen (vor allem Ost-Interesse), »Korb 2« Zusammenarbeit in praktischen, besonders wirtschaftlichen Fragen (allseitiges Interesse), »Korb 3« menschliche Erleichterungen und Informationsaustausch (West-Interesse). Ein Kompromiß bis ins letzte Komma, der die Bedürfnisse beider Seiten befriedigte: Der Status quo bildete die Voraussetzung, auf der sich zwischen beiden Teilen Europas ein besseres Verhältnis, das detailliert beschrieben war, entwickeln sollte. Ein Kompromiß aber auch durch das Wechselspiel, in dem diese Veranstaltung überhaupt zustande kam.

Der Osten wollte die Konferenz, der Westen stellte Bedingungen. Der Osten mußte die Bedingungen akzeptieren, aber der Westen stellte weitere Bedingungen, die der Osten zähneknirschend auch akzeptierte, bis dem Westen schließlich nichts übrig blieb, als zu einer Konferenz zu gehen, die er gar nicht wollte. Am Ende waren beide nicht mehr ganz Herr ihrer Entschlüsse, beide übersahen nicht mehr völlig, worauf sie sich einließen. Die Konferenz von 1975 war nicht die Konferenz, die der Warschauer Pakt zehn Jahre zuvor angeregt hatte; sie war aber auch nicht, was der Westen eigentlich wünschte. Die KSZE hatte sich – zum Teil jedenfalls – verselbständigt. Das Beste an ihr war, was im Interesse aller Europäer lag, aber keineswegs allen zusagte. Das Beste kam oft von den Neutralen, auch sie verfolgten ihre Interessen, aber blieben unabhängig vom Block-Denken. Das Beste war die dritte Position: nicht Osten, nicht Westen, sondern Europa. Es war der ganze Kontinent, der ins Blick- und Aktionsfeld rückte – darin lag das Neue.

Aber das Neue war so neu, daß nur manche es erkannten und fast nur die Leute der Wirtschaft es sogleich zu nutzen vermochten. In Ost wie West hatten sie sehnsüchtig darauf gewartet, daß die politischen Barrieren fielen. Bis zur Mitte der siebziger Jahre verdreifachte sich der Warenaustausch, stockte dann jedoch und ging teilweise auf den früheren Stand zurück – aber (außer in Polen) nur aus wirtschaftlichen Gründen: Man hatte sich übernommen.

Anders in der Politik, hier mußte man neu denken: daß der Gegner nicht nur Gegner war, sondern auch möglicher Partner; daß Vorteil für den einen nicht automatisch Nachteil für den anderen bedeutete und daß es außer dem Frieden noch andere gemeinsame Interessen gab. Doch das wurde nur in Ansätzen vollzogen. Willy Brandt notierte bald nach dem Helsinki-Gipfel: »Weder die Sowjetunion noch der Westen waren auf einen neuen Abschnitt ihrer Beziehungen so vorbereitet, wie es möglich und notwendig gewesen wäre.«

Aber das Wichtigste geschah, wie oft zwischen West und Ost, jenseits dessen, was die Politiker planten. Der »Korb 3«, der praktische und politische Erleichterungen für die Bürger der Teilnehmerstaaten vorsah, hatte für den Westen mehr innen- als ostpolitische Bedeutung. Sinn und Zweck dieser Konferenz war der westlichen Öffentlichkeit schwer zu vermitteln. Es blieb unklar, was der Westen bei diesem Ostprojekt gewinnen sollte. Um so dringender erschien es zu zeigen, daß man sich von den Kommunisten nicht hatte über den Tisch ziehen lassen. Vor allem im »Korb 1« hatte man dem Osten viel zugestanden, aber mit dem »Korb 3« brachten die westlichen Verhandlungsführer eine gute Gegenleistung des Ostens nach Hause.

Was später als großer Erfolg gefeiert wurde, war jedoch nur Folge, nicht ein strategisch angesteuertes Ziel. »Korb 3« wurde zu einem Dokument, auf das sich jeder im Osten berufen konnte, der in die außersozialistische Welt reisen, emigrieren oder heiraten wollte und Zugang zu Westpresse, -literatur und -kultur suchte. »Korb 3« wurde zum Sprengsatz. In mehreren Ländern bildeten sich »Helsinki-Komitees«, die ihren Regierungen mit konkreten Forderungen zusetzten. Sie wurden unterdrückt, forderten dennoch die Parteiherrschaft ständig heraus, weil sie Maßstäbe und Grundrechte bewußt hielten, die über aller Ideologie und Staatsraison standen.

Für die Nachfolgekonferenzen der KSZE wurde der »Korb 3« zur Gefahr. Der Osten hatte darin mehr zugestanden, als er sich leisten konnte und wollte; der Westen erhob ihn zum Maßstab für das Ganze – statt gemeinsame Möglichkeiten zu suchen, wurde erbittert gestritten. Besonders die Amerikaner, die an Gesamteuropa kein Interesse haben konnten und in der ganzen Veranstaltung wenig Sinn sahen, machten die Nachfolge-Konferenzen zum Tribunal. Nur den Europäern war es zu danken, daß die KSZE überlebte.

Deren Verdienst, erst später richtig erkennbar, blieb, die Geographie gegen die Ideologie in Stellung gebracht zu haben: Freiheit und Diktatur, Sozialismus und Kapitalismus waren nicht mehr alles, dahinter – oder darüber – gab es Europa, das älter und beständiger war als politische Glaubensbekenntnisse und Machtverhältnisse. Die Nationen im Westteil des Kontinents bedurften dieser Erinnerung dringend, für sie endete Europa an der Elbe. Die Völker im Ostteil drängten zum Wohlstand und zur Freiheit im Westen; auch die Führungen suchten den Anschluß an die moderne Welt. Der DDR-Diplomat Karl Seidel urteilte im Rückblick über die KSZE: »Von östlicher Seite ursprünglich als Besiegelung des Status quo gedacht, lief der KSZE-Prozeß aber letztlich auf eine Öffnung der Staaten des Warschauer Vertrages (der sowjetischen Militärallianz) hinaus. Damit wurden auf lange Sicht die äußeren Bedingungen für den Zusammenbruch des sozialistischen Systems in der DDR und in den osteuropäischen Staaten geschaffen.«

Als Institution erlitt die KSZE das Schicksal der Entspannung, deren Kind sie war. Seit Mitte der siebziger Jahre ermatteten oder mißrieten die Bemühungen, ein möglichst konfliktfreies Verhältnis zwischen Ost und West zu schaffen. Weder die Sowjetunion noch die Vereinigten Staaten erwiesen sich als klug und reif genug, um eine Politik weiterzuführen, die sie im wohlverstandenen Eigeninteresse begonnen und zu beachtlichen Erfolgen gebracht hatten. Die Sowjetunion ließ sich verführen, Möglichkeiten wahrzunehmen, die viel kosteten und nur Scheingewinne eintrugen. Sie rüstete, obwohl Parität bestand, und rüstete um so mehr, je weniger die Amerikaner rüsteten, die ihren Verteidigungsetat sogar senkten. Breschnews Abhängigkeit vom Militär, eine wichtige Stütze seiner Macht, erklärt viel; die russische Versessenheit, alles doppelt haben zu müssen, um sicher zu sein, hat vermutlich mitgewirkt – und dazu ein Machtrausch, geboren aus dem Gefühl der Gleichrangigkeit mit dem heimlichen Vorbild Amerika. Dort fürchtete man, Moskau strebe strategische Überlegenheit an, Mißtrauen gegen die Entspannung wuchs. Im Jahr 1976 erklärte Präsident

Gerald Ford, er werde das Wort nicht mehr in den Mund nehmen.

Die zweite sowjetische Torheit hatte ihren Ursprung in der Vorstellung, den weltweiten Klassenkampf dort voranzutreiben, wo noch Bewegung möglich war und Geländegewinn erreichbar erschien, in der Dritten Welt, die weder West noch Ost verbunden war. Mit Hilfe kubanischer Truppen bemächtigte sich die Sowjetunion Angolas, und da Washington nicht reagierte, »waren wir unfähig, weiteren Versuchungen zu widerstehen«, schrieb Georgi Arbatow, ein maßgeblicher Außenpolitiker, im Rückblick: »Nach Angola beschritten wir kühn den Pfad der Intervention und Expansion ... er führte uns durch Äthiopien, den Jemen, eine Reihe weiterer afrikanischer Staaten und schließlich nach Afghanistan hinein.« All das kostete finanziell, militärisch und politisch viel, brachte nichts ein und endete in mehr oder weniger blamablen Rückzügen.

Die Amerikaner lernten diese Lektion gerade. Sie arbeiteten sich mühsam aus Vietnam heraus, und der Kongreß verweigerte Kissinger die Mittel, auch nur mit Waffenlieferungen in Angola einzugreifen. Das Vietnam-Trauma saß tief, das Mißtrauen gegen den Geheimpolitik treibenden Kissinger war hoch; von Weltpolitik hatten viele Amerikaner, auch Abgeordnete, genug. Die Entspannungspolitik verlor ihre Voraussetzungen. Einerseits bewies Amerika nicht die überzeugende, auch militärische Stärke, um seinen Forderungen Nachdruck zu verleihen, andererseits übertrieb es seine Forderungen und ließ es an der Rücksicht fehlen, die Moskau ein Entgegenkommen ermöglicht hätte. Der Kongreß mochte der Sowjetunion die wirtschaftlichen Möglichkeiten der Meistbegünstigung nur zugestehen, wenn sie schriftlich garantiere, 55000 Juden emigrieren zu lassen.

Der folgende Präsident Jimmy Carter wollte alles gut machen, strebte nach Harmonie mit Moskau und erreichte sogar die Unterzeichnung des umstrittenen Vertrages über die Begrenzung der strategischen Waffen (SALT II). Aber er meinte es zu gut, erhob die Menschenrechte zum ersten Programmpunkt seiner Außenpolitik und störte mit moralischem Rigorismus das Verhältnis zur sowjetischen Führung, die sich teils beleidigt, teils bedroht fühlte. Anfang der achtziger Jahre kühlten sich die Beziehungen ab wie seit fast zwanzig Jahren nicht mehr. Ein neuer Kalter Krieg drohte, als die Sowjetunion in den Weihnachtstagen 1979 Afghanistan besetzte.

Das war ein Gewaltakt neuer Art. Erstmals griff Moskau mit Heeresmacht über die Grenzen seines Herrschaftsgebiets hinweg, es brachte nicht widerspenstige Gefolgsstaaten wieder in seine Gewalt wie 1956 Ungarn und 1968 die Tschechoslowakei, sondern begann, sich ein neutrales Land zu unterwerfen. Die Phantasie der Strategen wucherte. Die Amerikaner befürchteten einen Angriff auf die Ölregion. Kissinger sprach von einer »Zangenbewegung«, die einerseits von Angola über Äthiopien und Süd-Jemen und andererseits von Afghanistan zugreifen könne. Carter erklärte Afghanistan zu »einer Art Pfeil, der auf die entscheidenden Regionen der Welt gerichtet ist«. Europäer befürchteten wachsende Hysterie der Atommächte, die wider Willen sich in einen Krieg verstricken könnten, Bundeskanzler Helmut Schmidt erinnerte an die Entstehung des Ersten Weltkriegs. Die Russen schüttelten die Köpfe, begriffen nicht, was sie getan hatten und weshalb die Vereinten Nationen sie fast einmütig verurteilten. Ihnen erschien Afghanistan, das große Land an ihrer Südflanke, zu zerfasert, unsicher und unüberschaubar, um nicht unter amerikanischen oder chinesischen Einfluß geraten zu können. Entspannung hielten sie für eine Regelung, die auf Ost und West begrenzt sei, die Dritte Welt galt ihnen als ein freies Spielfeld – als Nixon nach Moskau kam, hatte er kurz zuvor die Häfen Nordvietnams vermint.

Die Großmächte verstanden einander nicht und trieben in eine neue Konfrontation. Die Zeit der Entspannung war am Ende, was wiederum die Europäer alarmierte. Ihre Vormächte Washington und Moskau verlangten Solidarität und tätige Teilnahme am neuen Ost-West-Kampf, aber die Bündnisdisziplin versagte. Drei Jahrzehnte lang hatte wachsende Spannung die

Bündnisse geeint, es war wie ein politisches Naturgesetz, daß sich die feindlichen »Lager« um so fester zusammenschlossen, je härter die Großmächte aneinandergerieten. Mit Afghanistan trat dieses Gesetz erstmals außer Kraft – und zwar auf beiden Seiten. In schweren Konflikt gerieten nur die Amerikaner und Russen, die Europäer zwischen Bug und Atlantik distanzierten sich; auch die Führungen im Ost-Lager gaben sich kaum Mühe, ihre Ablehnung der Moskauer Militäraktion zu verbergen. Die Westeuropäer verurteilten sie offen, aber wehrten sich, wenn sie die amerikanischen Sanktionen unterstützen sollten. Wirtschaftsembargo, Boykott der Olympischen Spiele in Moskau, Drosselung von Kultur- und Wissenschaftsverbindungen – überwiegend hinhaltender Widerstand. Hinter wortreichen Treuebekundungen verbarg sich das Bemühen, sich aus dem Kampf der Großen herauszuhalten und von der Entspannung in Europa zu retten, was möglich war.

Auch die Führungsfiguren in Washington und Moskau überzeugten wenig. Präsident Carter bewies in bester Absicht ein ständiges Ungeschick, sein Nachfolger Ronald Reagan ließ nur eine Absicht erkennen: Er wollte den Kommunismus zu Tode boykottieren und zu Tode rüsten. Im Kreml regierten drei Greise, die selbst für das Fernsehen mühsam aufgebaut werden mußten, alt oder krank, in jedem Fall nicht mehr in der Lage, auf komplizierte weltpolitische Entwicklungen beweglich zu reagieren.

Nach wie vor bildeten die Bündnisse die stärksten Organisationen, denen sich die Europäer wieder fest würden einordnen müssen, wenn es hart auf hart gehen sollte. Aber das zu verhindern war ihr Bestreben. Der französische Staatspräsident Valéry Giscard d'Estaing und der deutsche Kanzler Helmut Schmidt versuchten, zwischen Moskau und Washington zu vermitteln, ohne nennenswerten Erfolg, dafür waren sie zu klein und der Streit der Großen zu groß.

Dennoch entstand Anfang der achtziger Jahre in Ansätzen etwas Neues. In Umrissen zeigt sich eine neue Struktur: auf der einen Seite die beiden Atomgroßmächte, beherrscht von der Automatik des Wettrüstens, befangen in ihrer Rivalität und fixiert aufeinander im Machtkampf – auf der anderen Seite die Europäer, verbunden miteinander durch ein verändertes Gefahrenbild. Nicht mehr der Gegner, Kommunismus oder Imperialismus, erschien als die Hauptgefahr, sondern der Gegensatz zwischen den Weltmächten, die schwer berechenbar wurden. Über die große Grenze hinweg vereinte die Europäer die Sorge um Frieden, Ruhe und Gemeinsamkeit auf ihrem Kontinent. Darin steckte mehr Zukunft, als die Akteure ahnen konnten: Die Länder Europas, die sich damals von den »halbeuropäischen« (George Kennan) Vormächten Amerika und Rußland vorsichtig distanzierten, waren dieselben, die seit 2007 vereint sind in der Europäischen Union.

2.

EMANZIPATIONEN

> Weder Ihnen noch uns kann an einer andauernden Zuspitzung der Situation gelegen sein, da sie ... die Möglichkeit in sich birgt, eine neue Eiszeit in den Beziehungen zwischen der Deutschen Demokratischen Republik und der Bundesrepublik Deutschland auszulösen. Dadurch könnte das bisher Erreichte und das von uns Angestrebte nicht nur belastet, sondern sogar in Frage gestellt werden.
>
> ERICH HONECKER an HELMUT KOHL am 15.10.1983

»Selbstfinnlandisierung«

Was für die Europäer galt, galt noch stärker für die Deutschen. Als Staaten an der Grenze der feindlichen Blöcke stand für sie mehr auf dem Spiel, wenn ein neuer Kalter Krieg drohte. Zwei weitere Konflikte trafen sie ebenfalls härter als andere. Moskau stationierte moderne Mittelstreckenraketen (SS 20), die Westeuropa bedrohten, Bundeskanzler Helmut Schmidt und dann auch Washington sahen das militärische Gleichgewicht in Europa bedroht. Die Nato faßte einen »Doppelbeschluß«: 1983 werden moderne amerikanische Gegenraketen in Westeuropa stationiert, wenn es nicht gelingt, Moskau in Verhandlungen zum Abbau seiner Raketen zu veranlassen. Schließlich erklärte General Jaruzelski im Dezember 1981 in Polen das »Kriegsrecht« und unterdrückte die Freiheitsbewegung Solidarność, die das halb-kommunistische Regime aus der Macht verdrängte.

Der Raketenaufmarsch sollte vor allem in Deutschland stattfinden: die Gegen-Raketen zu den SS 20 vor allem in der Bundesrepublik, die Gegen-Gegen-Raketen in der DDR. Das polnische »Kriegsrecht« beruhigte die DDR-Regierung, aber die Sorge, von der Schutzmacht Sowjetunion durch das unzuverlässige Polen abgeschnitten zu sein, bestand weiter. Die Bundesrepublik befand sich Ende der siebziger Jahre gerade auf dem Wege, nach großen Schwierigkeiten ein erträgliches Verhältnis zu Warschau zu schaffen. Ihr Protest gegen das »Kriegsrecht« klang leiser, aber ihre praktische Hilfe für die notleidenden Polen überstieg die Leistungen der anderen Westeuropäer.

Afghanistan, Raketen und Polen – wer wollte da noch von Entspannung reden? Der Bonner Sprachgebrauch wurde vorsichtiger und bekannte sich meist nur noch zu »realistischer Entspannung«. Aber an der Sache hielt man fest. Bonn hatte Pflichten wie kein anderes Land im Westen. Es mußte für die Ruhe, also die Lebensfähigkeit des störanfälligen West-Berlin sorgen; es durfte die siebzehn Millionen Ostdeutschen, »Geiseln«, wie Helmut Schmidt sagte, nicht ihrem Schicksal überlassen; und es war dem Ostteil Europas geographisch, historisch und wirtschaftlich am nächsten. Wäre ein neuer Kalter Krieg ausgebrochen, hätten die Amerikaner jenseits des Atlantik nichts und die Westeuropäer wenig gespürt; in Washington, Paris und London wären flammende Reden gehalten worden, aber die Deutschen beider Seiten hätten es ausbaden müssen. Bonn mußte Entspannungspolitik treiben, die anderen konnten es. Zwangsläufig unterschieden sich auch die Methoden. Die Großmacht Amerika konnte versuchen, ihre Ziele durch Druck auf Moskau zu erreichen, wie Präsident Reagan es auch tat. Die Mittelmacht Bundesrepublik hatte kaum mehr als ihr wirtschaftliches Potential, sie mußte versuchen, sich ihre schwierigen Partner im Osten dauerhaft zu verpflichten. Washington konnte drohen, Bonn mußte locken.

Das hatte es mit Erfolg getan. In den siebziger Jahren war ein immer dichter gewordenes Geflecht aus wirtschaftlichen, aber auch politischen Interessen entstanden, das die Bundesrepublik mit allen Ländern im Osten verknüpfte. Die Grenzen waren von West nach Ost ziemlich mühelos und von Ost nach West leichter überschreitbar geworden als vor 1970, allerdings mit großen Unterschieden von Land zu Land. Bonn war für das östliche Europa zu einer wichtigen, für manche zur ersten Adresse in Westeuropa geworden, nicht zuletzt deshalb, weil dort immer noch mehr Verständnis für Ost-Nöte zu finden war als sonst im Westen.

Die Bundesrepublik hatte durch Spannung viel zu verlieren – in dieser Auffassung trafen sich die sozialliberale und die christlichliberale Regierung in Bonn. Helmut Kohl setzte nach dem Herbst 1982 entschieden fort, was seine Vorgänger Brandt und Schmidt betrieben hatten. Seine Rhetorik unterschied sich, einige Akzente verschoben sich, die politische »Philosophie« begründete sich zu Teilen anders, aber die Interessenlage der Bundesrepublik blieb gleich und wurde vor und nach dem Machtwechsel gleich beurteilt.

Der neue Kanzler bemühte sich, das Verhältnis zu Washington zu verbessern, das unter Schmidts manchmal allzu deutlicher Selbstgewißheit und Carters Wankelmut gelitten hatte. Aber als die Raketen im Jahr 1983 in der Bundesrepublik aufgestellt wurden, begrenzte Kohl – im Verein mit Strauß – den deutschlandpolitischen Schaden, indem er der DDR einen Milliardenkredit verbürgte. Im folgenden Jahr gab es noch eine Milliarde, auch die innerdeutschen Verhandlungen über praktische Fragen liefen weiter. Schmidts Einladung an Honecker, die Bundesrepublik zu besuchen, hatte der Nachfolger sogleich erneuert. Der alte und neue Außenminister Hans-Dietrich Genscher sorgte dafür, daß die Beziehungen zu den anderen Staaten im Osten nicht litten, am wenigsten gelang das bis 1987 mit der Sowjetunion.

Niemand konnte sich ernstlich wundern, daß diese Politik in Washington mit wachsendem Mißtrauen betrachtet wurde; auch die westeuropäischen Verbündeten Bonns sahen die Bundesrepublik sehr ungern in vertrautem Kontakt mit dem Osten. Selbst wer die besonderen deutschen Interessen verstand, das taten viele, behielt Zweifel. Helmut Schmidt mußte sich, weil er Jaruzelskis Kriegsrecht nicht so laut verurteilte wie andere, Unterstellungen gefallen lassen. Präsident Carters Sicherheitsberater Brzezinski beschuldigte ihn der »Selbstfinnlandisierung«, das *Wall Street Journal* attestierte dem Kanzler eine »demoralisierte Führerschaft«, die Westdeutschland zum »finnlandisierten Vasallen eines totalitären Reiches« machen werde.

Helmut Kohl blieben Anwürfe dieses Kalibers erspart, aber auch er irritierte den großen Verbündeten. Ronald Reagan rief zum Kampf gegen das »Reich des Bösen« auf, aber die Westdeutschen hüteten und pflegten eine »minidétente«. Der Westen sollte sich eng zusammenschließen, aber linke wie rechte Politiker der Bundesrepublik, Brandt wie Strauß, verhandelten ungerührt mit den Regenten in Moskau, Warschau und Ost-Berlin. Der Westen sollte den Osten durch Boykott in die Knie zwingen, aber die Westdeutschen gaben der DDR Kredite. Die amerikanischen Präsidenten hielten seit Gerald Ford scharfe Distanz zu den Sowjetführern, aber Bonn lud Honecker ein.

Washington zeigte sich besorgt. Bonn zählte seine großen Leistungen für die Nato auf, beschwor die »Wertegemeinschaft« mit Amerika und erklärte zum Mißverständnis, was in Wahrheit ein Interessenunterschied war: Die Weltmacht Amerika, fixiert auf die andere Weltmacht Sowjetunion, sah alles global; die europäische Mittelmacht Bundesrepublik, fixiert auf die Landsleute im Osten, dachte in europäischen und deutschen Kategorien. Da die Entspannung global nicht funktionierte, funktionierte sie für Washington überhaupt nicht. Da die Entspannung in Europa und sogar in Deutschland leidlich erfolgreich war, hielt Bonn trotz aller Bedenken seiner Alliierten daran fest.

»E H spielt nach beiden Seiten«

Für die DDR war alles schwieriger. Honecker war Breschnew auch persönlich verpflichtet und tat zunächst, was ihm gesagt worden war. »Deutschland gibt es nicht mehr«, hatte ihm

Breschnew eingeschärft, so verschwand die deutsche Nation aus der 1974 revidierten DDR-Verfassung; statt dessen hieß es, die DDR sei »für immer und unwiderruflich mit der Union der Sozialistischen Sowjetrepubliken verbündet«. Breschnew hatte verordnet: »Die Abgrenzung, der Graben zwischen DDR und BRD wird noch tiefer werden.« Sechs Wochen später, seit Herbst 1970, sprach auch die SED-Führung von Abgrenzung und erhob den bis dahin unbekannten Begriff in die höhere Sphäre der Ideologie: Es handele sich um einen »gesetzmäßigen Prozeß«. Aber die historische Gesetzmäßigkeit, so fügte man klugerweise hinzu, schließe normale zwischenstaatliche Beziehungen nicht aus.

Darauf war und blieb der ostdeutsche Staat angewiesen. Honecker geriet in die gleichen wirtschaftlichen Schwierigkeiten wie Ulbricht, nur aus anderen Gründen. Ulbricht wollte die Bundesrepublik beeindrucken und übertrumpfen, was zu Lasten der Lebensverhältnisse in der DDR ging. Honecker wollte ausgleichen, was sein Vorgänger in seinem Modernisierungseifer vernachlässigt hatte; er mußte, nicht zuletzt zur Sicherung seiner Herrschaft, die Lebensverhältnisse in der DDR bessern. Das Volk sollte nicht in ferner Zukunft, sondern schon heute und morgen die Früchte des Sozialismus genießen. Aber auch das kostete weit mehr, als die DDR-Wirtschaft leisten konnte.

Wie Ulbricht brauchte Honecker Hilfe, und wie Ulbricht konnte die Sowjetunion sie ihm nicht geben, weil ihre wirtschaftlichen Kräfte nachließen und vom Besten allzuviel in die Rüstung floß. Moskau schränkte seine Leistungen an die »Bruderländer« sogar ein, im Jahr 1981 die verbilligten Erdöllieferungen. Was Ulbricht nur geplant hatte, verwirklichte Honekker, indem er sich in der Bundesrepublik holte, was er in der Sowjetunion nicht bekam. Bis Mitte der siebziger Jahre schon legten er und sein Vertrauter in Wirtschaftsfragen, Günter Mittag, den Grundstock für eine Verschuldung, die ständig weiter wuchs. 1970 betrugen die Auslandsschulden der DDR zwei Milliarden Verrechnungsmark, 1989 waren es 49 Milliarden. 1980 konnte Ost-Berlin seine Zinsen schon nicht mehr bezahlen, ohne neue Kredite aufzunehmen. Drei Jahre später retteten Kohl und Strauß mit zwei Milliardenkrediten die Kreditwürdigkeit der DDR. So ging es bis Ende 1989 weiter. Verträge mit Bonn garantierten dem ostdeutschen Staat ständige sichere Deviseneinnahmen, die ihm die Nachbarländer, die keinen Goldesel im Westen hatten, sehr neideten.

Honecker hatte, sobald er mit Breschnews Hilfe im Besitz der Macht war, eben das begonnen, was Breschnew ihm ausdrücklich verboten hatte: »Es darf zu keinem Prozeß der Annäherung zwischen der BRD und der DDR kommen.« Honecker war lange genug in der SED-Führung für die Sicherheit der DDR verantwortlich gewesen, um nicht die Gefahren einer Annäherung zu kennen; oft hatte er sie selbst warnend benannt. Vielleicht glaubte er gerade deshalb, die Entwicklung in der Hand behalten, also die Bundesrepublik zugleich ausbeuten und fernhalten zu können; erstaunlich lange, fast anderthalb Jahrzehnte, gelang ihm das auch. Niemand durfte sich wundern, daß Moskau sich Sorgen um seine DDR machte. Es äußerte »vorsichtige Warnungen«, die aber bei Honecker keinerlei Wirkung hatten. Nur Dummköpfe nähmen in der heutigen Welt keine Kredite auf, antwortete er einem sowjetischen Gesprächspartner. Autobahnen zwischen Bundesrepublik und West-Berlin, die er mit Bonner Geldern ausbauen ließ, hielt das Moskauer Verteidigungsministerium für Aufmarschbahnen der Nato gegen Osten. Große Geschäfte zwischen den Deutschen durchbrachen aus sowjetischer Sicht die notwendige Abgrenzung gegen die Bundesrepublik. Moskau intervenierte. Fast ein Jahr lang verzögerte Außenminister Gromyko die Errichtung der Ständigen Vertretungen, fast sieben Jahre lang hinderte der Kreml Honecker, den wiederholten Einladungen in die Bundesrepublik zu folgen.

Im Sommer 1984 waren die Vorbereitungen für einen Besuch schon fast abgeschlossen, da wurde Honecker nach Moskau beordert, wo ihm die versammelte sowjetische Führung die Leviten las. Parteichef Tschernenko warf ihm vor, er begebe sich in finanzielle Abhängigkeit von Bonn. Verteidigungsminister Ustinow bemängelte, ihm fehle es an »Härte in den Beziehungen zur BRD«. Auch Gorbatschow, das jüngste Mitglied der Führung, erklärte ihm, ein Besuch in der Bundesrepublik passe jetzt nicht in die politische Landschaft. Für Moskau war das auch so. In der Bundesrepublik wurden gerade Raketen aufgestellt, die mit geringer Vorwarnzeit die Sowjetunion bedrohten, aber Honecker wollte die Bundesrepublik besuchen.

Die Demütigung traf ihn tief, nun mußte er noch mehr lavieren. In strategischen Fragen hatte er überhaupt nichts zu sagen und mußte die Stationierung der sowjetischen Gegen-Gegen-Raketen hinnehmen – er konnte nur erklären, daß er das »Teufelszeug« ebensowenig haben wollte wie die meisten Westdeutschen die amerikanischen Raketen. Er mußte im Westen die sowjetische Militärpolitik vertreten, tat es vielleicht auch aus eigener Überzeugung, jedenfalls konnte er unablässig vom Frieden reden und unter diesem Deckmantel seine Geschäfte mit Bonn weitertreiben.

Moskau nahm es hin. Außenminister und Geheimdienst lasen die warnenden Berichte, aber taten nichts, weil sie nicht wußten, was sie tun sollten. Wenn sich die DDR der Bundesrepublik verweigerte und von dort kein Geld mehr bekäme, würde der Lebensstandard sinken, und die politische Ruhe wäre nicht mehr sicher. Wenn man Honecker ablöste, wußte man nicht, ob ein besserer Mann an seine Stelle träte – zu sehen war ein solcher nicht –, und die Probleme der DDR wären mit einem Personenwechsel nicht gelöst.

Pjotr Abrassimow, der einst wie ein Vizekönig in der DDR geherrscht hatte und 1975 wieder als Botschafter dorthin geschickt wurde, um Honecker zur Raison zu bringen, gab 1992 ein nur scheinbar widersprüchliches Interview. Einerseits schilderte er, wie die Sowjetunion alles in der DDR beherrschte: »Unser Einfluß war präzedenzlos.« Andererseits bekannte er: »Wenn Honecker und seine Umgebung etwas nicht wollten, konnte sie niemand dazu zwingen.«

Im Mai 1980 wurde auch Helmut Schmidt von Erich Honekker überrascht. Sie trafen sich in Belgrad am Rande der Begräbnisfeierlichkeiten für den jugoslawischen Präsidenten Tito. Vier Monate vorher war die Sowjetunion in Afghanistan einmarschiert, die Amerikaner hatten mit Sanktionen geantwortet, Moskau und Washington erwarteten die Unterstützung ihrer Verbündeten. Doch Honecker bezog einen Standpunkt, den Schmidt nicht erwartet hatte: Beide deutsche Staaten sollten bemüht sein, negative Wirkungen der Afghanistan-Krise von sich fernzuhalten oder doch einzudämmen; beide sollten versuchen, ihre Großmacht zu mäßigen. Der Staatschef des deutschen Oststaates empfahl, was der Kanzler des deutschen Weststaates ebenfalls dachte und bereits versuchte. Ihre Übereinstimmung entsprang nicht gesamtdeutschen Gefühlen oder Absichten, sondern den Sorgen und Interessen ihrer Staaten, aber das waren die gleichen Sorgen und Interessen und damit auch gemeinsame. »Je kürzer die Reichweiten (der neuen Raketen), desto töter die Deutschen«, lautete ein populärer Spruch in der Bundesrepublik, gemeint waren alle Deutschen. Und Honecker vergaß die Theorie von den zwei deutschen Nationen, als er im Oktober 1983 an Kohl schrieb und »im Namen des deutschen Volkes« ein atomwaffenfreies Europa zum Ziel erklärte.

3.

DIE MÜHEN DER EBENE

> Früher hatten wir gar keine Beziehungen,
> jetzt haben wir wenigstens schlechte.
>
> EGON BAHR

Dennoch war die Entspannung für die Deutschen zunächst eine Enttäuschung. Nicht der Wunsch nach Gemeinsamkeit hatte Bonn und Ost-Berlin zueinander getrieben, sondern die Einsicht in eine Notwendigkeit. Zwanzig Jahre Feindschaft konnte keine Seite vergessen. Zur Unterzeichnung des Moskauer und des Warschauer Vertrages waren Kanzler und Außenminister in die sowjetische und polnische Hauptstadt gereist. Den Grundlagenvertrag unterzeichneten die Staatssekretäre Bahr und Kohl, die ihn ausgehandelt hatten. So ging es durch die siebziger Jahre weiter. Bundeskanzler Schmidt besuchte alle Partei- oder Staatschefs im Osten oder empfing sie in Bonn, manche sogar mehrfach. Doch nach den Treffen zwischen Brandt und Stoph im Frühjahr 1970 dauerte es elf Jahre, bis Schmidt zu Honecker fuhr.

Zwischen den Deutschen war alles schwieriger. Der österreichische Bundeskanzler Bruno Kreisky verglich Bundesrepublik und DDR mit den »Schopenhauerschen Stachelschweinen«: »Einmal rückt man einander näher, dann merkt man die Stacheln und geht wieder auf Abstand.« Der kleinste Zwischenfall, eine böse Rede oder störende Maßnahme stieß den einen immer wieder vom anderen ab. Die Reizbarkeit war extrem und die Fähigkeit, einander falsch zu verstehen, hoch entwickelt. Rätselhafte Schritte der Gegenseite ließen auf besonders üble Absichten schließen – unmöglich, daß beim anderen nur etwas schiefgelaufen war. Verstanden werden mußte auch, wo die empfindlichen Stellen saßen, deren Verletzung unerwartet heftige Reaktionen hervorrief. Man war sich fremd, war in sehr unterschiedlichem Milieu aufgewachsen und lebte in unterschiedlichen politischen Welten. Mit der Zeit stellte sich heraus, daß die Unterschiede so groß nicht waren und der politische Betrieb unabhängig vom »System« den gleichen Gesetzen folgt. Was die ersten Unterhändler Bahr und Kohl allmählich von- und miteinander lernten, mußten ihre Nachfolger ebenso lernen. Mit der Zeit taten sie es, wußten sich gegenseitig besser einzuschätzen; je mehr sie sich aneinander gewöhnten, desto mehr entspannte sich der Umgang.

Der Ärger übereinander hörte nie auf, solange Bundesrepublik und DDR existierten, doch im Laufe der achtziger Jahre entstand ein Verhältnis friedlicher Koexistenz. Friedlich waren beide schon früher, jetzt aber glaubten sie es sich auch. Ihre Koexistenz, das Nebeneinander zweier deutscher Staaten, war ebenfalls keine Neuigkeit, jetzt aber hatten sich beide, auch die Bundesrepublik, mit diesem Zustand als einem Dauerzustand abgefunden. Beide, auch die Bundesrepublik, wußten: Nur der Respekt vor der Souveränität des anderen ermöglicht ein einigermaßen gedeihliches Verhältnis, das beide brauchten, um ihre Ziele in Deutschland zu erreichen.

Eine Vereinigung ihrer Staaten war es nicht. Von Honecker als Generalsekretär wurde zum Thema staatliche Einheit nur eine Bemerkung bekannt. Im Februar 1981 warnte er »großdeutsche Sprücheklopfer« im Westen: »Seid vorsichtig! Der Sozialismus klopft eines Tages auch an eure Tür.« Und wenn die Werktätigen der Bundesrepublik »an die sozialistische Umgestaltung gehen, dann steht die Frage der Vereinigung der beiden Staaten vollkommen neu«. Das war nicht Politik, sondern pure Ideologie. Es war der geheime Vorbehalt, den westdeutsche Politiker ebenso machten: Wenn einmal alles ganz anders kommt, dann verhalten wir uns auch anders. Da aber nichts auf einen Umsturz der europäischen Nachkriegsordnung hindeutete, so schien es jedenfalls, blieben solche Vorbehalte belanglos.

Als Fernziel bewahrten alle westdeutschen Parteien eine Vereinigung beider Staaten, aber nur als ein so fernes Ziel, daß es für die operative Politik ausschied. Die deutsche Frage »offen« zu halten, war alles, was sie tun konnten, rechtlich und rhetorisch achteten sie darauf. Aber kein Kanzler, weder Brandt noch Schmidt noch Kohl, rechnete in voraussehbarer Zeit mit einer weltpolitischen Veränderung, die eine Vereinigung Deutschlands erlauben würde (S. 8). Helmut Kohl brachte 1987, bei Honeckers Besuch, das Höchstmaß an Hoffnung in die Sätze: »Niemand von uns weiß, was der beständige Wandel der Zeit und der Umstände uns und den nachfolgenden Generationen bringen wird. Aber eines ist sicher: Solchen Wandel wird es auch in Deutschland weiter geben.« Doch erst den nachfolgenden Generationen.

Die Deutschlandpolitik der Bundesrepublik, also ihre Politik für Deutschland, beschränkte sich auf drei Notwendigkeiten: den Schutz West-Berlins, dessen vertragliche Sicherungen politisch abgestützt werden mußten; den Zusammenhalt der Nation, damit für den Fall einer Vereinigungschance noch etwas zum Vereinigen übrig sei; die Durchbrechung der Trennung, damit Familien und Freunde in Verbindung blieben und die Deutschen hier noch wüßten, daß auch dort noch Deutsche lebten. In der Praxis lief diese Politik darauf hinaus, Bundesrepublik und DDR fest miteinander zu verklammern. Vertragliche Regelungen in immer mehr Teilbereichen sollten ein Netz wechselseitiger Abhängigkeit knüpfen, das die DDR nicht mehr zerreißen könnte, und sie nötigte, sich dem Westen weiter zu öffnen, als sie wollte.

Öffnung und Abriegelung bildeten von 1970 bis 1989 das Kernproblem fast aller deutsch-deutschen Vertragsverhandlungen: Die Bundesrepublik wollte die Trennung durchbrechen, um Deutschland zusammenzuhalten, die DDR wollte die Trennung bewahren, um sich am Leben zu erhalten. Abgrenzung war für Ost-Berlin Bedingung für Entspannung. Abgrenzung hieß, den Westen in fast jeder Gestalt soweit wie möglich auf

Abstand halten, seinen Einfluß beschränken und zumindest die »Kader« davor schützen – auch den Trägern des Staates traute der Staat nicht. Je mehr Westdeutsche in den Oststaat kamen, desto weniger Ostdeutsche durften »Kontakt« mit ihnen haben. Ein ganzes System von Kontaktverboten für »Geheimnisträger« wurde ausgebaut. Westdeutsche Besucher sollte der Pflichtumtausch fernhalten, für manche wurde er zu einer nicht übersteigbaren Finanzmauer. Eine vierköpfige Westberliner Familie, die für einen Abend Ostberliner Freunde besuchte, zahlte seit dem Herbst 1980 hundert D-Mark »Eintritt«. Bis zu ihrem Ende führten Partei und Staat einen zähen Kleinkrieg gegen die westdeutschen Korrespondenten im Lande: Sie durchbrachen das Informationsmonopol, ein wichtiges Herrschaftsmittel der SED, indem sie aus der DDR über die DDR auch in die DDR berichteten. Eine ganze Bürokratie war damit beschäftigt, Literatur und Kunst fast jeder Art darauf zu prüfen, ob sie dem sozialistischen Bewußtsein gefährlich werden könnten.

Für die Bonner Politik stellte sich eine schwierige Aufgabe. Die DDR war gleichzeitig stark und schwach – stark, weil Moskau hinter ihr stand, schwach, weil sie die Überlegenheit der Bundesrepublik fürchten mußte. Bonn konnte ihr nichts aufzwingen, denn entweder brauchte sie nicht nachzugeben, da sie sowjetischen Rückhalt hatte, oder sie konnte es nicht, da ihre innere Sicherheit es nicht erlaubte oder zu erlauben schien. Bonn war stärker, aber konnte davon nur vorsichtig Gebrauch machen; auch nur der Anschein, es wolle die DDR zu Fall bringen, mußte zu totaler Abschottung führen.

Die Bonner Politik aller Parteien, geführt von Schmidt, Kohl und Genscher, hütete sich daher, die DDR zu »destabilisieren«, und teilte Ost-Berlin das auch mit. Für Honecker bildete das die Geschäftsgrundlage. Nur weil er darauf vertraute, der einstige Todfeind wolle ihm nicht ans Leben, ließ er sich auf immer engere Geschäftsbeziehungen ein. Beide Seiten mochten einander nicht einmal mehr größeren Schaden zufügen, die DDR brauchte die Bundesrepublik als Nothelfer, die Bundesrepublik fürchtete das Chaos und die internationalen Folgen eines Zusammenbruchs der DDR.

Statt Zwang und Druck verlegte sich die westdeutsche DDR-Politik auf Verlockung und Verführung. Geld war ihr Haupttrumpf. Allein mit Geld vermochte sie der SED-Führung Zugeständnisse abzuringen, die deren vitale Interessen berührten. Mit Geld erkaufte sie Verbesserungen für die Insel Berlin und Erleichterungen für die Ostdeutschen; mit Geld erreichte sie Erweiterungen im zwischendeutschen Reiseverkehr; mit Geld befreite sie politische Gefangene und reinigte Grenzflüsse; mit dem »Milliardenkredit« überbrückten Kohl und Strauß das gefährlich spannungsreiche Jahr 1983 und hielten die innerdeutschen Beziehungen in Gang. Geld war nicht alles in diesen Beziehungen, aber ohne Geld wären sie zu diplomatischen Formalitäten verdorrt.

Als Mittel wie als Zweck fungierte West-Berlin. Von den siebzehn Verträgen, die Günter Gaus, Bonns Vertreter in Ost-Berlin, aushandelte, gab es fünfzehn nur wegen West-Berlin; am bekanntesten wurden die Abkommen über den Bau oder Ausbau von Transitwegen. Die Bundesrepublik zahlte, die DDR baute, und West-Berlin, auf glatten Autobahnen bequemer erreichbar, rückte der Bundesrepublik wieder ein Stück näher. Die Inselstadt wurde nützlich für beide Seiten, denn sie bot, was die Diplomaten »Verhandlungsmasse« nennen. Allmählich verband Berlin die deutschen Staaten mehr, als daß es sie trennte.

4.

ZWEI DEUTSCHLANDS IN EUROPA?

> Das deutsche Problem ist recht eigentlich das europäische Problem.
>
> CHARLES DE GAULLE 1965

Mit der Zeit gewöhnten sich die Deutschen aneinander. Feindschaft ist auf die Dauer anstrengend. Glaubenskrieg und Zusammenarbeit ließen sich nicht unbegrenzt vereinbaren, der staatlichen Koexistenz folgte, ohne daß man es zugab, eine ideologische Koexistenz. Die westdeutschen Parteien wie die SED blieben überzeugt, das richtige System zu haben, mit dem sich ein besseres und menschlicheres Leben schaffen ließe. Beide vertraten ihre Auffassungen weiter mit Nachdruck, aber sie kämpften nicht mehr dafür, sondern zogen sich auf die Erwartung zurück, das Bessere werde sich mit der Zeit von selbst durchsetzen. Auch die Selbstgerechtigkeit verringerte sich. Keiner behauptete mehr, Patentrezepte für alles zu haben; beide suchten und gaben es zu. Sozialdemokraten und Kommunisten brachten es sogar fertig, sich auf eine Grundsatzerklärung zu einigen, die angab, wie man ideologisch streiten und trotzdem gut miteinander auskommen solle.

Beide veränderten auch ihre politische Geographie, nicht programmatisch, aber durch ihr Verhalten. Ihre Bindung an die Bündnisse blieb die Basis ihrer Außenpolitik, aber sie war nicht mehr alles. Die Westdeutschen sahen nicht mehr nur von Westen nach Osten und die Träger der DDR nicht mehr nur von Osten nach Westen, beide begannen, Europa von seiner Mitte her ins Auge zu fassen. Schon die Sprache zeigte es. »Europa« bedeutete in der Bundesrepublik nicht mehr ausschließlich

Westeuropa. Das lange fast vergessene Wort »Mitteleuropa« erfuhr in den siebziger Jahren eine Renaissance und half, die verdorbene Kulturgeographie zurechtzurücken und sich zu erinnern, daß die Universitäten von Prag oder Krakau Jahrhunderte älter sind als ihre Schwestern in Berlin, München oder Hamburg. Was der Bundesbürger zum Osten rechnete, erwies sich als Teil der Mitte, zu der bei einigem Nachdenken auch Deutschland gehörte. Beim Raketenstreit Anfang der achtziger Jahre entstand der Begriff »eurostrategisch«: nicht Nato oder Warschauer Pakt war gefährdet, sondern Europa.

Die DDR konnte sich mit Europa erst befassen, nachdem sie anerkannt und auch im Westteil manövrierfähig geworden war. Ihre Politik und Publizistik, sehr viel weniger das Volk, holten nach, was die »Bruderländer« ihr voraus hatten. Sogar den Anspruch der Polen und Tschechen, das »Herz Europas« zu bergen, ahmte sie nach. Für beide deutschen Staaten fand Bundespräsident Richard von Weizsäcker die treffenden Sätze: »Die Bundesrepublik Deutschland ist der Osten des Westens geworden, die DDR der Westen des Ostens ... Trotz doppelter Randlage bleibt Deutschland aber von den Bedingungen seiner Lage in der Mitte Europas geprägt. Zwar ist diese Mitte geteilt, aber sie bleibt Mitte.«

Die deutschen Staaten änderten ihre Orientierung nicht. Die Bundesrepublik blieb in allem, was sie war, wurde und wollte, ein Teil der westeuropäisch-atlantischen Gemeinschaft, die DDR blieb nach dem Willen ihrer Führung Teil der sozialistischen Gemeinschaft, aber beide bemühten sich, jenseits der großen Grenze Fuß zu fassen. Bonn stand schon seit dem Moskauer Vertrag von 1970 in einem festen, zeitweise sogar vertrauten Verhältnis zur Sowjetunion. 1973 war es die erste Nato-Hauptstadt, die Breschnew besuchte, und 1981, zur Zeit höchster Ost-West-Spannung, die letzte. Umgekehrt rückte Moskau für die westdeutschen Politiker in den Kreis der Hauptstädte, mit denen ständiger Kontakt nötig erschien. Wer in den achtziger Jahren Kanzler werden wollte, fuhr nicht nur wie früher nach Washington, sondern auch nach Moskau. Das gewachsene Gewicht auf beiden Seiten steigerte sich gegenseitig, Einfluß im Westen machte Bonn für den Osten wichtig, die Bedeutung im Osten erhöhte Bonns Bedeutung für den Westen.

Helmut Kohl regierte dann eine Bundesrepublik, die in beschränktem Maße schon das Problem des vereinten Deutschland bekam: Sie war zu schwach und historisch zu belastet, um Westeuropa zu führen, aber zu stark, um bei den anderen nicht Besorgnis auszulösen. Kohls überzeugendes europäisches Engagement glich die Schwierigkeit weitgehend aus. Gegenüber dem Osten Europas verließ er sich darauf, daß die Länder dort mehr von Bonn wollten als umgekehrt. Sogar gegenüber Moskau konnte er abwarten, als Gorbatschow bei seinen Entspannungsbemühungen Bonn zunächst ausließ. Der Kanzler wußte, die Bundesrepublik war nicht zu umgehen, wenn die Sowjetunion ein gründlich verbessertes Verhältnis zum Westen schaffen wollte.

Der Fortschritt der DDR vollzog sich in zwei Stufen. In den siebziger Jahren mußte sie sich erst einmal in der westlichen Welt etablieren. Russisch genügte für ihre Diplomaten nicht mehr, viele Ältere mußten in Schnellkursen Englisch lernen – ein Symptom für die Notwendigkeit, in neuen Dimensionen zu denken. In den achtziger Jahren feierte sie dann beachtliche Erfolge. Ihr Ansehen im Osten wuchs, weil es schien, als würden die Deutschen mit den wirtschaftlichen Nöten immer noch etwas besser fertig als die anderen. Die Nummer zwei im »Lager«, Polen, war durch das »Kriegsrecht« und internationale Isolierung geschwächt, die DDR versuchte, den ungeliebten Nachbarn auch dort zu verdrängen, wo er bis dahin eine Sonderstellung eingenommen hatte, er war das Land mit den weitesten und besten Verbindungen zum Westen.

Langsam, aber stetig kam die Ostberliner Diplomatie im Westen voran. Frankreich, Österreich und Japan wurden ihre wichtigsten Handelspartner und Kreditgeber, politisch konzentrierte sie sich zunächst auf die kleineren westeuropäischen Staaten.

Honecker entwickelte außenpolitischen Ehrgeiz, es war viel persönlicher Ehrgeiz dabei: Überall wollte er als Staatsoberhaupt Besuch machen, außer London blieb keine wichtige Hauptstadt in Europa, die ihn nicht empfing; 1985 kam er auch nach Japan. Den großen Sprung über den Atlantik in die Vereinigten Staaten schaffte er nicht, immerhin war man dort auf den deutschen Oststaat aufmerksam geworden, als sich zeigte, daß er, wo immer möglich, seinen eigenen Interessen folgte. Die Mauer mitten durch Berlin, die Vier-Mächte-Stadt, aber hing der DDR an, Staatspräsident Mitterrand hielt sie Honecker vor, als er 1988 Paris besuchte. Der Gast verwies seinerseits auf ein Interesse, das Frankreich wie fast alle westeuropäischen Länder gemeinsam hatte mit der DDR: Ihre Existenz minderte die deutsche Kraft auf ein Maß, das für die Alte Welt erträglich war.

Europa war zufrieden mit der Existenz zweier deutscher Staaten, die zu eigenen Größen herangewachsen waren, doch wie es weitergehen würde, hing davon ab, welches Verhältnis die beiden zueinander finden würden. Waren sie dauerhaft bereit, einander zu respektieren, friedlich miteinander umzugehen und Vereinigungswünsche aufzugeben? Nur ein zweistaatliches Deutschland, so schien es, versprach Europa eine gesicherte Zukunft.

Im September 1987 gaben die Deutschen dieses Versprechen. Das Staatsoberhaupt der DDR besuchte die Bundesrepublik, nicht nur zu einem Arbeitstreffen mit dem Kanzler irgendwo im Land – so war es zunächst geplant –, sondern zu einem Empfang in der Hauptstadt Bonn mit Ehrenkompanie und zwei Hymnen. Nach der rechtlichen Anerkennung im Jahr 1972 war dies die politische Anerkennung durch den Rivalen, eine höhere Weihe konnte die Existenz des zweiten deutschen Staates nicht bekommen.

Es war nicht nur das Protokoll für ein Staatsoberhaupt, das Helmut Kohl sich mühsam abgerungen hatte, alle Parteien und die Führer der Wirtschaft drängten sich, dem Besucher die Ehre zu erweisen. Honecker wurde Mode. Wer auf sich hielt, mußte ihn begrüßt und mit ihm gesprochen haben. Honecker empfing die Spitzen des Bundestages, die Fraktionsvorsitzenden aller Parteien, von den Grünen kamen gleich drei. Er bereiste vier Bundesländer, sprach mit fünf Ministerpräsidenten, außerdem mit den früheren Kanzlern Brandt und Schmidt. Prominente Friedensbewegte fanden ebenfalls den Weg zu ihm, der Pop-Sänger Udo Lindenberg schenkte ihm eine elektrische Gitarre mit der Aufschrift »Gitarren statt Knarren – für eine atomwaffenfreie Welt«. In seiner saarländischen Heimat drängten sich die Größen und die Bürger des Landes, ihn zu sehen, mancher war stolz, daß ein gebürtiger Saarländer die Preußen und Sachsen regierte. In Köln kam es zu einer Massenversammlung deutscher Manager – mindestens dreihundert vom Westen und die Generaldirektoren von 22 Kombinaten und Außenhandelsbetrieben der DDR. In der Hochburg des Kapitalismus, Krupps Villa Hügel, traf der Chef der deutschen Kommunisten etwa 150 Industriemanager.

In den folgenden zwei Jahren korrespondierten Kohl und Honecker nur noch, aber acht der zehn Ministerpräsidenten besuchten Honecker, um ihr Bundesland in gute Beziehungen zur DDR zu bringen. Die SPD entwickelte Parteibeziehungen zur SED, der Parteivorsitzende Hans-Jochen Vogel legte Wert auf jährliche »Konsultationen« mit Honecker, Egon Bahr handelte mit dem ZK-Sekretär Hermann Axen fertige Verträge zur Abrüstung in Zentraleuropa aus, Erhard Eppler und die DDR-Professoren Otto Reinhold und Rolf Reißig brachten ein Grundsatzpapier zustande, in dem sie einander Reformfähigkeit bescheinigten, was auch Reformbedürftigkeit bedeutete. Die Ergebnisse blieben auf beiden Seiten heftig umstritten, aber ein Wunder waren bereits die Themen: Die einstigen Todfeinde suchten Verständigung über Fragen, die ihr Leben bedeuteten, über Sicherheit und Ideologie.

Die Reihe der Besucher bei Honecker riß nicht ab, der Staatsratsvorsitzende brauchte nicht einzuladen, sondern entschied, wen er empfangen wollte. Nicht jeder hatte etwas mit ihm zu besprechen, aber jeder wollte mit ihm gesprochen haben. Nutzen hatten Ausreisewillige, die Besucher brachten Listen »humanitärer« Fälle mit, die Honecker meist im Sinne des Gastes entschied. Auch sonst wurden seit Mitte der Achtziger Emigrationsanträge immer noch willkürlich, aber häufiger genehmigt. Sprunghaft stiegen die Zahlen für Besuchsreisen. 1985 waren es nur 139000, aber 1987, im Jahr des Honeckerbesuchs, weit über eine Million (1283000); so ging es auch in den folgenden Jahren weiter. Nicht nur Rentner, sondern auch Jüngere durften in den »Westen«, und die Voraussetzung, Besuch von Verwandten, wurde oft nicht mehr ernst genommen.

Was alle Bundesregierungen anderthalb Jahrzehnte lang vergeblich versucht hatten, geschah jetzt: Die DDR öffnete ihre Tore nach Westen – nicht ganz, aber weiter als je zuvor. Das schwerste Hindernis in den deutsch-deutschen Beziehungen war nicht beseitigt, aber wesentlich verringert mit der Aussicht, sich weiter zu verringern. Mehr erschien gar nicht möglich.

Nur Träumer erwarteten einen schnellen Wandel, und fast niemand erwartete, was dann kam, einen Zusammenbruch der DDR. Man wußte in Bonn, daß ihre wirtschaftlichen Schwierigkeiten wuchsen, darin lag ja eine Chance der westdeutschen Politik. Wie groß sie waren, wußten nur ein paar Fachleute, die in entlegenen Zeitschriften schrieben. Regierung, Parteien und Wirtschaft überschätzten die Stabilität. Honecker versicherte seinen Besuchern wider jede Realität, welche Zuwachsraten kommen würden und welche tiefen Wandlungen die DDR durchlaufe, politisch, ökonomisch, sozial und geistig-kulturell. Da er das wahrscheinlich selbst glaubte, klang es wohl leidlich glaubhaft. Vor allem lebten vier Jahrzehnte Erfahrung weiter, die sagten: Die DDR kann nur zugrunde gehen, wenn die Sowjetunion sie zugrunde gehen läßt, und das wird sie künftig so wenig tun wie in der Vergangenheit.

Was Bundesregierung, Parteien und Wirtschaft Mitte der achtziger Jahre mit der DDR verabredeten und planten, war alles auf Dauer gestellt. Helmut Kohl hätte Honecker nicht 1987 eingeladen, wenn er auch nur geahnt hätte, daß zwei Jahre später die DDR am Ende war. Auch die Führungen der anderen Parteien hätten Abstand gewahrt, wie sie es nach 1989 demonstrativ taten. Doch bevor das Unerwartete geschah, taten alle das einzig Mögliche und versuchten, die Beziehungen zur DDR zu verdichten und – wie und wo möglich – auf die Bürger der DDR auszudehnen. Elf Städtepartnerschaften wurden 1987 vereinbart.

So gut sich die Deutschlandpolitik entwickelte, sie stand nicht im Zentrum dessen, was Bonn beschäftigte. Im Laufe der achtziger Jahre war vieles zur Routine geworden, Blick, Interesse und Engagement blieben auf den Westen und die Welt gerichtet. Dabei stimmten Politik und Volk überein. Wenn die Meinungsforscher nach der Wiedervereinigung fragten, waren zwar bis 1989 etwa achtzig Prozent dafür – dagegen konnte man schwer sein. Wenn jedoch nach der Chance dafür innerhalb der nächsten dreißig Jahre gefragt wurde, meinten ebenfalls etwa achtzig Prozent »wenig wahrscheinlich« oder »unmöglich«. Das einstige große Ziel erschien noch wünschenswert, aber nicht mehr erreichbar.

Auch die Nation, auf die sich die Politiker noch beriefen, schwand im Bewußtsein der Westdeutschen dahin. 1970 meinten noch siebzig Prozent, Bundesrepublik und DDR gehörten *einer* Nation an, seit 1984 sagte schon mehr als die Hälfte: »nicht eine Nation«, die jüngere Generation empfand die DDR zunehmend als Ausland. Was die SED vergeblich verordnet hatte, die Entstehung zweier Nationen, das vollzog sich im Westen von selbst. Dem entsprachen die Antworten auf die Frage nach Deutschland. Mehr als die Hälfte der Bundesbürger verstand darunter ihren Staat, der sich ja auch Bundesrepublik Deutschland nannte, nur gut ein Viertel der Befragten empfand oder wußte noch, daß Deutschland Deutschland war, das ganze Land von Frankfurt bis Frankfurt. Auch hier verwirklichten die Westdeutschen, was die ostdeutsche Politik sich wünschte.

Wohl das Wichtigste an diesen Umfragen war die Tendenz, die sie erkennen ließen. Der Wunsch nach Vereinigung, die

Hoffnung darauf und das Gefühl nationaler Zusammengehörigkeit mit den Ostdeutschen nahmen ständig ab, am meisten bei den Jüngeren, denen fremd war, was östlich der Elbe lag, wohl vertraut aber das Europa im Westen. Es wurde absehbar, wann die Älteren abgetreten wären und nur noch die Generationen die Bundesrepublik bestimmten, denen der Ostteil Deutschlands so fern lag wie Polen oder die Tschechoslowakei. Schon seit Mitte der siebziger Jahre hielt eine Mehrheit um achtzig Prozent eine (west)europäische Vereinigung für »vordringlicher« als die deutsche. 1965 war es noch umgekehrt.

Den Ostdeutschen wurden diese Fragen nicht gestellt, sie stellten sie sich allerdings oft selbst. Vereinigung war für sie allezeit von höherer Bedeutung, die Hoffnung darauf verloren sie langsamer, auch das Gefühl der Zusammengehörigkeit mit den Westdeutschen verringerte sich weniger und später. Allmählich aber setzte sich die doppelte Einsicht durch, daß die Weltpolitik eine deutsche Vereinigung nicht zulasse und daß die Westdeutschen sie kaum mehr für nötig hielten. Alle Deutschen hatten die gleiche Blickrichtung, sie sahen nach Westen, aber die Bundesbürger kehrten dabei ihren Landsleuten den Rücken zu.

Für die Außenwelt änderte sich allmählich das Bild Deutschlands. Bis 1970 wurde das geteilte Land vor allem als Unruhequell wahrgenommen, über zwei Jahrzehnte kannte die Welt es immer wieder als Schauplatz der Krisen und Konflikte, zeitweise sogar als Gefahr für den Frieden. Das schien nun anders zu werden. Die Großmächte hatten den Hauptkonfliktherd Berlin stillgelegt, die verfeindeten deutschen Staaten zeigten sich ernsthaft bemüht, friedlich und vernünftig miteinander auszukommen. Im Osten bemerkten auch Skeptiker, daß die Bundesrepublik nicht Hitlers Spuren folgte, Kenner im Westen sahen, daß die DDR nicht kommunistische Speerspitze sein wollte. Das buchstäblich zentrale Problem des Kontinents, die »unruhigen Deutschen«, wurde zwar nicht gelöst, aber es schien auf dem Wege zu sein, sich durch Zeitablauf zu erledigen.

Vierzig Jahre waren seit dem Zweiten Weltkrieg vergangen, nun sah es so aus, als ob die Alte Welt allmählich in ihre alte Ordnung zurückfinden werde – weiterhin dominiert von den Flügelmächten Amerika und Rußland, geteilt auch in zwei politische Glaubensbekenntnisse sowie Staats- und Gesellschaftsordnungen, aber langsam fester miteinander verflochten durch ökonomischen Zwang im Osten und politische Vernunft im Westen, beruhigt in der Hoffnung auf allmähliche Milderung der Gegensätze und ermutigt durch das wachsende Bewußtsein, daß trotz fortbestehenden Grundsätzen alle Europäer waren. Sogar die sowjetischen Kommunisten sprachen vom gemeinsamen europäischen Haus.

Die deutschen Staaten fügten sich ein. Europa hatte für sie Vorrang vor Deutschland, vom Streben nach Vereinigung, sogar von der Hoffnung darauf, hatten sie sich verabschiedet. Freiheit war ihnen wichtiger als Einheit: Wäre eine demokratische DDR unter Verzicht auf Vereinigung möglich gewesen – im Bundestag wären einige ergreifende Trauerreden gehalten worden, aber die Mehrheit der Abgeordneten und die Mehrheit aller Deutschen hätten zugestimmt.

VI.

WIE DIE DEUTSCHEN SICH MITEINANDER VEREINIGTEN

1.

NIEDERGANG EINER WELTMACHT

> Der Kommunismus ist intellektuell tot
> und hat keine Gläubigen mehr,
> weder die Regierten noch die Regierenden
> glauben an ihn.
>
> LESZEK KOLAKOWSKI 1974

Ende der achtziger Jahre ging der Kalte Krieg zu Ende. Was bis dahin die Weltpolitik bestimmt hatte, die Doppelherrschaft zweier Atomgroßmächte, löste sich auf. Washington blieb Weltmacht, das russische Imperium zerfiel. Für Europa und Deutschland wurde möglich, was kaum noch möglich erschien.

Der Kräfteverfall der Sowjetunion vollzog sich langsam und lange Zeit kaum sichtbar für die Außenwelt, nicht zuletzt weil Moskau militärisch mit den USA gleichgezogen hatte. Kaum sichtbar blieb vor allem der Kern des Verfallsprozesses, die schwindende Kraft der Ideologie, die nicht mehr motivierte und inspirierte, sondern nur noch legitimierte. »Der Kommunist muß glühen«, hatte Chruschtschow noch gerufen, aber das Feuer ideologischer Begeisterung erlosch im gesamten europäischen Kommunismus: Auch die Gläubigen, ohnehin überall eine Minderheit, glaubten nicht mehr. Was blieb, war der ideologische Betrieb aus Indoktrination und Propaganda, der mit dogmatischer Strenge den Eindruck erweckte, es habe sich nichts geändert. Auch wenn der Glauben schwand, mußte die Lehre weiter gelten. Nur die Behauptung, die historischen Gesetzmäßigkeiten zu kennen und den Weg in die ideale Zukunft der Menschheit weisen zu können, schuf das ideologische Gottesgnadentum, das die ungeteilte und unbegrenzte Herrschaft der Politbüros über ihre Länder und die Herrschaft Moskaus über seine Gefolgsstaaten rechtfertigte.

Die Gebote der Machtwahrung verhinderten durchgreifende Änderungen des politischen und wirtschaftlichen Systems, doch spätestens Anfang der achtziger Jahre wurde klar, daß alle sozialistischen Länder vor einer ausweglosen Alternative standen: entweder durchgreifende Änderungen oder Verelendung mit der Folge gefährlicher politischer Unruhe. Die kommunistische Form zu regieren und die Wirtschaft zu führen, war an die letzte Grenze ihrer Möglichkeiten gelangt, sie wurde mit keiner wesentlichen Aufgabe mehr fertig. Die meisten Parteiführungen bemühten sich um Korrektur und Anpassung, aber die Reformen hörten meist dort auf, wo sie die Macht zu bedrohen schienen. So blieb fast alles Halbheit, nützlich, aber unzureichend, weil es das System unberührt ließ. Unter dem Druck der Verhältnisse änderte sich jedoch manches.

Sozialistische Politik schrumpfte zur Sozialpolitik im weitesten Sinne. Nicht mehr die Änderung, sondern die Ruhigstellung der Gesellschaft rückte an die Spitze der Partei- und Regierungstätigkeit. Nicht die Politisierung der »Massen« bezeichnete Erfolge, sondern die Entpolitisierung, die Opposition verhinderte. Nicht mehr kämpferischer Geist, sondern gewissenhafte Alltagsarbeit lautete die Hauptforderung an die Völker. Die Kommunisten wurden Realisten. Zur Umwertung aller Werte reichte ihre Kraft nicht mehr, sie mußten sehen, daß sie an der Macht blieben und ihre Länder wirtschaftlich voranbrachten. Die »Massen« sollten besser leben, das sicherte die Macht. Chruschtschows »Wettkampf der Systeme« war damit am Ende, der Ost-Sozialismus verlor den Ehrgeiz, Alternative zum Westen zu sein, und verfiel in Imitation des Westens. Lebensverhältnisse wie in Westeuropa unter Wahrung der Parteiherrschaft wurde zum unausgesprochenen Ziel.

Daraus ergab sich eine veränderte Haltung zum Westen. Abgewehrt wurde weiterhin alles, was die Einparteien-Herrschaft gefährden konnte. Allmählich geöffnet aber wurden die Ostländer für den Westen in seiner populären Form. Die Massenprodukte der amerikanischen Zivilisation eroberten trotz hinhaltenden Widerstands ein Feld nach dem anderen. Pepsi-Cola holten sich die Russen im Tausch gegen ihren Wodka. Für Coca Cola, Symbol für die Dekadenz des Kapitalismus, erwarben sozialistische Staaten eine Lizenz. Popcorn und Kaugummi importierte die Sowjetunion. Jeans wurden zur Volksmode im ganzen östlichen Europa, wobei man sehr wohl zwischen dem amerikanischen Original und eigenen Nachahmungen unterschied. Mickey Mouse und Donald Duck hielten Einzug in Moskau. US-Serien im Bonanza-Niveau flimmerten über die Fernsehsender sozialistischer Länder.

Fast überall im Osten lebte es sich in den letzten zwei Jahrzehnten des Kommunismus leichter, mancherorts auch freier. Zu danken war das weniger der Liberalität der Regierenden als ihrer Schwäche. »Wer nicht gegen uns ist, ist mit uns« proklamierte der ungarische Parteichef János Kádár. Es war die öffentliche, von Moskau nicht korrigierte Aufgabe des kommunistischen Absolutheitsanspruchs. Früher galt im ganzen Osten als Feind, wer nicht mitmachte, nun mußten die Regierungen, jedenfalls im östlichen Mitteleuropa, froh sein, wenn die Leute nicht opponierten – überall wurden sie, mit großen Unterschieden von Land zu Land, eigenwilliger und selbstbewußter. Der europäische Kommunismus hörte auf, totalitär zu sein, er wurde autoritär. Das Wichtigste hatte sich geändert, das Kräfteverhältnis: Die Herrschenden waren schwächer geworden und die Beherrschten stärker – oder mit den Worten einer lebenserfahrenen DDR-Bürgerin schon Mitte der sechziger Jahre: »Die Kraft ist raus.«

Was sich ideologisch als Verfall darstellte, war eine Normalisierung. Die Sowjetunion säkularisierte sich von einem Hort der Welterlösung oder Weltbedrohung zu einem normalen Imperium. Ihre Gefolgsstaaten verselbständigten sich von einer verschworenen Gemeinschaft zu fast »normalen« europäischen Mittel- und Kleinstaaten, die mehr und mehr auf sich selbst angewiesen waren und sich mühten, leidlich durch die schweren Zeiten zu kommen. Der Kalte Krieg entschärfte sich zu einem »normalen« Macht- und Interessenkonflikt, nie ganz, aber im wesentlichen.

In den achtziger Jahren schlug die Quantität in eine neue Qualität um: In allen Oststaaten wuchsen wirtschaftliche Schwierigkeiten zu Krisen, offenbarte sich die politische Stagnation als Ratlosigkeit der Verantwortlichen und verflog die letzte Glaubwürdigkeit der Führungen. Überall wurde unübersehbar, daß es so nicht weitergehen konnte, irgendetwas mußte geschehen.

Die Polen, aus Temperament und Tradition zur Rebellion gestimmt, machten 1980 den Anfang. In Danzig entstand und in Warschau wurde zugelassen, was es gar nicht geben durfte: eine von Partei und Staat unabhängige Gewerkschaft, die sich zu einer eigenen politischen Kraft entwickelte und Partei und Staat allmählich die Herrschaft streitig machte. Die Sowjetunion, noch von Breschnew geführt, wagte nicht einzugreifen, im Dezember 1981 erklärte General Wojciech Jaruzelski den Ausnahmezustand (genannt Kriegsrecht). Die Militärs brachten das Land zur Ruhe, aber nicht aus der Krise. Die Gesellschaft streikte, die verbotene Solidarność beanspruchte, für die Gesellschaft zu sprechen, war aber zu schwach, die Regierung zu übernehmen; die Regierung wiederum war zu schwach, wirksam zu regieren. Am Ende stand ein Kompromiß, halb freie Wahlen führten – ungewollt – zu ganzem Wandel: Im Juni 1989 bekam Polen die erste demokratische Regierung im Sowjetbereich, die Kommunisten mußten in die Opposition gehen.

In Ungarn kam der Wandel mehr von oben und veränderte zunächst mehr die Wirtschaft als die Politik. Bis zur Mitte der achtziger Jahre sorgte der Parteichef János Kádár einigermaßen für Ruhe, er war eine originelle Mischung aus Kommunist und Realist. Als 1956 die antistalinistische Revolte in einen antisowjetischen Aufstand überging, lief er zur Sowjetarmee über, regierte später in Treue fest zu Moskau, aber mit kluger Einsicht in die Erfordernisse der menschlichen Natur. Mit seinem »Gulasch-Kommunismus« wurde Ungarn zur angenehmsten »Baracke im sozialistischen Lager«. Aber Konsum und kleine Freiheiten lösten die Wirtschaftskrise nicht, Kádár mußte 1988 zurücktreten. Wachsende Opposition und ein konsequenter Reformer an der Parteispitze erzwangen eine fortschreitende Änderung des Systems. Am 23. Oktober 1989 wurde aus der »Volksrepublik« Ungarn die »Republik« Ungarn, ein Staat mit demokratischer Verfassung.

Das Wichtigste geschah in Moskau. Im März 1985 brach das Zentralkomitee die erstarrte Greisenherrschaft auf und bestimmte den 54jährigen Michail Gorbatschow zum Generalsekretär der Partei. Der neue Mann wußte, daß es grundlegend anders werden mußte, damit es im wesentlichen gleich bleiben konnte, aber er hatte keine klare Vorstellung über Weg und Ziel des Wandels. So ermöglichte er viel Freiheit des Wortes (Glasnost) und organisatorischen Umbau (Perestroika), erregte wachsende Opposition der Funktionäre und Unzufriedenheit auch im Volke, das viele gute Reden hörte und immer schlechtere Verhältnisse erfuhr. Gorbatschow riß ein, was nicht mehr brauchbar war, aber baute nicht auf, seine Macht ging zurück. Dennoch bewirkte er viel. Innerhalb und vielleicht noch mehr außerhalb der Sowjetunion schuf er eine Hoffnung, daß es in der sowjetischen Welt doch einmal anders werde. Jahrzehntelang hatten die Propagandisten von der »Perspektive« gesprochen, jetzt schien es, als könnte sie sich zeigen.

Gorbatschow erkannte früh, daß ein fundamentaler Wandel im Inneren auch einen fundamentalen Wandel im Verhältnis zur Außenwelt verlangte. Er brauchte Ruhe vor Störungen, Entlastung beim Rüstungswettlauf, Beendigung zweckloser und kostspieliger Auslandsengagements, vor allem in Afghanistan, Befreiung von Bündnispflichten, die über die Kräfte gingen, und umfangreiche Hilfe des Westens für den Umbau der Wirtschaft. All das erforderte die Schaffung von Glaubwürdigkeit; nach fast vierzig Jahren Kalten Krieges mußte er die Welt, vor allem die Amerikaner, davon überzeugen, daß er nicht nur eine neue Phase der Entspannung wollte, sondern das Ende des Ost-West-Konflikts.

Dafür galt es, die Lage zunächst einmal selbst unbefangen zu betrachten. Anatoli Tschernajew, Gorbatschows enger außenpolitischer Berater, sah »im ideologischen Gebiet« das »Haupthindernis für die Veränderungen«. Für Erfolge in der neuen Außenpolitik, schrieb er rückblickend, »mußten wir die Mythen und Dogmen der alten, auf Konfrontation gerichteten Ideologie und Theorie abschaffen«. Das begann mit der »Einsicht, daß eigentlich keine imperialistische Bedrohung für die UdSSR bestand«, und setzte sich fort mit der Revision der grundlegenden Doktrin, nach der Außenpolitik internationaler Klassenkampf sei. »Wir müssen uns davon lösen, den anderen als Feind zu betrachten«, sagte Gorbatschow Ende 1989 zu Präsident George Bush (senior).

Der Wandel der sowjetischen Außenpolitik war unglaublich und wurde im Westen lange nicht geglaubt. Gorbatschow begann auch nicht mit der Vorlage eines fertigen Konzepts, seine grundlegenden Einsichten konkretisierten sich und seine Angebote steigerten sich unter dem Eindruck westlicher Reaktionen. Die Verständigung mit dem Hauptpartner Amerika wurde besonders mühsam, weil Präsident Ronald Reagan ein Kontrastprogramm verfolgte, er ideologisierte und militarisierte das Verhältnis zur Sowjetunion wie keiner seiner Vorgänger seit den fünfziger Jahren. Andererseits glaubte er, mit persönlicher Überzeugungskraft etwas ändern zu können, und darin traf er sich mit Gorbatschow.

Fünf Mal begegneten sich beide, vermochten ihr Mißtrauen zunächst nicht zu überwinden, Vorbehalte blieben bis zuletzt, Enttäuschungen entstanden, Chancen wurden versäumt. Dennoch erreichten sie, was vorher unerreichbar erschien, nicht nur Rüstungskontrolle, sondern Abrüstung: Alle Mittelstrecken-Raketen verschwanden aus Europa. Kaum weniger wichtig war für die Amerikaner, daß die Sowjetunion ihre Bemühungen um

Einfluß in der Dritten Welt teils verringerte, teils beendete; im April 1988 sagte sie ihren Rückzug aus Afghanistan zu. Das Verhältnis der Großmächte wandelte sich von Grund auf. Ende 1988 war der Kalte Krieg vorüber, meinte Außenminister George Schultz. Reagans Nachfolger George Bush (senior) trat sein Amt 1989 in der Überzeugung an: »Die Sowjetunion ist eine Großmacht im Niedergang.« Seinen Außenminister James Baker wies der Präsident an, »die internationalen Auswirkungen dieses Niedergangs produktiv und friedlich zu handhaben«.

Die erstaunlichsten Schritte ging Gorbatschow innerhalb seines Imperiums: Da allein die Ideologie Moskaus Herrschaft dort rechtfertigte, bedeutete Ideologie-Abbau den Abbau von Macht. Der Führer der sowjetischen Kommunisten verzichtete auf den Unfehlbarkeitsanspruch seiner Partei und auf die Vorbildrolle seines Staates, das war die ideologische und politische Freigabe der sozialistischen Staaten Europas. Zuerst wurde ihnen erlaubt, eigene Wege zum Sozialismus zu beschreiten, dann durften sie sogar zu einem anderen System übergehen. Moskau verzichtete darauf, sich einzumischen, und gab damit seine Herrschaft über das östliche Mitteleuropa und den Balkan auf. Gorbatschow hoffte, die bisher erzwungene Gemeinschaft werde sich in eine freiwillige Gemeinschaft reformkommunistischer Staaten wandeln, doch das war eine Illusion. In Polen und Ungarn verloren die Kommunisten 1989 die Macht, in Rumänien und Bulgarien wie in Prag und Berlin standen sie auf verlorenem Posten.

2.

KRANKHEIT ZUM TODE

> Tempora quibus nec vitia nostra
> nec remedia pati possumus.
> Zeiten, in denen wir weder unsere Fehler
> noch die Heilmittel dagegen ertragen können.
>
> LIVIUS

•

> Aus DDR-Erfahrung weiß ich,
> was es bedeutet, wenn man nur noch
> zwischen falschen Alternativen wählen kann.
>
> CHRISTA WOLF 2002

Es war eine veränderte, sich stetig weiter verändernde Welt, auf die sich die deutschen Staaten seit Mitte der achtziger Jahre einrichten mußten. Je mehr das Jahrzehnt voranschritt, desto verwirrender wurde das Bild, das ihnen das neue Moskau bot, und desto schwieriger wurden die Entscheidungen, wie zu reagieren sei. Mit Gorbatschow war etwas nach Europa gekommen, das alles verändern konnte, was vierzig Jahre lang gegolten hatte – zum Guten hofften viele in ganz Deutschland, zum Allerschlimmsten fürchteten viele in der DDR, deren Herz oder Stellung am Fortbestand des SED-Sozialismus hing.

Der westdeutsche Außenminister Hans-Dietrich Genscher erkannte früh, daß sich mit Gorbatschow neue Möglichkeiten eröffneten. Schon im Februar 1987 mahnte er: »Nehmen wir Gorbatschow ernst, nehmen wir ihn beim Wort! Wenn es heute die Chance geben sollte, daß nach vierzig Jahren Konfrontation im West-Ost-Verhältnis ein Wendepunkt erreicht werden könnte, dann wäre es ein Fehler von historischem Ausmaß, wenn der Westen diese Chance vorübergehen ließe, nur weil er sich nicht aus einem Denken lösen kann, das beim Blick auf die Sowjetunion immer nur einzig und allein den schlimmsten Fall anzunehmen vermag. Sitzen wir nicht mit verschränkten Armen da und warten, was uns Gorbatschow bringt! Versuchen wir vielmehr, die Entwicklung von unserer Seite her zu beeinflussen, voranzutreiben und zu gestalten.«

Für die Praxis hieß das vor allem dreierlei: harter Widerstand gegen eine neue Rüstungsrunde mit Kurzstrecken-Raketen in Europa; Warnung der Regierung Reagan, die neue sowjetische Offenheit mit einer »Politik der Stärke, des Strebens nach Überlegenheit, des In-die-Ecke-Rüstens« zu beantworten; Wiederanknüpfung guter Beziehungen zu Moskau, die Bundeskanzler Kohl mit dem instinktlosen Vergleich Gorbatschow-Goebbels für Jahre verdorben hatte.

Für die DDR sah alles anders aus. Sie war Teil des sowjetischen Imperiums und teilte dessen Probleme. Sie lebte unter den gleichen politischen Bedingungen, litt gleichermaßen unter Erstarrung und Verfall und brauchte Reform an Haupt und Gliedern ebenso dringend wie die Sowjetunion und die anderen »Bruderländer«. Aber Honecker und sein Politbüro wehrten fast alles ab, was Gorbatschow anregte. Volk und Parteiführung trennten sich auf neue Weise, jetzt wollte das Volk von der Sowjetunion lernen, und die alten Herren der Partei wußten es besser. Sie lebten aus der traumatischen Erfahrung des 17. Juni 1953: Damals hatte Moskau einen Rückzug beim sozialistischen Aufbau angeordnet, die »politisch zurückgebliebenen Massen« witterten Morgenluft und machten einen Aufstand. Auch in Ungarn 1956, in Prag 1968 und Polen 1980 provozierte Nachgiebigkeit oben Rebellionen unten, jedes Mal mußte die Macht mit Gewalt wiederhergestellt werden. Die Lehre, welche die Honecker-Generation zog, lautete: Den Anfängen wehren.

Tatsächlich schuf Gorbatschow der DDR eine tödliche Gefahr. Fast vierzig Jahre hatten die sowjetischen Divisionen, überall im Land stationiert, ihre Existenz gesichert. Diese Garantie galt nun nicht mehr, die SED-Führung war auf ihre eigenen Kräfte angewiesen, die aber siechten dahin wie in allen sozialistischen Ländern. Drei Säulen trugen die Herrschaft der Partei. Die Glaubenslehre des Marxismus-Leninismus, die besagte, der sozialistische deutsche Staat sei dem kapitalistischen »um eine historische Epoche« voraus. Ein Lebensstandard, der sich vom westdeutschen nicht allzu sehr unterscheiden durfte, aber spürbar höher als im Osten lag. Die Machtmittel von der Staatssicherheit bis zum Organisations- und Informationsmonopol der Partei.

Von der Ideologie lebte unter den Deutschen zwar noch mehr als unter den Polen oder anderen Nationen, aber auch hier blieben meist nur einige marxistische Grundvorstellungen – selbst Flüchtlinge aus der DDR dachten zuweilen noch in »Basis und Überbau« oder hielten alle Geschichte für die Geschichte von Klassenkämpfen. Es waren weniger bewußte als unbewußte Sozialisten, die aus der SED-Erziehung hervorgingen. Die Lehre vertrocknete zu unlesbaren Traktaten und 1.-Mai-Losungen im Plüschpathos des 19. Jahrhunderts: »Künstler und Kulturschaffende! Bereichert durch Schöpfertum das Kulturleben in Stadt und Land!«

Wenn die Lehre sich der Wirklichkeit zu stellen hatte oder Politik begründen sollte, verlor sie, wie in den anderen Ost-Ländern, seit den siebziger Jahren ihre letzte Glaubwürdigkeit. Schon einfache Alltagserfahrung zeigte schreiende Ungleichheit: Wer Westmark besaß, wie immer er dazu kam, konnte im »Intershop« Westwaren einkaufen. Wer begüterte Westverwandte hatte, durfte sich von ihnen über den Geschenkdienst GENEX ein Westauto schenken lassen oder auch ein Ostauto, das, weil in Westmark bezahlt, nicht einmal die Hälfte kostete und sofort geliefert wurde und nicht erst nach jahrelangem Warten. Wie in Polen der Dollar wurde die D-Mark in der DDR zum halblegalen Zahlungsmittel, mit dem sich zum Beispiel eine Wohnung ohne Verzug und ohne Hinterlassung von Dreck renovieren ließ. Wer sollte noch an einen Sieg des Sozialismus glauben, wenn die Währung des Kapitalismus Vorrechte schuf und Westwaren zum Qualitätsmaßstab des Ostens wurden? Was war das für ein Sozialismus, der mit zweierlei Geld die Spaltung des Volkes in zwei Klassen zuließ?

Die SED versagte, wie alle Kommunisten, an der entscheidenden Stelle. Sie schilderte den Westen als ein untergehendes System, aber bot kein Gegenmodell. Sie redete vom neuen Menschen, aber beeilte sich, die Wünsche des alten Adam zu befriedigen, die der Kapitalismus diktierte. Vom Kampf gegen den Westen glitt die Partei in die Nachahmung des Westens. Anders jedoch als die Länder in vergleichbarer Lage mußte die DDR die Herausforderung eines Konkurrenten derselben Nation aushalten, die sich in den achtziger Jahren erheblich verstärkte. Was immer die Regenten der ostdeutschen Republik unternahmen, fast überall begegneten sie der Bundesrepublik.

So war es bei der Suche nach Ersatz für die schwindende Ideologie. Honecker wagte etwas, das vorher niemand in der SED-Führung gewagt hatte: Die DDR sollte deutscher werden. Wenn er sich unter seinen Verbündeten umsah, blieb ihm gar nichts anderes übrig. Dort redeten zwar alle weiter vom proletarischen Internationalismus, aber trieben Politik nach ihren nationalen Interessen. Die DDR hatte es nicht mehr mit Bruderländern zu tun, sondern mit Polen, Rumänien, Ungarn und vor allem der Großmacht Sowjetrußland. Umgeben von lauter Nationalismen wurde auch der SED-Staat nationaler und entwickelte ein deutsches Selbstgefühl, das sich auf alte deutsche Tugenden gründete: Man war tüchtiger; unter dem Strich stand mehr als bei den anderen; und man war ordentlicher, in der DDR klappte selbst die Planwirtschaft noch etwas besser.

Aber wieweit durfte die Deutsche Demokratische Republik deutsch sein? Alle anderen kommunistischen Parteien wurden, manche mehr, manche weniger, nationalkommunistisch; sie stützten ihre Herrschaft auch mit der Pflege nationaler Traditionen und schufen sich Ansehen beim Volk, indem sie nationale Interessen gegenüber der Außenwelt vertraten. Selbst der schlimmste unter den Diktatoren, der Rumäne Ceauşescu, wurde im Herbst 1968 zum Volkshelden, weil er sich am Einmarsch des Warschauer Pakts in der Tschechoslowakei nicht beteiligte und auch Rumänien einen Einmarsch befürchtete.

Der SED waren enge Grenzen gesetzt: Je deutscher die DDR würde, desto geringer würde der Unterschied zur Bundesrepublik und desto stärker das Bewußtsein deutscher Gemeinsamkeit – beides ginge zu Lasten der DDR. Honecker versuchte es historisch. Er wollte seinen Staat in der ganzen deutschen Geschichte verwurzeln und nicht nur, wie bisher, in ausgewählten Kapiteln, in denen das »Fortschrittliche« vorkam. Im Laufe der achtziger Jahre wurden nacheinander die einstigen Bösewichter halb oder beinahe ganz rehabilitiert: Luther, dessen Gedenkjahr 1983 unter der Leitung von Honecker persönlich organisiert wurde; Friedrich II., den Honecker den Großen nannte und dessen Reiterstandbild er Unter den Linden in Berlin wieder aufstellen ließ; ferner August der Starke und dann sogar Bismarck.

Honecker stiftete viel Verwirrung bei den alten, aber auch bei jungen Genossen, und allmählich geschah, was die SED bis dahin immer zu vermeiden suchte: Die deutschen Staaten begegneten einander historisch, besonders wenn Jahrestage oder andere Anlässe zur Würdigung derselben Figuren führten. Jeder legte zwar entschieden Wert auf eine eigene Deutung, aber es war doch die gemeinsame Vergangenheit, und der Unterschied der Deutungen verringerte sich. Die Bismarck-Biographie des DDR-Historikers Ernst Engelberg erschien 1985 gleichzeitig in beiden Teilen Berlins. Honecker erlag einem vernünftigen Irrtum. Vernünftig war, den ostdeutschen Staat nicht mehr allein auf einen sozialistischen Verfassungspatriotismus zu gründen, sondern auch national zu fundieren. Irrig aber war anzunehmen, das könne geschehen, ohne daß die Ostdeutschen wieder an ihre Gemeinsamkeit mit den Westdeutschen erinnert würden.

Die finanzielle Not der achtziger Jahre zwang zur Suche nach Nothelfern, nur die Bundesrepublik erwies sich als leistungsfähig und auch -willig. Doch damit geriet die DDR zwischen zwei Feuer: Politisch konnte sie nur in Abgrenzung zur Bundesrepublik bestehen, wirtschaftlich aber konnte sie nur in Kooperation mit der Bundesrepublik überleben. Die zweite Säule der SED-Herrschaft, die Bewahrung leidlich befriedigender Lebensverhältnisse, stand nur, wenn der Weststaat sie stützte. Aber das kostete seinen Preis.

Die DDR-Führung mußte in einem Maße, das sie nie gekannt hatte, auf die Bundesrepublik Rücksicht nehmen: auf die Überzeugungen, Gefühle und Vorurteile dort, auf die Empfindlichkeiten und Rivalitäten der Parteien und nicht zuletzt auf die Medien. Auch in Ost-Berlin wußte man, daß in Bonn die Deutschlandpolitik sehr stark innenpolitisch bedingt war: Gegen die Stimmung im Lande und gegen einflußreiche Stimmungmacher konnte keine Bundesregierung wagen, der kommunistischen DDR unter die Arme zu greifen. Auch die Annäherung an die westdeutschen Sozialdemokraten barg Gefahren. Wenn die SED mit der SPD von gleich zu gleich verhandelte, was unterschied die Kommunisten dann noch von einer gewöhnlichen Partei? Wie konnten sie weiter ihren Unfehlbarkeitsanspruch als Marxisten-Leninisten behaupten? Was gab der SED noch das Recht, für alle Zeit die »führende Rolle« im Staat zu spielen?

Sogar innenpolitisch war Rücksicht auf die Bundesrepublik nicht ganz zu vermeiden. Seit Ende der siebziger Jahre wuchsen Unzufriedenheit und die Forderung nach Reisen und Ausreisen in den Westen. Das Selbstbewußtsein der Bürger nahm zu, oppositionelle Gruppen bildeten sich. Honecker verstärkte die dritte Säule seiner Macht, er vergrößerte den Apparat der Staatssicherheit beträchtlich, aber er konnte ihn nicht mehr wie früher unbegrenzt benutzen. Die »Stasi« wußte fast alles, aber tat – im Vergleich zu früher – recht wenig. So übel das meiste war, das sie unternahm, es geschah möglichst heimlich, die Zeiten öffentlichen Terrors waren fast vorbei. Die Staatsführung wollte im Westen respektiert werden, Honecker mußte sich bei seinen Auslandsbesuchen schon Fragen nach der Mauer anhören.

Auch für die Außenpolitik Ost-Berlins spielte Bonn eine Rolle. Die DDR war gleichberechtigt mit allen Staaten der Welt, doch um gleich geachtet zu werden in Europa und respektiert als ein europäischer Staat wie alle anderen, mußte sie sich bemühen – gegen Bonn hatte sie es dabei schwer, mit Bonner Hilfe sehr viel leichter. Für einen Staat, der zwanzig Jahre darum kämpfen mußte, überhaupt als Staat anerkannt zu werden, gab es außer der Sicherheitspolitik nichts Wichtigeres als den Erwerb »sozialer« Anerkennung. Da Bonn es war, das die DDR zwei Jahrzehnte lang nicht hatte hochkommen lassen, war Bonns Haltung wichtig, wenn Ost-Berlin den Weg nach Westen suchte.

Soweit die Sowjetunion Honecker freie Hand ließ, demonstrierte er ein gutes Verhältnis zur Bundesrepublik und deren politischer Prominenz. Doch dabei ging allmählich verloren, was die DDR existentiell brauchte, ihr Feindbild. Jahrzehntelang hatte sie vor den Imperialisten, Revanchisten und Neofaschisten gewarnt und damit Reisesperren, Kontaktverbote, Zollbestimmungen und alles, was den Westen auf Abstand hielt, begründet. Und nun sollte der Feind auf einmal nicht mehr Feind sein, sondern ein Partner für gute Zusammenarbeit. Jahrzehntelang kannten die Ostdeutschen westdeutsche Politiker nur aus dem West-Fernsehen, jetzt prangten deren Bilder unablässig auf der Titelseite des *Neuen Deutschland* zusammen mit Honecker. Jahrzehntelang galten private und kollegiale Beziehungen zu Bundesbürgern als verdächtig, wer eine Position hatte, mußte sich von der Westverwandtschaft lossagen, doch nun besuchte der Staatschef seine Schwester im Saarland. Jahrzehntelang wurden »Sozialdemokratismus« als gefährliche Abweichung und Sozialdemokraten als Feinde betrachtet, jetzt aber verhandelte die SED mit der SPD über Rüstungskontrolle und ideologische Grundsatzfragen, die Ergebnisse waren im Zentralorgan der SED zu lesen.

Die Konsequenz für jeden denkenden Menschen war klar: So furchtbar konnten die Imperialisten und so gefährlich die Sozialdemokraten nicht sein – wozu noch Abgrenzung? Weshalb nicht Pässe für alle DDR-Bürger zum Besuch der Bundesrepublik? Die Agitatoren der Partei wurden hilflos, wenn die Leute so fragten. Auch immer mehr Genossen fragten, weshalb sie als »Geheimnisträger« zu Hause bleiben sollten, wenn ihr Generalsekretär fuhr.

Die Konservativen im Politbüro machten sich berechtigte Sorgen. Die DDR wurde deutscher und finanziell immer mehr abhängig von der Bundesrepublik. Sie mußte den westdeutschen Geldgeber mit Rücksicht behandeln, ihm manches zu Gefallen tun wie die Zulassung von Städtepartnerschaften und die Erlaubnis für mehr Reisen und Ausreisen. Die DDR-Medien beschrieben die Bundesrepublik weniger klassenbewußt, zuweilen sogar sachlich. Ihre Bürger waren darauf versessen, die Bundesrepublik kennenzulernen. Deren Mark wurde halblegal zur zweiten Währung. Westliche Standards, Marken und Moden setzten Maßstäbe und weckten Ansprüche, die im Osten nicht erfüllt werden konnten.

Die DDR driftete unter der Führung des Kommunisten Erich Honecker zum Westen hin. Früher hatte das Volk nach Westen gesehen und die Führung sich am Osten orientiert, jetzt wandte sich auch die Führung dem Westen zu. Als der Staatsratsvorsitzende im Herbst 1987 die Bundesrepublik besuchte, empfing er das Höchstmaß an Anerkennung für die Eigenstaatlichkeit der DDR, aber zugleich wurde er als ein deutscher Politiker begrüßt, er empfand sich auch selbst so und genoß es sichtbar. Honecker hatte nichts weniger im Sinn als eine Vereinigung mit der Bundesrepublik, aber er hatte, ohne es zu wollen, den ersten Schritt dazu getan. Er war aus dem Machtbereich Moskaus nicht herausgetreten, aber hatte sich in den Einflußbereich Bonns teils treiben lassen und teils bewußt begeben. Julij Kwizinskij, der sowjetische Botschafter in der Bundesrepublik, illustrierte den Vorgang mit einem fatalen Bild: »Die DDR schluckte den goldenen Angelhaken immer tiefer, von dem sie dann nicht mehr loskam.«

Möglich wurde das nur, weil es einen goldenen Angelhaken gab. Die Regierungen Brandt, Schmidt und Kohl fügten sich nicht nur den Wünschen der DDR-Regierung, wenn sie Geld brauchte; Bonn ergriff selbst die Initiative, bot Verhandlungen über neue Nachbarschaftsnotwendigkeiten an und dachte sich weitere Geschäfte aus, mit denen sie die DDR an sich fesselte. Die Unzerreißbarkeit der innerdeutschen Beziehungen war das Mittel, der Zusammenhalt der Nation war der Zweck, hinter dem ein weiterer Zweck oder doch eine erwünschte Folge stand: die allmähliche Veränderung der DDR.

Die Entspannungspolitik erlaubte der Bundesrepublik, ihren stärksten Trumpf ins Spiel zu bringen, nämlich sich selbst. Die Überlegenheit der Bonner Republik lag nicht in dieser oder jener Politik, sie lag in der schieren Existenz des westdeutschen Staates, der jedem Bürger der DDR vor Augen führte, wie man die Wirtschaft und die öffentlichen Angelegenheiten anders regeln und wie man das meiste besser machen kann. Das Wirksamste, was Bonn tun konnte, war allezeit, das Beispiel Bundesrepublik wirken zu lassen – nicht durch Propaganda, sondern durch Unbefangenheit: Man gab sich, wie man war.

Die deutsche Geschichte der achtziger Jahre liest sich wie eine Bestätigung der Formel Egon Bahrs: Wandel durch Annäherung. Aus wirtschaftlicher Not, außenpolitischem Ehrgeiz und auch dem Wunsch, sich von Moskau zu emanzipieren, hatte Honecker seinen Staat dem westdeutschen soweit angenähert, daß die DDR nicht mehr bleiben konnte, wie sie war. Sie starb, wie der gesamte europäische Kommunismus, an sich selbst, an ihrer Unfähigkeit, aus eigenen Kräften weiterzuleben. Aber das westdeutsche Beispiel wirkte dabei kräftig mit. Es nötigte die SED-Führer nicht, wie mancher in Bonn hoffte, ihr System zu reformieren, aber half, es zu ruinieren.

3.

DIE REVOLUTION

> Zur Revolution genügt es nicht, daß sich die ausgebeuteten und geknechteten Massen der Unmöglichkeit, in der alten Weise weiterzuleben, bewußt werden und eine Änderung fordern;
> zur Revolution ist es notwendig, daß die Ausbeuter nicht mehr in der alten Weise leben und regieren können. …
> Die Revolution ist unmöglich ohne eine gesamtnationale (Ausgebeutete wie Ausbeuter erfassende) Krise.
>
> LENIN

Alle, die in der DDR regierten, hatten gelernt, wie Lenin die »revolutionäre Situation« beschrieb: Das ganze Land steckt in der Krise, die unten wollen nicht mehr und die oben können nicht mehr. Aber ob sie erkannten, wie genau die Definition ihres Propheten ihre eigene Lage am Ende der achtziger Jahre traf, wissen wir nicht. Honeckers letzte Energien beschränkten sich darauf, den 7. Oktober 1989 zu erreichen, um den 40. Jahrestag seines Staates zu feiern.

Die Unzufriedenheit der Ostdeutschen mit der DDR war so alt wie die DDR, immerhin gab es erträglichere Zeiten und eine Eingewöhnung in Verhältnisse, die nicht zu ändern waren. Aber irgendwann, spätestens Mitte der achtziger Jahre, schwand die Geduld mit einem Staat, der nicht mehr erwarten ließ, daß noch einmal etwas aus ihm würde. Wenn es in den fünfziger oder auch sechziger Jahren keine Bettlaken gab, ließ es sich mit den Nachkriegsnöten erklären; wenn noch in den Achtzigern die »Engpässe« wiederkehrten, mußte man am Ganzen zweifeln. »Das System war nicht in der Lage«, sagte ein DDR-Bürger im Rückblick, »unsere Probleme zu lösen.«

Der Wunsch, die DDR zu verlassen, nahm sprunghaft zu, er verband sich mit dem Wunsch aller, die Bundesrepublik besuchen zu können. Die Führung gab dem wachsenden Druck weiter nach als früher – mit dramatischen Folgen. Mehr als ein Vierteljahrhundert lang war die Grenze für Normalbürger unpassierbar gewesen; die Jüngeren machten jetzt zum ersten Mal Bekanntschaft mit der Bundesrepublik. Der westliche Teil Deutschlands konkretisierte sich vom Fernsehbild zu einer selbst erfahrenen Wirklichkeit. Der Austausch der Reiseeindrücke wurde zu einem Hauptgesprächsthema, die Bundesrepublik lag nicht mehr auf einem anderen Stern, sie trat als ein erreichbares Land ins allgemeine Bewußtsein. Die Möglichkeit, nach Westen zu reisen, beflügelte den Wunsch, nach Westen »auszureisen«; manchen brachte erst ein Besuch der Bundesrepublik auf den Gedanken, dorthin überzusiedeln.

Als Ulbricht mit Hilfe Honeckers 1961 die Mauer baute, verhalf er der DDR zu gewisser Stabilität, es war die Stabilität der erzwungenen Alternativlosigkeit. Was immer die Menschen wollten und erhofften, es war nur noch unter den Bedingungen der DDR zu erreichen. Schon die vage Aussicht, das Land verlassen zu können, verringerte diese Wirkung. So sehr die Funktionäre die Ausreise erschwerten, sie war möglich geworden, und jeder kannte jemanden, dem sie gelungen war. Vielleicht hat nichts die politische Stabilität der DDR so unterhöhlt wie das Wiedererstehen der Alternative: Man konnte ein neues Leben im Westen beginnen – auch wer es gar nicht wollte, wurde innerlich freier; er mußte nicht mehr alles hinnehmen, denn im Notfall konnte er mit seinem Weggang drohen; der Ausreiseantrag wurde in den letzten Jahren der DDR zum Druckmittel des kleinen Mannes, zuweilen sogar mit Erfolg. Schon bevor die Mauer fiel, hatte sie ihre Wirkung als Herrschaftsmittel teilweise eingebüßt.

Die DDR-Regenten wollten den »Westdrall« bremsen, aber vermochten es nicht. Im Spätsommer 1989 offenbarte sich ihre Machtlosigkeit vor aller Welt. Entschlossene Männer und

Frauen, ganze Familien erzwangen ihre Ausreise, indem sie westdeutsche Botschaften im Osten besetzten und nicht wichen, bis Berlin zähneknirschend nachgab und sie entließ. Das Beispiel machte Schule. Mitte August befanden sich vierzig Ostdeutsche in der westdeutschen Botschaft in Prag, einen Monat später waren es 400 und zehn Tage später 2000. Die Verhältnisse wurden unerträglich, auch eine Großküche reichte nicht mehr zur Ernährung, die hygienischen Zustände spotteten jeder Beschreibung, die Nächte wurden kalt, für 500 Kinder mußte gesorgt werden. Bundesaußenminister Genscher nutzte die Vollversammlung der Vereinten Nationen und bat seine Kollegen um Hilfe, den tschechischen mit geringem Erfolg, den polnischen, sowjetischen und französischen mit Erfolg, der amerikanische bot ungefragt seine Unterstützung an.

Die DDR hatte getan, was sie in solchen Situationen immer tat: Sie schob der Bundesrepublik die Schuld zu. Bonn habe die Ostdeutschen »generalstabsmäßig« unter Druck gesetzt und »unverhüllt abgeworben«. Das Gegenteil war richtig. Die Bundesrepublik hatte nicht das geringste Interesse an einer Massenzuwanderung von Ostdeutschen, schon die Übersiedler aus Polen und der Sowjetunion bereiteten ihr erhebliche Sorgen, nicht zuletzt wegen der wachsenden Ablehnung, die bei Teilen der Bundesbürger gegen die »Polen« und »Russen«, die Arbeitsplätze und Wohnungen wegnähmen, spürbar wurde.

Doch die westdeutsche Regierung war dem Problem so wenig gewachsen wie die ostdeutsche. So versuchten sie es gemeinsam. Die DDR forderte die Botschaftsbesetzer auf, von Prag in die DDR zurückzukehren und von dort weiter in die Bundesrepublik zu fahren, sie wollte das Gesicht wahren und behaupten, sie habe Leute, die »ihre Heimat verrieten«, abgeschoben. Doch die meisten Fluchtwilligen glaubten den Versprechungen ihrer Regierung, sie ausreisen zu lassen, nicht; auch westdeutsche Staatssekretäre und sogar Außenminister Genscher, die nach Prag geflogen waren, konnten sie nicht überzeugen. Sie bestiegen die Züge erst, als hohe bundesdeutsche Beamte dazustiegen und garantierten, daß sie auf dem Weg durch die DDR in den Westen kämen.

Es war ein Vorgang ohne Beispiel. Eine Regierung brauchte eine fremde, eigentlich sogar feindliche Regierung, um ihre Staatsbürger zu überzeugen, daß sie ihnen nichts antun werde. Der SED-Staat hatte seine letzte Glaubwürdigkeit verloren, seine Reputation im Land wie in der Welt war dahin. Nachdem er ideologisch aufgegeben hatte, kapitulierte er nun politisch vor der Bundesrepublik.

Der Triumph der Westdeutschen verbarg allerdings, daß auch sie nicht so stark waren, wie sie schienen. Auch sie mußten vor der rücksichtslosen Entschlossenheit der Übersiedler kapitulieren, sie konnten sie weder fernhalten noch auf den ordnungsgemäßen Weg der legalen Ausreise verweisen. Hier war etwas in Gang gekommen, das sich nicht mehr von Staat zu Staat regeln ließ. Das »Volk« brachte beide Regierungen in Zugzwang.

Die »Ausreißer«, wie sie bald genannt wurden, riefen die »Hierbleiber« auf den Plan, engagierte Oppositionelle, die auf die Straße gingen, um die DDR zu verändern. Schon im Januar 1989 hatten Hunderte in Leipzig freie Meinungsäußerung und Versammlungsfreiheit gefordert, andere hatten im Mai die Kommunalwahlen kontrolliert. Im September und Oktober gründeten sich landesweite Oppositionsgruppen und eine Sozialdemokratische Partei. Zugleich schwollen die Massendemonstrationen in Leipzig und anderen Städten an und stellten die Herrschaft der SED in Frage: »Wir sind das Volk«, das hieß: Die Partei ist nicht das Volk und kann es nicht vertreten.

Mit der Hilflosigkeit, die aus der Aussichtslosigkeit kam, schlug die Führung um sich: gegen Demonstranten und West-Journalisten, die über sie berichteten; gegen neue Gedanken aus Moskau, sowjetische Filme und Zeitschriften wurden ausgesperrt. Gegen Mahnungen zu Maß und Vernunft setzte sie Provokation: Noch fünfzig oder hundert Jahre könne die Mauer stehen, wenn sie gebraucht werde, trotzte Honecker und zwang im Juni 1989 die Volkskammer, der chinesischen Parteiführung zu applaudieren, weil sie ihre Opposition auf dem »Platz des himmlischen Friedens« blutig unterdrückt hatte.

Der einzige Erfolg war, daß alles noch schlimmer wurde. Unzufriedenheit und Opposition wuchsen. Sie durch materielle Wohltaten zu beruhigen, fehlten die Mittel, sie zu unterdrücken fehlte allmählich die Kraft. Immer mehr Ausreiser drängten sich über westdeutsche Botschaften in den Westen, und als am 11. September 1989 die reformkommunistische Führung in Budapest ihre West-Grenze auch für DDR-Bürger öffnete, war der Strom nicht mehr einzudämmen. Die Mauer hatte ihren Sinn verloren, Honecker hätte sie, um sein Volk zusammenzuhalten, nach Süden und Osten verlängern müssen.

Zugleich stieg die Entschlossenheit derer, die eine andere DDR wollten. Sie brauchten Mut, denn niemand wußte sicher, ob die sowjetischen Truppen in den Kasernen bleiben würden; Polizei und »Stasi« gaben abschreckende Proben ihrer Brutalität, dennoch wuchsen die Demonstrationen zu einer Volksbewegung. Am 2. Oktober sammelten sich in Leipzig mehr als 20000 zur Forderung nach Reformen, am 9. Oktober 70000 und am 16. Oktober mehr als 120000 für demokratische Erneuerung, am 23. Oktober rund 300000 für freie Wahlen. Am 4. November demonstrierten in Ost-Berlin weit mehr als 500000 für Demokratie in der DDR, und das waren nicht mehr nur Parteifeinde, sondern auch Parteigenossen. Es sprachen nicht nur Oppositionelle, sondern auch kritische Künstler, Christa Wolf, Stefan Heym, Christoph Hein, sogar das selbstkritische Politbüromitglied Günter Schabowski kam zu Wort und sogar Markus Wolf, der ehemalige »Stasi«-Chef der Auslandsspionage. Bedroht war die Kundgebung nicht durch die Polizei, sie wurde geschützt durch eine »Sicherheitspartnerschaft« zwischen Polizei und Ordnern der Demonstranten. Eine Wende zeigte sich. Die Partei bekämpfte die Opposition nicht mehr, sondern versuchte, sich mit ihr zu arrangieren.

Die SED war machtpolitisch am Ende. Über Machtmittel verfügte sie noch, aber nur eine starke Führung, die sich nicht scheute, Blut zu vergießen, viel Blut sogar, hätte sie benutzen können, aber es gab keine starke Führung mehr. Die deutschen Kommunisten verhielten sich nicht mehr, wie Kommunisten es taten, wenn »die Machtfrage steht« und wie die chinesische Partei es gerade vorgemacht hatte. Etwas Entscheidendes hatte sich geändert: Unten war die Angst gewichen, oben der Mut. Unten wuchs Selbstvertrauen, oben schwand es. Und je mehr unten die Kraft zunahm, desto weiter verringerte sie sich oben. Zehn Jahre früher hätte die SED-Führung wahrscheinlich zugeschlagen, jetzt wagte sie es nicht mehr. Moskau stand nicht mehr hinter ihr, und sie war sich ihrer Partei, ihrer Sache und ihrer selbst nicht mehr sicher.

So ging es unaufhaltsam abwärts mit den Herren der DDR und ihrer Gefolgschaft. Zum 40. Jahrestag am 7. Oktober 1989 hatte Erich Honecker seinen Staat noch als den Höhepunkt der deutschen Geschichte preisen können, elf Tage später wurde er genötigt, von allen Ämtern zurückzutreten. Drei Wochen später mußte fast die ganze alte Garde im Politbüro ihre Plätze räumen. Noch einmal drei Wochen weiter verlor die Partei ihr Recht auf dauernde Führung in Staat und Gesellschaft, die Volkskammer korrigierte die Verfassung. Zwei Wochen später korrigierte die SED sich selbst, sie nannte sich nun Partei des demokratischen Sozialismus (PDS) und degradierte sich zu einer Partei wie alle anderen.

Eine unblutige Revolution hatte eine scheinbar unüberwindliche Herrenclique Schritt für Schritt aus den Ämtern gedrängt und eine scheinbar allmächtige Partei entmachtet. Es war keine Revolution nach Lenins Muster. Da war nichts geplant, organisiert und zu vorbestimmten Zwecken geführt. Da gab es auch keine fremde Hilfe oder Anleitung oder Finanzierung aus dem Westen, keine »Strategie des Kalten Krieges«. Da wirkten nur wenige Bürgerrechtler als Organisatoren und als helfende Kraft nur die Kirchen. Da existierten nicht einmal genaue Ziele, sondern nur eine klare Richtung und Vorstellungen, was und wer in diesem Staat nicht mehr geduldet werden dürfe. Es war im ganz genauen Wortsinn eine Revolution des Volkes. Die »Massen« demonstrierten ihren Willen und siegten durch ihren Mut, gegen ein hochbewaffnetes Polizeiregime aufzustehen, durch das Maß, das sie dabei hielten, und durch die Beharrlichkeit, mit der sie auch die Macht, die sich zurückzog, weiter bedrängten und zu immer weiterem Rückzug zwangen. Wie andere Nationen in früheren Jahrhunderten ihre Herrscher davongejagt hatten, taten es die Ostdeutschen am Ende des 20. Jahrhunderts. Es war der deutsche Beitrag zur europäischen Freiheitsgeschichte.

4.

EINHEIT AM HORIZONT

Jetzt wächst zusammen, was zusammengehört.
WILLY BRANDT am Tag nach dem Fall der Mauer

Ratlosigkeit

Mit der Entmachtung der SED stellte sich die Frage nach der Zukunft der DDR. Was war die DDR ohne SED? Nach Auffassung der Parteitheoretiker konnte sie nur als sozialistischer Staat und damit Alternative zur kapitalistischen Bundesrepublik Bestand haben. Aber was hieß im Herbst 1989 sozialistisch? Das diktatorische Modell der SED hatte abgewirtschaftet, also eine liberalisierte, demokratisierte, marktgerechte Form? Vielleicht gab es jetzt eine Chance für den alten Traum vom Dritten Weg, aus dem Osten den Sozialismus und aus dem Westen die Demokratie? Oder eine DDR nach westlichem Vorbild? Aber warum sollten zwei deutsche Staaten derselben Bauart getrennt voneinander leben? Also ein vereinigtes Deutschland, nach dem Kräfteverhältnis zu urteilen, organisiert wie die Bundesrepublik? Schließlich fragte sich: Was werden die Großmächte, die seit 1945 über Deutschland bestimmen, fördern oder zulassen? Was wird die Sowjetunion tun? »Ohne uns gibt es keine DDR« hatte Breschnew einst zu Honecker gesagt.

Im Spätsommer 1989, noch vor dem Zusammenbruch der Honecker-Herrschaft, suchte der Erste Stellvertretende Außenminister Herbert Krolikowski Antwort auf die letzte Frage. Er bat den Gesandten an der sowjetischen Botschaft Igor Maximitschew um Offenheit: »Wir bitten nur um eins, uns deutlich zu sagen, was Ihr mit uns vorhabt. Die DDR ist unser Land, wir mögen sie, wir leben hier gern. Wenn Ihr uns jedoch sagt, Ihr brauchtet uns nicht mehr, Ihr könntet den Frieden in Europa auch ohne uns sichern, müssen wir versuchen, mit der neuen Lage fertigzuwerden. Wir werden die alte Konzeption der Konföderation in Deutschland wiederbeleben, Gespräche darüber mit Bonn beginnen und die bestmögliche Lösung für die Menschen hier anstreben. Sagt uns offen, was Euer Ziel ist, wir werden uns danach zu richten wissen«. Maximitschew berichtete über dieses Gespräch nach Moskau, aber bekam nie eine Antwort.

Eine Antwort auf die Frage nach der Zukunft war vor allem von denen zu erwarten, die, oft schon über ein Jahrzehnt, gegen die SED-Gegenwart opponierten. Aber damit waren sie meist zu sehr beschäftigt, um ausgearbeitete Staats- und Gesellschafts-Vorstellungen zu entwerfen. Ihnen ging es zunächst um Kritik, Korrektur und Zurückdrängung des Systems, also um Einforderung all dessen, was das System den Menschen vorenthielt: zunächst unkontrollierte Freiräume, unabhängige Öffentlichkeit, Mitsprache, Mitbestimmung und Selbstverwaltung, Unabhängigkeit für Gewerkschaften und andere Institutionen, Medienvielfalt und dann grundsätzlich: Gerechtigkeit, Achtung der Menschenrechte und Menschenwürde, bürgerliche Freiheiten. Am Ende ging es um Abschaffung des SED-Staates: Trennung von Partei und Staat sowie Aufhebung des Herrschaftsmonopols der Partei.

Nicht gerüttelt wurde am Sozialismus, es sollte nur der richtige sein. Demokratische Erneuerung des zu Ende gehenden Staatssozialismus forderte die Bürgerbewegung »Demokratie jetzt« Mitte September 1989. »Wir wollen neu lernen, was Sozialismus für uns heißen kann«, hieß es im Gründungsaufruf des »Demokratischen Aufbruch« am 2. Oktober 1989. Für einen »freiheitlichen und demokratischen Sozialismus« wollte sich zur gleichen Zeit die »Vereinigte Linke« einsetzen, die in zwei Richtungen Front machte: »Gegen Stalinismus und Kapitalismus«.

Die Zielsetzung aller Oppositionsgruppen blieb auf die DDR beschränkt. Fast niemand stellte oder erörterte nur die »nationale Frage«. Sie erschien unlösbar, weil die Großmächte auf der Teilung Deutschlands beharrten; für viele oder sogar die meisten Opponenten war eine Lösung auch gar nicht wünschenswert. Selbst als demokratisches Vorbild erschien die Bundesrepublik nur bedingt tauglich, zumindest ergänzungs- und verbesserungsbedürftig. Die DDR sollte mehr direkte Demokratie bekommen, mehr Bürgerbeteiligung und konsequente Beachtung ökologischer und sozialer Notwendigkeiten. All das brachte später ein Verfassungsentwurf für die DDR zum Ausdruck, der im Auftrag des zentralen »Runden Tisches« ausgearbeitet wurde, an dem Reformkommunisten und Oppositionelle saßen.

Ende November, als sich die Ereignisse immer weiter beschleunigten und immer weniger kontrollierbar wurden, brachte die Sorge um das Schicksal der DDR sehr unterschiedliche Frauen und Männer zusammen. »Für unser Land« nannten sie ihren Aufruf. Schriftsteller (Christa Wolf, Stefan Heym, Volker Braun), Theologen (Bischof Demke, Friedrich Schorlemmer), Oppositionelle (Ulrike Poppe, Konrad Weiss) und Reformkommunisten (Wolfgang Berghofer, Dieter Klein) wollten endlich verwirklichen, was die Honecker-SED so gründlich verdorben hatte: »eine sozialistische Alternative zur Bundesrepublik«. Sie sahen zwei Möglichkeiten vor sich: entweder eine »solidarische Gesellschaft entwickeln, in der Frieden und soziale Gerechtigkeit, Freiheit des einzelnen, Freizügigkeit aller und die Bewahrung der Umwelt gewährleistet sind«. Oder dulden, daß »durch starke ökonomische Zwänge und durch unzumutbare Bedingungen« für westdeutsche Hilfe »ein Ausverkauf unserer materiellen und moralischen Werte beginnt und über kurz oder lang die Deutsche Demokratische Republik durch die Bundesrepublik Deutschland vereinnahmt wird«.

Nach Vereinnahmen stand in der Bundesrepublik noch niemandem der Sinn, Sorgen verursachte vielmehr, daß allzu viele Ostdeutsche die West-Republik in Schwierigkeiten bringen könnten. Über 200000 seien schon in diesem Jahr gekommen, berichtete Bundeskanzler Helmut Kohl, als er am 8. November den »Bericht zur Lage der Nation im geteilten Deutschland« abgab. Die sich überstürzenden Ereignisse in der DDR hatten Regierung und Parteien überrascht und ratlos werden lassen. Sie wünschten den Demonstranten Erfüllung ihrer Forderungen, aber dabei zu helfen vermochten sie nicht. Eher war darauf zu achten, daß man nichts verdarb. Die Sorge vor deutscher Unruhe oder gar Vereinigung erwachte bereits in West wie Ost.

Der Kanzler blieb bei seiner bewährten Vorsicht, stellte das Ziel der europäischen Einigung gleichrangig neben das der deutschen, beide widersprächen sich nicht, sondern ergänzten einander. Mit der DDR müsse weiter der Dialog geführt werden, und zwar mit allen Kräften dort, auch der SED; vor allem müsse »beharrliche Geduld« bewahrt und auf »evolutionäre Veränderung« gesetzt werden. Die wichtigste Verhaltensregel nannte der Kanzler gleich zweimal: »Unsere Landsleute haben keine Belehrungen nötig. Sie wissen selbst am besten, was sie wollen.« Nur einen Schritt ging Kohl weiter als früher, als er für einen Systemwechsel in der DDR »eine völlig neue Dimension unserer wirtschaftlichen Hilfe« versprach. Da wurde die Überlegenheit der Bundesrepublik erstmals öffentlich ausgespielt.

Alle Parteien stimmten zu: nicht bevormunden, sondern abwarten, was sie drüben entscheiden. Hinter der gemeinsamen Zurückhaltung zeigten sich aber bemerkenswerte Unterschiede. Kohl war sich sicher, die Ostdeutschen würden sich für die Vereinigung mit der Bundesrepublik entscheiden. Hans-Jochen Vogel, der für die SPD sprach, zeigte sich weniger sicher und zitierte programmatische Sätze der Oppositionsgruppen: »Für uns ist die Wiedervereinigung kein Thema, da wir von der Zweistaatlichkeit Deutschlands ausgehen und kein kapitalistisches Gesellschaftssystem anstreben. Wir wollen Veränderungen hier in der DDR.« Antje Vollmer, die Sprecherin der Grünen, hatte sich in der DDR, vor allem in Oppositionskreisen umgesehen und wandte sich gegen die »Rede von der Wiedervereinigung«, die historisch überholt sei, denn jetzt entstehe erstmals eine DDR-Identität: »Wenn die demokratische Reform in der DDR gelingt, dann kann die Mauer weg, und dann kann die DDR bleiben und ihren eigenen Weg zum europäischen Haus suchen.«

Einigkeit herrschte bei allen Rednern, daß die Mauer fallen müsse oder es in absehbarer Zeit tun werde. Einen Tag später fiel sie, und das meiste wurde hinfällig, was die Politiker – in Bonn wie Berlin – gedacht, gewollt und gesagt hatten.

Entscheidung durch das Volk

Honeckers Nachfolger Egon Krenz und sein Politbüro standen unter ständig wachsendem Druck einer Gesellschaft, die sich nichts mehr gefallen ließ und rückhaltlos ihre Forderungen erhob. Um die Kluft zu überwinden, die sie vom Volk trennte, wollte die Führung ein liberales Gesetz für Reisen und Ausreisen vorlegen, doch es wurde ein Gesetz nach Art der DDR: Die Einschränkungen des guten Zwecks brachten den Zweck fast zum Verschwinden. Der Entwurf wurde vernichtend kritisiert und bewies nicht, wie er sollte, den guten Willen der alten Mannschaft, sondern deren Unfähigkeit zu wirklichem Neubeginn. Um nicht die letzte Glaubwürdigkeit zu verlieren, mußte schnell etwas geschehen.

Da einige Wochen vergehen würden, bis ein neues Reisegesetz die Volkskammer passieren konnte, versuchte man, mit einem Vorgriff auf dieses Gesetz die Lage zu entspannen. So kam es zu dem Ministerratsbeschluß vom 9. November, der Reisen und Ausreisen fast ohne Einschränkung erlaubte. Generalsekretär Egon Krenz legte ihn dem gerade tagenden Zentralkomitee vor, ohne viel Aufhebens zu machen. Auch das Politbüromitglied Günter Schabowski, das die Presse über die ZK-Tagung informierte, behandelte die Sache beiläufig. Er sprach erst einmal über alles mögliche andere, dann konnte er den Zettel mit dem Reisebeschluß nicht finden; als er endlich zutage kam, verlas er den Text mit hohem Tempo – er wollte der Öffentlichkeit nicht allzu deutlich zeigen, »daß die DDR auf dem letzten Loch pfeift«. Es sollte erst das vorletzte sein. Der Ministerratsbeschluß sagte: Von besonderen Ausnahmefällen abgesehen darf jeder reisen, aber es muß genehmigt werden. Auf die Frage nach dem Inkrafttreten der neuen Regelung sagte Schabowski »Ab sofort«. Die Berliner hörten es im Fernsehen, überhörten, daß sie eine Genehmigung brauchten, strömten zur Grenze und wollten »rüber«. Ihre Geduld sank, je länger sie abgewiesen wurden, ihre Zahl stieg in die Tausende, bis der Leiter am Grenzübergang »Bornholmer Straße« dem Drängen der Masse nachgab und um 22.30 Uhr »alle Kontrollen einstellte«. Um 23 Uhr taten es die anderen Übergangsstellen auf Befehl von oben. Wiederum kapitulierte das Regime vor dem Volk.

Berlin floß in der Nacht des 9. November zusammen. Die Ostler drängten in den Westteil der Stadt und die Westler in den Ostteil, an den Grenzübergängen begegneten sie einander, sich begrüßend und bedrängend im fröhlichen Chaos. Beide trieb die Neugier und die Lust an nie gekannter Freiheit. »Wahnsinn« wurde zum Wort des Tages: Heute durfte man, was jahrzehntelang für die Ostler mit Haft oder Tod bedroht und für Westler mit ermüdender, zuweilen erniedrigender Bürokratie erschwert war. Das Überschreiten der Grenze war in dieser Nacht wichtiger als alles, was jenseits der Grenze lag und lockte. Manche Trabis fuhren bis in entfernte Westberliner Bezirke, vielleicht um Freunde zu überraschen, vielleicht nur um das Fahren weit ins andere Land auszukosten. Am Kurfürstendamm entwickelte sich ein Volksfest, in Kneipen gab es Freibier für die Gäste, Unbekannte lagen sich in den Armen, ein Westberliner taufte jedes Ostauto, das über die Grenze kam, mit einem Spritzer Sekt.

Achtundzwanzig Jahre lang war die Mauer der Schrecken Deutschlands, Werkzeug und Symbol der Spaltung, Sinnbild der Tyrannei, nun fiel sie in die Macht des Volkes. Die Bilder der nächsten Tage gingen um die Welt. Hunderte von jungen Leuten nebeneinander auf der Mauerkrone, vor ihnen eine dünne

Postenkette von DDR-Grenzern, sinn- und hilflos dastehend. Sie schreckten nicht mehr ab, sie illustrierten, wie der »Schutzwall« ihres Staates zum Gespött wurde. Der 9. November 1989 brachte nicht nur die Öffnung der Mauer, er war der Triumph über ein Regime, das ohne Mauer nicht leben konnte.

Was in Berlin geschah, geschah im ganzen Land, obwohl mit etwas Verzögerung. In den Tagen nach dem 9. November begann eine Völkerwanderung. Die Autobahnen und Straßen, die zu den Übergängen in die Bundesrepublik führten, waren verstopft; der gesamte Ost-West-Verkehr stockte, Ankunftszeiten wurden unberechenbar, Liefertermine hinfällig. Ein witziger Kopf erfand als neue deutsche Grenze die »Trabi-Grenze«, sie bezeichnete die Linie, bis zu der die Ostdeutschen nach Westen vorstießen – doch diese Grenze verschwand in wenigen Tagen. Die gesamte Bundesrepublik wurde überschwemmt von Sachsen, Thüringern, Märkern und Mecklenburgern, fast jeder, so schien es, fuhr hinüber, um sich den anderen Teil Deutschlands anzusehen.

Für viele war es die erste Bekanntschaft mit dem Westen, eine flüchtige Bekanntschaft in euphorischer Stimmung, viel mehr als die Oberfläche vermochten die meisten noch nicht zu erkennen. Die Reisenden kamen in ein Land, in dem alles besser zu sein und es allen gut zu gehen schien. Jede Einzelheit forderte den Vergleich zu den eigenen Verhältnissen heraus, die vollen Läden überquellend von Obst und exotischen Früchten, die schnellen Autos, die gepflegten Gasthäuser, die entspannt wirkenden Menschen, die ihre Besucher aus dem Osten freundlich empfingen. Es lag nahe zu denken, hier seien alle Probleme gelöst, unter denen die DDR litt.

Wie furchtbar sie litt, wurde erst jetzt allgemein bekannt. Die DDR war ganz und gar pleite, und jeder Fachmann sagte, sie werde sich selbst nicht aus dem Sumpf ziehen können. Dazu kamen Enthüllungen. Jeder Tag brachte neue Einzelheiten über das Wohlleben der SED-Prominenz. Dem Volk hatten sie Osten verordnet, aber selbst wie im Westen gelebt; die Heuchelei derer, die sich Sozialisten nannten, empörte weit mehr als die Kleinbürger-Pracht, die das Fernsehen zeigte.

Der Glanz der Bundesrepublik und der Verfall der DDR wirkten zusammen: Wozu sich noch mit dem maroden Staat abmühen, aus dem doch nichts mehr werden kann! Wer auch immer Mitte November auf den Leipziger Demonstrationen zuerst »Wir sind *ein* Volk« gerufen hat – es entsprach einer Stimmung, die sich über das ganze Land ausbreitete. Die Frage nach der Zukunft der DDR entschied sich auf den Straßen – auf den Autobahnen, die Ostdeutsche nach Westen brachten, um zu sehen oder um zu bleiben, und auf den Plätzen, auf denen Hunderte und Tausende mit ihrem Staat abrechneten.

Wer noch eine selbständige DDR erhalten wollte, geriet hoffnungslos in die Minderheit und hatte bald nichts mehr, worauf er bauen konnte: Der Staat verlor weiter an Autorität, und die Wirtschaft wurde durch Ausfälle und Warnstreiks immer mehr bedroht. Zugleich floß die Ausreisewelle weiter in die Bundesrepublik, sie verstärkte sich, denn ein Umweg über andere Länder war nicht mehr nötig, man kam direkt und bequem ans Ziel. Politische Gründe für die Abwanderung gab es kaum mehr, die kommunistischen Strukturen wurden Tag für Tag weiter demontiert, die Leute flohen nicht mehr vor einem Regime, sondern vor einer Misere: Bis die DDR wieder hochkäme, meinten die meisten, werde es endlos dauern, so lange wollten viele nicht warten und zogen lieber schnell entschlossen dorthin, wo Aussicht auf ein besseres Leben winkte.

Die Grenzöffnung animierte auch viele Westdeutsche. Sie machten sich auf den Weg nach Osten, um Verwandte und Freunde wiederzusehen. Geflüchtete und Ausgewiesene besuchten ihre Heimat wieder. Institutionen, Verbände und Vereine jeder Art nahmen alte Verbindungen auf oder knüpften neue an. Geschäftsleute, vom mobilen Kleinhändler bis zum Konzernherren, beförderten Westwaren in den Osten, suchten Kontakt zu Schwesterfirmen oder Plätze, um sich zu etablieren. Verwandtschaft und Freundschaft, Neugier und echte Teilnahme, Kollegialität und Geschäftssinn, Expansionstrieb und Patriotismus mischten sich zu einem – schwächeren – Gegenstrom von West nach Ost.

Seit Mitte November 1989 floß Deutschland unaufhaltsam zusammen, keine Regierung, weder in Ost-Berlin noch in Bonn, konnte den Strom eindämmen oder wenigstens in geordnete Bahnen lenken, keine konnte auch nur den Versuch dazu wagen.

Folgerungen in Ost-Berlin und Bonn

Die Revolution mit dem Kampfruf »Wir sind das Volk« hatte die Erfüllung der beiden dringendsten Wünsche des Volkes durchgesetzt. Als erstes die Befreiung von einem selbstherrlichen, großenteils unfähigen, diktatorischen Regime, das gegen die Menschen regierte. Als zweites den Ausbruch aus einem Gefängnis, das die Ostdeutschen vierzig Jahre lang in die Ostwelt einsperrte. Mehr konnte eine Revolution ohne politische Führung, Organisation und eigene Gestaltungskraft nicht leisten, aber nur sie war dazu imstande. Sie erlöste Deutschland von den zwei schlimmsten Übeln, die ihm im Gefolge des Hitlerkrieges widerfuhren, der Unterdrückung des einen Teils und der radikalen Trennung beider Teile. Alles weitere mußte Sache der Politik sein.

Doch beide deutschen Regierungen waren unvorbereitet, als sich mit der Öffnung der Mauer die deutsche Frage stellte. An der Spree hatte man sie für historisch entschieden erklärt, am Rhein hatte man sie weit ins nächste Jahrhundert vertagt. Die DDR blieb mit sich selbst beschäftigt. Unter dem Druck der Opposition und auch Teilen der Parteibasis wurde das meiste abgebaut, das sie verhaßt gemacht hatte. Fast alle, die sie beherrscht hatten, wurden abgelöst, manche gerichtlich angeklagt. Beseitigt wurde ferner, was den deutschen Oststaat vom Weststaat abriegelte, Visumzwang für DDR-Bürger, Pflichtumtausch für Bundesbürger. Aus der Mauer wurden vierzig Segmente herausgelöst und Raritätensammlern für viel Westgeld zum Verkauf angeboten. Kurz vor Weihnachten öffneten beide deutsche Regierungschefs, Helmut Kohl und Hans Modrow, das Brandenburger Tor wieder für den Fußgängerverkehr, Zehntausende standen dabei und jubelten.

Aber die Liquidierung des Systems rettete den Staat nicht; die stalinistischen Einrichtungen und Verfahrensregeln wurden aufgehoben, aber damit entstand noch kein demokratischer Staat. Die erste Garnitur der führenden Funktionäre verschwand, aber die zweite, die an ihre Stelle trat, war meist nicht viel besser oder durch »Stasi«-Verstrickung belastet, in jedem Falle ein Erziehungsprodukt der SED. Auch die neue Regierung überzeugte nicht, ihr Ministerratsvorsitzender Hans Modrow mußte sich – nach polnischem Vorbild – mit den Führern der Oppositionsgruppen an einem »Runden Tisch« zusammensetzen, im Januar sah er sich genötigt, die Opponenten als Minister ohne Geschäftsbereich in seine Regierung aufzunehmen. Als ungewiß wurde, ob man die Zeit bis zu den freien Volkskammerwahlen im Mai überstehen werde, zog er den Wahltermin auf den März vor.

Nicht nur die Autorität der Regierung, auch die des Staates sank, fast 350000 DDR-Bürger gingen 1989 in die Bundesrepublik, die DDR drohte auszubluten wie im Sommer 1961. Die Mauer damals nicht zu bauen, sagte Honecker im Rückblick, hätte bedeutet, die DDR schon damals aufzugeben. Jetzt war das die einzig verbliebene Konsequenz. Bei Regierungsantritt hatte Modrow eine Vereinigung als unrealistisch und gefährlich von sich gewiesen, Ende Januar bekannte er Gorbatschow: »Die wachsende Mehrheit der DDR-Bevölkerung unterstützt die Idee von der Existenz zweier deutscher Staaten nicht mehr; es scheint nicht mehr möglich, diese Idee aufrechtzuerhalten.« Zwei Tage später legte Modrow einen Plan mit dem Titel vor: »Für Deutschland, einig Vaterland« – es war ein Zitat aus der nicht mehr gesungenen Nationalhymne der DDR. Ziel war ein »einheitlicher deutscher Staat«, aber organisiert in der Form einer »Deutschen Konföderation oder eines Deutschen Bundes«.

Ostdeutschland, die ehemalige DDR, sollte gegenüber Westdeutschland Eigenständigkeit und Gleichrangigkeit bewahren.

Bundesregierung und Bundestag blieben im November und Dezember 1989 zunächst von eigenen Sorgen beherrscht. Sie reagierten spontan und stark auf den Durchbruch der Mauer, lobten den Mut und die Disziplin der Ostdeutschen, versprachen Hilfe und mahnten zur Besonnenheit. Am weitesten ging Willy Brandt, er prägte hellsichtig den Satz, der die Zukunft Deutschlands auf den Begriff brachte: »Jetzt wächst zusammen, was zusammengehört.«

Entschieden und klar äußerten sich die Vertreter aller Parteien nach der Maueröffnung zur Frage der Übersiedlung. Wenn in der DDR »Reformen mit dem Ziel der Freiheit eintreten«, sagte der Bundeskanzler, »dann werden auch unsere Landsleute dort, die sich jetzt mit dem Gedanken tragen, die DDR zu verlassen, in ihrer angestammten Heimat bleiben.« West-Berlins Regierender Bürgermeister Walter Momper bat die Auswanderungswilligen zu prüfen, »ob sie nicht doch mehr Vertrauen in den Prozeß der Erneuerung ... in der DDR haben können, ob sie nicht gebraucht werden beim demokratischen Aufbruch in der DDR.« Der Freidemokrat Wolfgang Mischnick, selbst aus Sachsen stammend, schloß seine Bundestagserklärung am 9. November mit der »herzlichen« Bitte: »Bleibt daheim!« Und Helmut Lippelt von den Grünen am selben Tag: »Es kann ja nicht so sein, daß weiterhin Bürger der DDR vor freien Wahlen davonlaufen.« Seine Fraktionskollegin Antje Vollmer wußte es besser als alle anderen, sie hatte den Massenandrang vorausgesehen: »Das Wohlstandsgefälle der überreichen Bundesrepublik bewirkt es, daß immer mehr Menschen auf den einfachen und durchaus berechtigten Wunsch kommen werden, von diesem Wohlstand ein bißchen abzubekommen. Wer kann es eigentlich dem DDR-Bürger ... verdenken, daß er fragt: Wieso habt eigentlich nur ihr den Krieg gewonnen?«

Bonn wollte helfen bei der Umgestaltung der DDR, aber abwarten, was dabei herauskäme. Aber Abwarten war keine Politik. In der DDR brachte fast jeder Tag etwas Neues, im In- und Ausland wurde immer lebhafter debattiert, ob nun die Vereinigung Deutschlands anstehe. Die deutsche Frage stellte sich, die deutsche Regierung und die deutschen Parteien in Bonn konnten sich nicht auf den Status eines interessierten Beobachters zurückziehen, sie mußten sagen, was sie wollten.

Wer würde es zuerst sagen? Der Kanzler sah mit Sorge auf einen »Wahlkampfmarathon«, bei dem 1990 acht Wahlen zu bewältigen waren. Er meinte, seine Politik werde schlecht »verkauft«, er müsse in die Offensive gehen und die »deutsche Frage als Brücke für ein besseres Image« nutzen. Sein außenpolitischer Berater Horst Teltschik empfahl ihm, »öffentlich die Meinungsführerschaft im Hinblick auf die Wiedervereinigung (zu) übernehmen«. Daraus entstand ein Zehn-Punkte-Programm, das mit strenger Geheimhaltung im Kanzleramt ausgearbeitet wurde. Niemand sollte davon erfahren, bevor Kohl am 28. November seinen Coup gelandet habe. Mitterrand war deshalb verärgert, aber nicht gegen ihn richtete sich die Geheimhaltung, sondern gegen FDP und SPD, denen der Kanzler mit einem Konzept für die Einheit zuvorkommen wollte. Am Tage nach der Kohl-Rede notierte Teltschik befriedigt: »Wir haben unser Ziel erreicht: Der Bundeskanzler hat die Meinungsführerschaft in der deutschen Frage übernommen.«

Für Helmut Kohl kam es Ende November 1989 auf den innenpolitischen Erfolg an, in der Deutschlandpolitik erwartete er noch nicht viel. Sein Zehn-Punkte-Plan sah einen Prozeß vor, ein »Zusammenwachsen« und eine »stufenweise« Steigerung »institutioneller Zusammenarbeit«: Über »konföderative Strukturen« solle es dann zu einer Föderation kommen, einer »bundesstaatlichen Ordnung in Deutschland«. Fünf bis zehn Jahre werde es dauern, schätzte der Kanzler, die Einheit zu verwirklichen. Aber der Plan war bereits überholt, als er verkündet wurde. Die deutsche Einheit mußte nicht mühsam herbeigeführt werden, sie kam von selbst und das in überfallartigem Tempo.

Eine politische Größe hatte sich zu Wort gemeldet, die in keiner Planung vorkam, das »Volk« der DDR stellte alles auf den Kopf, was die Vorstellungen in Bonn beherrschte. Eine Vereinigung Deutschlands erschien bis dahin nur möglich, wenn die Teilung Europas überwunden werde – erst Europa, dann Deutschland war seit 1966 gemeinsame Überzeugung aller Parteien. Eine unbehinderte Wiederbegegnung der Deutschen erschien nur vorstellbar, wenn die Politik dafür die Voraussetzungen geschaffen habe. Eine Lösung der deutschen Frage erschien als eine Aufgabe deutscher und internationaler Politik, die viele Jahre in Anspruch nehmen werde.

Nun war fast alles anders. Eine deutsche Vereinigung konnte nicht zwischen den deutschen Regierungen sorgfältig ausgehandelt und dann schrittweise, um Brüche zu vermeiden, in Gang gesetzt werden – die Deutschen vereinigten sich bereits, die Politiker mußten ihnen folgen. Auch vernünftige Zeitvorstellungen erwiesen sich als illusorisch. Aus dem ungeregelten Zusammenfluß großer Menschenmengen entstand vielerorts dringender Handlungsbedarf. In der Außenpolitik schließlich geriet die Rangordnung durcheinander: Die deutsche Vereinigung wurde akut, bevor eine Einigung Europas erreichbar erschien – die wichtigste internationale Bedingung für einen Zusammenschluß von achtzig Millionen Deutschen fehlte.

5.

FRIEDEN MIT DEUTSCHLAND

> In der Überzeugung, daß die Vereinigung Deutschlands als Staat mit endgültigen Grenzen ein bedeutsamer Beitrag zu Frieden und Stabilität in Europa ist ...
>
> Aus der Präambel des ZWEI-PLUS-VIER-VERTRAGES vom 12. September 1990

Der 9. November 1989 brachte Europa zum Jubeln und Fürchten. Die Mauer in Berlin war Sinnbild der Teilung des Kontinents, ihr Fall weckte Hoffnung auf ein Ende der Teilung. Beim Anblick der Berliner, die das Monstrum durchbrachen und einander in die Arme fielen, erwachten Teilnahme und Sympathie mit den Deutschen wie wohl nie zuvor seit 1945. Aber zugleich versprach der Mauerfall ein Ende der deutschen Teilung und verursachte Sorgen. Eine Wiederkehr Deutschlands nach Europa weckte Erinnerungen: in Frankreich an drei Kriege, in denen die Deutschen tief ins Land drangen; in England an zwei Kriege, die siegreich bestanden wurden, dem Land aber die Kraft als Weltmacht nahmen; in der Sowjetunion an 20 Millionen Tote im letzten Krieg, in dem es den Deutschen nicht um Sieg, sondern um Vernichtung ging; in Polen an vier Jahre Okkupation mit dem Ziel, die Führungsschichten zu ermorden und das Volk zu versklaven; in der Tschechoslowakei an herrische Besatzung, Unterdrückung und Entwürdigung.

Eine Vereinigung der Deutschen bedeutete im Jahr 1990 für Europa: ein Volk von 80 Millionen, eine Wehrkraft von mindestens 600000 Mann, ein Wirtschaftspotential, das Europa zu dominieren drohte, und eine große Unbekannte: Wie werden sich die Deutschen verhalten, wenn sie wieder Macht haben?

Bisher waren sie geteilt und befanden sich unter der Kontrolle zweier Großmächte, aber die Sowjetunion zeigte sich offenkundig außerstande, ihre Aufsicht über die DDR weiter auszuüben. Die Öffnung der Mauer war ihr nicht einmal vorher mitgeteilt worden.

Die für Deutschland verantwortlichen Vier Mächte sahen sich in ihrer Handlungsfreiheit zweifach eingeschränkt: Die Teilung konnten sie nicht aufrechterhalten, weil sich die Vereinigung bereits vollzog; und die Bundesrepublik, die Vereinigung als ihr Staatsziel erklärte, war zu einer Mittelmacht angewachsen, deren Interessen respektiert werden mußten. Was sollten die Vier tun, wenn ein gewaltsam getrenntes Volk die Mauer durchbricht und zusammenströmt? Sollten die Westmächte die Bundesregierung drängen, die innerdeutsche Grenze zu sperren und einen Visumzwang für DDR-Bürger einzuführen? Sie hätten sich unmöglich gemacht.

Was konnte die Sowjetunion tun? Sollten ihre Soldaten die Grenztruppen der DDR ablösen und »Grenzverletzer mit allen Mitteln am illegalen Grenzübertritt« hindern? »Wir haben Truppen bei euch«, hatte Breschnew einst warnend zu Honecker gesagt, aber jetzt war mit diesen Truppen nichts anzufangen. Im Gegenteil, Gorbatschow fürchtete, daß die sowjetischen Soldaten in eine Lage kämen, in der sie gezwungen wären zu schießen. Am Tag nach der Maueröffnung fragte er Kohl und Brandt warnend, ob sie sich der Bedrohlichkeit der Lage bewußt seien. Auch später erkundigte sich Moskau immer wieder im Kanzleramt, ob die Lage in der DDR außer Kontrolle geraten könne.

Die Welt stand auf dem Kopf: Früher hatte Moskau in seinem Ostdeutschland für Ruhe gesorgt, jetzt bat es westdeutsche Politiker, »beruhigend auf die Menschen einzuwirken«. Früher hatte Moskau die DDR fest in der Hand, sie diente ihm als Faustpfand gegenüber Bonn. Doch in den achtziger Jahren entglitt sie ihm, weil nur die Bundesrepublik die finanziell und ökonomisch verfallende SED-Republik am Leben erhalten konnte. Je mehr sich die DDR auflöste, desto weniger erschien es möglich, die sowjetischen Truppen dort für unbegrenzte Zeit zu stationieren. Kenner in Moskau zweifelten bereits an deren Moral und Einsatzfähigkeit. Der Kreml verlor seinen stärksten Trumpf, er konnte nicht mehr damit drohen, seinen Teil Deutschlands so lange besetzt zu halten, bis seine Bedingungen für eine deutsche Vereinigung erfüllt würden.

Die Bundesrepublik war für alle Vier Mächte zu stark geworden, um noch nach dem Schema Sieger-und-Besiegte behandelt zu werden. Bei der Genfer Vier-Mächte-Konferenz 1959 hatten die Vertreter der deutschen Staaten an »Katzentischen« gesessen, sie durften etwas sagen, aber nichts mitentscheiden. Bei den Vierer-Verhandlungen über Berlin zwölf Jahre später war eine Einigung ohne die Deutschen nicht zu erreichen, die Vier brauchten die Zwei. Jetzt, 1990, setzte die Bundesregierung die umgekehrte Formel Zwei-plus-Vier durch. Die Deutschen, um die es ging, wollten im Zentrum stehen; es war nur eine Formel, doch sie zeigte eine Veränderung der Kräfteverhältnisse, die keiner der Vier mißachten durfte. Die Bundesrepublik war zwar auf Einsicht, Verständnis und Hilfe der ehemaligen Sieger angewiesen, um das Problem Deutschland zu lösen. Die Siegermächte konnten es sich andererseits nicht leisten, sich die Bundesrepublik und die große Mehrheit der Deutschen zu entfremden und vielleicht in einen brisanten Nationalismus zu treiben. Die Sorge davor war im Ausland allezeit größer als die Gefahr.

Ihre große Stärke zog die Bundesregierung aus der Gefährlichkeit der Lage. Auch sie stand unter wachsendem Druck, die Zahl der Zuwanderer aus der DDR stieg und der galoppierende Verfall des ostdeutschen Staates brachte den westdeutschen in Schwierigkeiten. Aber allein die Bundesrepublik verfügte über Möglichkeiten, der Lage Herr zu werden. Sie hatte Geld, eine starke Wirtschaft und politische Überzeugungskraft; auf sie richteten sich die Hoffnungen der meisten Ostdeutschen. Die Vier Mächte hatten Rechte und Truppen, aber ein »Chaos« in der DDR, das Gorbatschow ständig befürchtete, konnte nur ein deutscher Staat verhindern.

Für Europa entstand eine schwierige Lage. Die Vereinigung der unberechenbaren Deutschen vollzog sich unaufhaltsam, die kräftig gewordene Bundesrepublik machte die Vereinigung zu ihrer Sache, eine Kontrolle der entstehenden 80-Millionen-Macht wurde nirgendwo erkennbar. Paris und London waren alarmiert. Staatspräsident Mitterrand traf sich Anfang Dezember 1989 mit Gorbatschow in Kiew. Beide empörten sich über Kohls Zehn-Punkte-Plan, jeder hoffte, der andere werde die Sache in die Hand nehmen und eine Vereinigung Deutschlands verhindern. Aber keiner tat es, weil keiner es konnte. Mitterrand unternahm noch einen grotesken Versuch. Um die DDR zu stärken, besuchte er den SED-Staat, der sich vor aller Augen auflöste. Er war das erste und das letzte Staatsoberhaupt der Westmächte, das der deutschen Ostrepublik die Ehre erwies.

Margaret Thatcher gab sich keine Mühe zu verbergen, daß sie eine Vereinigung Deutschlands nicht wollte. Als Kohl Mitte November 1989 im Kreise der EG-Regierungschefs eine Nato-Deklaration von 1970 zitierte, die für eine Wiedervereinigung sprach, rief sie: »Aber diese Deklaration datiert aus einer Zeit, als wir glaubten, sie würde niemals stattfinden.« Die Premierministerin versuchte, die alte *special relationship* mit den Vereinigten Staaten gegen die deutsche Einheit zu mobilisieren, aber scheiterte am Wirklichkeitssinn der Amerikaner.

Präsident George Bush (senior) und Außenminister James Baker hatten früher als die meisten erkannt, daß eine Vereinigung Deutschlands nicht aufzuhalten war. Die USA waren groß genug und lagen auch entfernt genug, um sich das ganze Deutschland leisten zu können. Und nicht nur das: Eine Vereinigung Deutschlands durch Auflösung der DDR würde die Sowjetunion nötigen, Ostdeutschland zu räumen und sehr wahrscheinlich sogar ganz Mitteleuropa. Vereinigung Deutschlands bedeutete für Amerika, daß es endlich erreichte, worum es vierzig Jahre mit der Sowjetunion gekämpft hatte, den Sieg im Kalten Krieg. Danach wären die Vereinigten Staaten die einzige Großmacht in Europa, auch die einzige Kraft, die in der Lage wäre, das 80-Millionen-Deutschland zu kontrollieren. Ihr Instrument dafür war die Nato, und ihre Forderung lautete von Anfang an, ganz Deutschland, auch Gebiet und Bevölkerung der DDR, müßten der Nato angehören. Nur unter dieser Bedingung waren sie bereit, die Vereinigung zu unterstützen.

Kohl und Genscher wußten, ihre Aufgabe, Europa mit der Wiederkehr Deutschlands zu versöhnen, überstieg ihre Kräfte. Sie brauchten starke Verbündete, Amerika war der stärkste, und seine Forderung, das vereinte Land müsse der Nato angehören, entsprach ihrer eigenen Überzeugung. Die feste Verankerung im westlichen Bündnis bildete seit 35 Jahren die Garantie für die Sicherheit und die Basis für die Handlungsfähigkeit des westlichen Deutschland. Washington wurde Bonns engster Verbündeter, die Zusammenarbeit funktionierte ähnlich wie im Jahr 1971, als die USA gemeinsam mit der Bundesrepublik agierten und der Sowjetunion die entscheidenden Zugeständnisse abhandelten. Damals ging es um Berlin, jetzt um Deutschland. Dabei übernahmen Kohl und Genscher, was die Bundesrepublik bewältigen konnte, Bush und Baker, was darüber hinausging.

Der überzeugte Europäer Helmut Kohl wußte, die deutsche Vereinigung brauchte zum Ausgleich einen höheren Grad von (west-)europäischer Vereinigung. Wenn Deutschland größer würde, müßte es noch fester mit dem Westen verklammert werden. Das Frühjahr 1990 wurde daher zur Geburtsstunde des einigen Deutschland und der Europäischen Union, die Kohl und Mitterrand entwarfen.

Doch für die meisten europäischen Länder genügte das nicht. Sie hatten zwar vierzig Jahre lang eine Wandlung der Deutschen beobachtet, die sicher erscheinen ließ, das 80-Millionen-Land werde nicht wieder das Land von 1914 und 1939 sein oder werden können. Aber die Erinnerung an diese Jahre lebte noch, Europa brauchte mehr als Vertrauen in die Deutschen, es vertraute lieber in die Macht einer starken Schutzmacht, in die Vereinigten Staaten. Mit Hilfe der Nato blieb Amerika politisch und militärisch in Europa, und die Nato behielt die Doppelaufgabe, die sie 1955 bei der Aufnahme der Bundesrepublik übernommen hatte, sie schuf Sicherheit nicht nur vor den Russen, sondern zugleich vor den Deutschen: Gebunden im Bündnis konnten sie ihren Nachbarn nichts antun. Auch Polen und Tschechen schlossen sich dieser Auffassung an und plädierten für eine Mitgliedschaft ganz Deutschlands in der Atlantischen Allianz.

Selbstverständlich war für alle Welt, daß ein vereintes Deutschland in seinen Grenzen bleiben müsse. Nach Norden, Westen und Süden gab es keine Probleme, der Nachbar im Osten jedoch, das vielfach geschundene Polen, brauchte eine Bestätigung seiner Westgrenze. Der Vertrag von 1970 verpflichtete nur die Bundesrepublik, nicht ein vereintes Deutschland. Der Bundestag gab zwar am 8. März eine Garantieerklärung für die Oder-Neiße-Grenze ab, der Bundeskanzler aber blieb auffallend zweideutig. Er hatte die Bundestagswahlen Ende des Jahres im Blick und sprach ein klares Wort erst im Juni, als er den Unbelehrbaren sagen konnte: Wir müssen die Grenze anerkennen, sonst bekommen wir die deutsche Einheit nicht. Sein Vorgänger Willy Brandt hatte 1970 die Existenz seiner Regierung riskiert, um Verständigung mit Polen zu erreichen, Helmut Kohl brauchte einen nationalen Grund für den nationalen Verzicht. Sein Zögern irritierte ganz Europa, gab den Skeptikern überall Nahrung für ihre unbegründeten Verdächtigungen und führte zu der Groteske, daß der demokratische Ministerpräsident Polens in der Sowjetunion Hilfe suchte gegen den demokratischen deutschen Kanzler.

Die Hauptarbeit war in Moskau zu leisten, denn von der Sowjetunion verlangte eine Vereinigung Deutschlands nicht nur Zugeständnisse, sondern Opfer. Die West- und Mitteleuropäer mußten sich mit einem bedenklich »übergroßen« Deutschland abfinden, Moskau aber sollte auf den Siegespreis des »Großen Vaterländischen Krieges« verzichten. Es sollte ein Imperium aufgeben, dessen Schlußstein, der alles zusammenhielt, die DDR war. Es sollte von einer Macht über halb Europa zurückgehen auf den Status einer Randmacht und dabei auch noch eine Niederlage erleiden. Fast ein halbes Jahrhundert lang hatte Moskau sich mit Washington die Herrschaft über den Kontinent geteilt; was in der Alten Welt an Wesentlichem geschah, wurde im Kampf oder im Einvernehmen zwischen den beiden Rivalen entschieden. Nun sollten die Amerikaner in Europa bleiben und die Russen gehen, dem gegnerischen Bündnis sogar noch Ostdeutschland überlassen, das Hauptstationierungsfeld der sowjetischen Truppen in Europa. Das Selbstbewußtsein einer Weltmacht war getroffen, der Widerstand gegen eine Vereinigung Deutschlands wurde in Moskau besonders heftig und bitter.

Allein die Sowjetunion, so schien es, hatte die Kraft und die Mittel, den Zug zur deutschen Einheit aufzuhalten. Aber das war ein Irrtum, innen- wie außenpolitisch befand sich die Großmacht in einer Phase krisenhafter Schwäche. Ihre wirtschaftliche Lage verschlimmerte sich, der Widerstand gegen Gorbatschows Reformversuche wuchs, die nicht-russischen Nationalitäten rührten sich, die baltischen Staaten erklärten sich bereits im Frühjahr 1990 für unabhängig. In Mitteleuropa zerfiel die sowjetische Herrschaft. Polen, Ungarn und die Tschechoslowakei verabschiedeten sich nicht mehr nur ideologisch, sondern auch politisch von Moskau; der Warschauer Pakt, die sowjetische Militärallianz, löste sich auf; die DDR schwamm nach Westen davon. Noch standen dort 350000 sowjetische Soldaten und schienen zu garantieren, daß gegen den Willen des Kreml nichts über Deutschland entschieden werde. Aber auch das war ein Irrtum, denn diese Armee war demoralisiert. Noch 1990 und mehr in den folgenden Jahren wurde es offensichtlich, als Soldaten und Offiziere auf offenen Märkten verkauften, was die Ehre jeder Armee ausmacht: Uniformen, Orden und schließlich sogar Waffen.

So war in Moskau zu entscheiden: Soll man um ein Imperium kämpfen, das keinen Bestand haben kann, und dabei Konflikte mit dem Westen riskieren, für die man schlecht gewappnet ist? Oder muß man sich auf die Gesundung der Sowjetunion konzentrieren und dafür die Hilfe des Westens suchen? Gorbatschow entschied sich für das zweite, stieß auf wachsenden Widerspruch und wurde später nicht nur in Rußland voller Verachtung kritisiert: So verschleudert man ein Reich nicht. Aber der vermeintliche Schwächling war ein Realist: Er gab auf, was verloren und schon immer über die Kräfte der Sowjetunion gegangen war. Um Mitteleuropa zu beherrschen, hatten ihr alle Zeit die wirtschaftlichen und geistigen Kräfte gefehlt, Soldaten genügten auf die Dauer nicht.

Für Kohl und Genscher eröffneten sich unerwartete Chancen, aber noch immer war die Sowjetunion eine Großmacht, mit der die westdeutsche Mittelmacht nicht von gleich zu gleich verhandeln konnte, wenn es um eine Veränderung der Machtbalance zwischen West und Ost ging. Auf der Hochebene der Machtpolitik konnte auch 1990 nur zwischen den Großen entschieden werden. Bevor der Kanzler im Februar 1990 Gorbatschows Ja zur Vereinigung bekam, hatte der amerikanische Außenminister den Generalsekretär schon für die Form der Deutschlandverhandlungen – »Zwei-plus-vier« – halb gewonnen. Und bevor Gorbatschow im Juli Kohl sein Einverständnis zur deutschen Nato-Mitgliedschaft gab, hatte Bush dem Russen das Einverständnis abgerungen, daß die Deutschen selbst entscheiden sollten, in welcher Allianz sie sein wollten. Da jeder wußte, daß sie sich für die Nato entscheiden würden, hatte Gorbatschow indirekt sein Placet gegeben.

Was sollten die Gegenleistungen sein? Nach alter sowjetischer Auffassung mußte ein vereintes Deutschland neutralisiert sein, darum war der Streit schon in den fünfziger Jahren gegangen; auch Modrows Vereinigungsplan gebot Neutralität. Sowjetischer Tradition und sowjetischem Interesse hätte auch die Forderung entsprochen, die feindlichen Bündnisse Nato und Warschauer Pakt durch ein gesamteuropäisches Sicherheitssystem zu ersetzen. Aber Gorbatschow verlangte weder das eine noch das andere, sondern fand sich damit ab, daß die Nato bis an die polnische Westgrenze vorrückte.

Kohl und Genscher gaben ihm zum Ausgleich, was die Bundesrepublik geben konnte, das Versprechen großer Wirtschaftshilfe und die Zusage, auch das künftige Deutschland werde auf nukleare, biologische und chemische Waffen verzichten. Souverän, ohne Absprache mit Washington, entschied der Kanzler, die künftigen deutschen Streitkräfte fast um die Hälfte zu verringern. Auf über 600000 Mann wären die vereinigten Kräfte von Bundesrepublik und DDR gekommen, Kohl begrenzte sie auf 370000.

All das half, aber genügte nicht, Moskau brauchte Garantien der Weltmacht Amerika. Präsident Bush persönlich sagte Gorbatschow zu, die Sicherheit der Sowjetunion werde nicht beeinträchtigt werden; und die Allianz gab Zusicherungen: Die Länder des Warschauer Pakts würden nicht mehr als Gegner betrachtet, die Nato-Strategie werde revidiert, und Ostdeutschland, das Gebiet der ehemaligen DDR, werde frei bleiben von Kernwaffen und von ausländischen Streitkräften. Schließlich sah Moskau wohl ein, daß eine deutsche Nationalarmee gefährlicher werden könne als eine Bundeswehr, die in die Nato integriert und damit von der Nato kontrolliert wäre. Öffentlich war davon nicht die Rede, aber Gorbatschow bestätigte Bush, Amerika sei ein Faktor der Stabilität in Europa – also auch eine Garantie gegen militärische Alleingänge der Deutschen.

Sein formelles Einverständnis in der »Frage der Fragen«, der Nato-Mitgliedschaft des vereinten Deutschland, gab Gorbatschow aber nicht Bush, sondern Kohl. Er tat diesen letzten, vielleicht schwersten Schritt nach harten Auseinandersetzungen mit Konservativen in Moskau, die ihn des »Ausverkaufs« beschuldigten. Er tat ihn mit einer Mischung aus Resignation und Hoffnung, mit Realismus und Weitsicht. Den Zug zur deutschen Einheit konnte er nicht aufhalten; und wenn er nicht nur die Schlußlichter sehen wollte, mußte er sich beeilen, um aus dem Unabänderlichen noch Vorteil zu schlagen. Für den Wiederaufbau der sowjetischen Wirtschaft konnte die erste Industriemacht Europas viel leisten; und da es Deutsche waren, die helfen sollten, erwartete der Russe vermutlich mehr als möglich. So gab Gorbatschow Kohl sein Einverständnis mit großer Geste. Er feilschte nicht und stellte keine Bedingungen, er erwartete, daß sein politischer Verzicht mit ökonomischer Großzügigkeit beantwortet werde. Wo er in der Sache nichts Wesentliches mehr gewinnen konnte, wollte er Freunde gewinnen. Das Ergebnis war ein Vertrag über langfristige Zusammenarbeit, der alle früheren Verträge übertraf.

Wirtschaftshilfe gegen Vereinigungsduldung, das ist nicht einmal die halbe Wahrheit, aber ein wesentlicher Teil davon. Vor allem gelang Helmut Kohl der große Wurf, weil er im richtigen Augenblick entschlossen zugriff. Vorher hatte sich Moskau zu stark gefühlt, um Stalins Kriegsgewinn aufzugeben, nachher war es zu schwach. Kohl hatte im Kreml Erfolg, weil er sich konsequent und überzeugend als zuverlässiger Partner bewährt hatte. Im Sommer 1989, als Gorbatschow Bonn besuchte, war es ihm gelungen, ein persönliches, fast freundschaftliches Verhältnis zu begründen; der Goebbels-Vergleich war vergessen. Schließlich hatte Helmut Kohl Glück, wie keiner seiner Vorgänger es hatte: Er traf, nach einigen schwierigen Jahren, auf eine Sowjetunion, die schwach geworden war und zerfiel, und auf einen Generalsekretär, der sich vom Kommunismus verabschiedete.

Am 12. September 1990 unterzeichneten die Außenminister der deutschen Staaten und der vier ehemaligen Siegermächte einen Vertrag, mit dem der Zweite Weltkrieg seinen Abschluß in Europa fand. Der Vertrag bestimmte die Endgültigkeit der Grenzen des vereinten Deutschland, fixierte deutsche Verpflichtungen für friedliches Verhalten und militärische Einschränkungen. Im Gegenzug regelte er den Abzug der sowjetischen Truppen bis zum Jahr 1994, erklärte die Beendigung der Siegerrechte und damit die volle Souveränität des vereinten Deutschland und bestätigte dessen Recht, einem Bündnis nach seinen Wünschen anzugehören.

Der Zwei-plus-Vier-Vertrag war kein Friedensvertrag, denn Frieden herrschte schon seit 45 Jahren, aber er beseitigte Einrichtungen, Praktiken und Beschränkungen, die aus dem Sieg im Krieg hervorgegangen waren. Vor allem leistete die Einigung der Zwei mit den Vier, was sonst Aufgabe eines Friedensvertrages ist: Sie brachte neue Verhältnisse in eine rechtliche Form, mit der alle Beteiligten in Frieden leben können: die Deutschen mit einem stark verringerten Staatsgebiet, an das sie sich schon lange gewöhnt hatten; mit militärischen Einschränkungen, die sie nicht kränkten; mit der dauernden Stationierung amerikanischer Truppen, die sie als Sicherheitsgarantie hinnahmen. Die Europäer mit einem stark vergrößerten Deutschland, das uneingeschränkt souverän, durch Bündnisbindung und feierliche Selbstverpflichtung aber an einem Rückfall in Gewaltpolitik gehindert war.

6.

MEHR MACHTPOLITIK ALS BRÜDERLICHKEIT

> Das Ja zur Einheit ist gesprochen. Über den Weg dahin werden wir ein entscheidendes Wort mitzureden haben.
>
> DDR-MINISTERPRÄSIDENT LOTHAR DE MAIZIÈRE

> Es handelt sich um einen Beitritt der DDR zur Bundesrepublik, nicht um die umgekehrte Veranstaltung.
>
> BUNDESINNENMINISTER WOLFGANG SCHÄUBLE

Auf zweierlei Weise erzwangen die Ostdeutschen die Vereinigung Deutschlands, einmal durch Überflutung der Bundesrepublik, zum anderen durch Zerstörung der DDR. Bonn mußte den Übersiedlerstrom eindämmen und Ersatz für einen Staat schaffen, der zerfiel. Für beides gab es nur eine Lösung, die Ausdehnung der Bundesrepublik auf das Gebiet der DDR.

Anfang des Jahres 1990 erkannte Bundeskanzler Kohl, daß eine Vereinigung Deutschlands nicht erst in vielen Jahren, sondern schon viel eher möglich werden könnte. Tausende hatten ihm kurz vor Weihnachten in Dresden zugejubelt und »Deutschland-Deutschland« gerufen, auch außenpolitisch gab es im Februar ermutigende Signale. Der Kanzler setzte Arbeitsgruppen ein, die überlegen sollten, wie eine Vereinigung zu bewerkstelligen wäre. Aber Planung genügte nicht mehr, die Übersiedler aus der DDR nötigten die Bundesregierung zu handeln. Fast 350000 waren im Jahr 1989 gekommen, im Januar 1990 waren es schon wieder 58000. Die Gemeinden wußten nicht mehr, wo sie die Zuwanderer unterbringen sollten, die »Willkommensfreude« der Bundesbürger schlug ins Gegenteil um. Kommunal- und Landespolitiker gerieten unter Druck und gaben den Druck weiter an die Bundesregierung, sie müsse etwas unternehmen, um den Strom einzudämmen. Unionsgeführte Landesregierungen kündigten Gesetzesinitiativen an, die das Aufnahmeverfahren beenden sollten. Der stellvertretende SPD-Vorsitzende Oskar Lafontaine schlug vor, es zu ändern, bei einer Meinungsumfrage stimmten ihm achtzig Prozent zu.

Die Übersiedler brachten das Dilemma der Regierung in den Kampfruf: »Kommt die D-Mark nicht zu uns, kommen wir zur D-Mark.« Der Kanzler beschloß, die D-Mark in die DDR kommen zu lassen. Eine Währungs-, Wirtschafts- und Sozialunion sollte den Ostdeutschen eine Perspektive geben, damit sie im Lande blieben. Bundesbankpräsident Karl Otto Pöhl und Ökonomen sahen klar voraus, daß dies den Zusammenbruch der ostdeutschen Wirtschaft nach sich ziehen werde: Die Grenze war offen, niemand konnte sie wieder schließen; eine einheitliche Währung würde die DDR zum Operationsgebiet der westdeutschen Firmen machen; die rückständigen DDR-Betriebe müßten der übermächtigen Konkurrenz erliegen. Kohl entschied Anfang Februar gegen den Rat der meisten Ökonomen für die Währungsunion, er entschied politisch und hatte zunächst einmal politisch auch Erfolg. Nach der Volkskammerwahl am 18. März sanken die Übersiedlerzahlen, zuerst waren es noch etwa 5000 pro Woche, Ende Mai nur noch etwa 2000.

Der Zerfall der DDR zeigte sich zuletzt in der Notwendigkeit, die freien Volkskammerwahlen vom Mai auf den März vorzuverlegen. Wenig wahrscheinlich war allerdings, daß die Wahlen die DDR retten und einen leidlich stabilen Staat hervorbringen würden. Helmut Kohl erkannte seine Chance. Er betrachtete sie als eine »Vor-Bundestagswahl« und meinte, ihr Ergebnis werde die Bundestagswahl Ende des Jahres erheblich beeinflussen. Außer den Grünen handelten alle in Bonn nach dieser Einsicht. Jede Westpartei suchte sich eine Ostpartei als verlängerten Arm. CDU und FDP bemächtigten sich der Ost-CDU und der Ost-Liberalen und verfügten damit – zunächst indirekt – über zahlreiche Parteifreunde, beachtliche Parteivermögen, Parteizeitungen, Parteibüros und eine eingespielte Organisation im ganzen Land. Die Sozialdemokraten nahmen sich der neu gegründeten SDP in der DDR an, die frei war vom Odium einer Satellitenpartei, der aber nennenswerte Mitgliederzahlen, Geld und ein Apparat fehlten. Die CSU half der DSU, einer Partei, die (nach einem Wort von Hermann Rudolph) zwar in Leipzig geboren, aber in München gezeugt worden war.

Die DDR wurde zur Arena westdeutschen Machtkampfes. Nicht ihre Parteien und Repräsentanten beherrschten die Auseinandersetzungen, sondern die Parteien und Prominenten aus Bonn. Nicht die oft unbeholfenen, aber ehrlichen Formen des Meinungsstreits der DDR-Politiker bestimmten das Bild, sondern die Routine und manchmal auch die Infamien der westdeutschen Wahlkämpfer und am Ende eine Materialschlacht mit dem Ziel, den westdeutschen Parteien für den kommenden Bundestagswahlkampf Bastionen im Osten zu schaffen.

Das Ergebnis entsprach dem Aufwand: Etwa 68 Prozent der Stimmen erhielten die Parteien, die vom Westen finanziert und gemanagt worden waren. Sieger war dem Namen nach der Vorsitzende der DDR-CDU, Lothar de Maizière, in Wahrheit aber Helmut Kohl, der Wünsche und Stimmung der ostdeutschen Mehrheit erkannt hatte: Von ihrem bankrotten Staat erwarteten sie nichts mehr, von der reichen, tüchtigen und wohl geordneten Bundesrepublik fast alles. So wählte die Mehrheit die Parteien, die rückhaltlos eine Vereinigung propagierten, und den Mann, der ein blühendes Land versprach. Verlierer waren die Sozialdemokraten, von denen viele – anders als ihr ehemaliger Vorsitzender Willy Brandt – kein Verhältnis zur deutschen Einheit fanden. Ihr Kanzlerkandidat Oskar Lafontaine spiegelte die Einstellung der im Westen aufgewachsenen Generationen. Er hatte wenig gegen eine Vereinigung, aber auch nichts dafür. Da er das nicht verbarg, bekamen im Osten die Parteien die absolute Mehrheit, die auch im Westen die Macht hatten.

Mit dem 18. März 1990, dem Tag der freien Volkskammerwahl, war die DDR der Bundesrepublik politisch angegliedert.

Sie hatte zwar eine demokratisch gewählte Regierung, doch es war eine Regierung auf Abruf, die sich selbst nur als Übergang bis zur Vereinigung mit der Bundesrepublik betrachtete. Es war eine Regierung mit geringer Macht und wenig Autorität im eigenen Land, die Vertreterin eines Staates, den es bald nicht mehr geben sollte. So erreichte die Bundesregierung, was sie früher nur beansprucht hatte. Sie sprach für alle Deutschen und wurde als Vertreter Deutschlands von aller Welt anerkannt. Die DDR war bis zum 3. Oktober 1990, dem Tag der Vereinigung, zwar noch bei allen Verhandlungen mit den Vier Mächten dabei und mußte alles unterschreiben, aber sie war kaum mehr als ein Statist auf der diplomatischen Bühne. Entschieden wurde in Bonn und in vertraulichen Gesprächen des Kanzlers und Außenministers mit den Amerikanern und Russen, Franzosen und Briten. Als politische Größe gab es die DDR nicht mehr.

Mit dem 1. Juli 1990, als die Wirtschafts-, Währungs- und Sozialunion in Kraft trat, war die DDR der Bundesrepublik finanziell und ökonomisch angegliedert. Die Ostdeutschen hatten die ersehnte West-Mark, und die westdeutsche Wirtschaft hatte den Zugriff auf die ostdeutsche. Damit war die Einheit an der Basis erreicht und nicht mehr revidierbar, ganz gleich, was die Politik dazu sagte. Auch die Außenpolitik: Russen, Briten und Franzosen hätten die Zwei-plus-Vier-Verhandlungen verzögern, erschweren, blockieren können, aber auch gemeinsam fehlten ihnen die Mittel, das wirtschaftlich, politisch und menschlich zusammenfließende Land in die Teilung zurückzuzwingen. Die Vereinigung wäre unter internationalen Turbulenzen zustande gekommen, aber sie wäre zustande gekommen. Deutschland war nicht mehr zu spalten. Die staatliche Vereinigung verlangte noch viel Arbeit, aber ihr Gelingen war gewiß.

Für diese Arbeit, die Bundesinnenminister Wolfgang Schäuble und DDR-Staatssekretär Günter Krause zu bewältigen hatten, gab es kein Vorbild. Es mußte vereinheitlicht, verknüpft oder wenigstens überbrückt werden, was sich in vierzig Jahren nicht nur getrennt hatte, sondern nach prinzipiell unterschiedlichen Grundsätzen aufgebaut worden war und sich auf eigene Weise entwickelt hatte. Schäuble meinte zunächst, mit Rahmenvereinbarungen auszukommen, doch das erwies sich als nicht möglich. Alle Ressorts mußten ins Detail gehen und das unter hohem Zeitdruck. Außenpolitisch war Eile geboten, weil unsicher war, wie lange Gorbatschow die Kraft haben werde, den Verlust der DDR gegen seine Opponenten in Moskau durchzusetzen. Innenpolitisch ergab sich der Zwang zur Beschleunigung aus der Schwäche der DDR, noch weit mehr aus der Sorge des Kanzlers um die Bundestagswahlen. Sie sollten stattfinden, bevor die Wähler im Osten den Zusammenbruch ihrer Wirtschaft bemerkten, den die Währungsunion erwarten ließ. Die Vereinigung mußte so schnell wie möglich erreicht werden, damit die Wahlen schnell folgen konnten. Sie waren für das Frühjahr 1991 vorgesehen, wurden auf den Dezember 1990 vorverlegt.

Der Einigungsvertrag war ein Wunderwerk politischer und bürokratischer Effizienz. Vor allem die westdeutsche Beamtenschaft bewies ihre Fähigkeiten; nach der Volkskammerwahl halfen bereits Bonner Fachleute in den Berliner Ministerien, in den ostdeutschen Parteien berieten westdeutsche Politiker. Erheblich erleichtert wurde die Arbeit, weil die Bundesregierung nicht eine Vereinigung wünschte, was beiderseitige Konzessionen verlangt hätte, sondern den Beitritt der DDR zur Bundesrepublik forderte. So mußten nicht mühsam Lösungen ausgehandelt werden, denn im Vorbildstaat Bundesrepublik war bereits alles gelöst und geregelt; es ging nur noch darum, die westdeutsche Ordnung auf die ganz anderen Strukturen der DDR zu übertragen.

Das letzte Geheimnis der schnellen Einigung über den Vereinigungsvertrag war, daß die Machtverhältnisse klar waren, Wolfgang Schäuble machte sie seinen DDR-Partnern auch von Anfang an unmißverständlich klar: »Liebe Leute, es handelt sich um einen Beitritt der DDR zur Bundesrepublik, nicht um die umgekehrte Veranstaltung. Wir haben ein gutes Grundgesetz, das sich bewährt hat. Wir tun alles für euch. Ihr seid herzlich willkommen. Wir wollen nicht kaltschnäuzig über eure Wünsche und Interessen hinweggehen. Aber hier findet nicht die Vereinigung zweier gleicher Staaten statt. Wir fangen nicht ganz von vorn bei gleichberechtigten Ausgangspositionen an.«

Diese Sätze spiegelten die Lage, wie sie im Frühjahr 1990 war; aber sie mußten Lothar de Maizière und noch mehr die Bürgerrechtler kränken. Die DDR des Erich Honecker hatte die Bundesrepublik als uneingeschränkt gleichberechtigt betrachtet, manchmal wie ein rohes Ei behandelt; die DDR jedoch, die sich selbst befreit hatte und jetzt von einer demokratischen Regierung vertreten wurde, galt nicht mehr als gleichrangig.

De Maizière legte großen Wert auf die Staatssymbole, auf Staatsnamen, Flagge und Hymne, er empfahl als erste Strophe die DDR-Hymne »Auferstanden aus Ruinen«, einen für jeden Demokraten annehmbaren Text von Johannes R. Becher, und als zweite Strophe »Einigkeit und Recht und Freiheit«, beides zu singen nach Haydns Melodie. Aber ganz gleich wie man über diesen Vorschlag dachte, es gab auch andere – nichts fand Zustimmung, das den Ostdeutschen Heimat gegeben hätte, wenn es den Westdeutschen fremd war. Eine neue Verfassung hatte schon gar keine Aussicht, auch wenn sie zu 95 Prozent dem Grundgesetz entsprochen hätte.

So ging es auch bei den Sachfragen. Als die DDR noch kommunistisch war, hielten nicht nur linksnaive Schwärmer manches dort für diskutabel: das Abtreibungsrecht, einige soziale Einrichtungen, ebenso Polikliniken und Landambulatorien, vielleicht auch die Einheitsversicherung und manche Methoden der Kulturförderung. Auch wenn man selbst davon nichts übernehmen wollte – die Ostdeutschen hatten sich daran gewöhnt, waren meist damit zufrieden, manche sogar ein wenig stolz darauf. So hielt man im Westen für akzeptabel, was »drüben« von der Mehrheit akzeptiert wurde.

Als die DDR zwar demokratisch war, aber am Boden lag, erschien auf einmal alles fragwürdig, was mit ihr zusammenhing;

die Rücksichten fielen, und beseitigt wurde nicht allein, was ideologisch verbogen, ökonomisch gescheitert und politisch unannehmbar war – auch Bewährtes, Gewünschtes und Diskutables erhielt bestenfalls die Gnadenfrist einer Übergangsregelung.

Nicht nur Regierung und Parteien nutzten ihre Stärke. Konzerne okkupierten das ganze Land und teilten es wie Eroberer unter sich auf. Der Grundsatz, Rückgabe von enteignetem Besitz müsse vor Entschädigung gehen, brachte auch noch Kinder und Enkel westdeutscher Alteigentümer zu Ansprüchen in der DDR, die oft schon halb vergessen waren. Beispielhaft für die Expansion wurden Westbrauereien, die Gaststätten modernisierten mit der Bedingung, nur ihr Bier auszuschenken. An den besten Plätzen wurden Mieten für Ostdeutsche unbezahlbar; manches private Geschäft, das den SED-Sozialismus überstanden hatte, ging am Kapitalismus zu Grunde.

ARD und ZDF machten sich Funk und Fernsehen der DDR zur Beute, keine eigene Stimme blieb den Ostdeutschen. Westverleger bemächtigten sich vieler Ost-Zeitungen, besonders gern der früheren SED-Blätter, die am besten ausgestattet waren und die meisten Leser hatten. Die Westpresse lebte eine Zeitlang von dem neuen Sensationsstoff immer weiterer »Stasi«-Enthüllungen über immer mehr Prominente. Sogar Feuilletonisten fanden neue Nahrung, indem sie heruntermachten, was sie früher hochgelobt hatten. Christa Wolf galt einst manchem als nobelpreiswürdig, nun erklärten große Zeitungen sie zur mittelmäßigen Staatsschriftstellerin.

Die Ostdeutschen hatten die Bundesrepublik zur Vereinigung genötigt, nun vollzog die Bundesrepublik die Vereinigung nach ihren Vorstellungen. Wenn Interessen, Wünsche oder Gefühle beider Seiten im Widerstreit lagen, gaben die Westdeutschen den Ausschlag, sie waren zahlreicher und einflußreicher. Für die Ostdeutschen änderte sich – nach dem Satz einer Thüringerin – alles außer der Uhrzeit und der Jahreszeit; für die Westdeutschen sollte sich gar nichts ändern. So wurde für die

DDR nahezu alles so verfügt, wie es in der Bundesrepublik war, Ostdeutschland hieß ganz offiziell das »Beitrittsgebiet«, und seine fünf Länder wurden die »neuen« Länder. Sie wurden betrachtet, wie man die »Neuen« in jeder geschlossenen und etablierten Gesellschaft behandelt: Sehr freundlich, aber mit verschwiegenem Vorbehalt und mit der festen Entschlossenheit, den eigenen Besitzstand zu wahren.

Der Bundesrat vermehrte flink noch die Stimmenzahl der alten Länder, damit die neuen nicht zuviel Einfluß bekämen. Christ-, Frei- und Sozialdemokraten verfertigten ein Wahlgesetz, das die früheren Kommunisten und deren Überwinder gleichermaßen traf: Weder die PDS noch das Bürgerrechtler-»Bündnis 90« hätte eine Chance gehabt. Das Bundesverfassungsgericht mußte den etablierten Parteien klarmachen, daß Vereinigung mehr zu sein hatte als die Ausdehnung eines Machtkartells nach Osten.

Unten, wo die Vereinigung begonnen hatte, sah es besser aus. Es gab viel stille Hilfe: Geld und fachlichen Rat für die neuen Verhältnisse; Pensionäre, die ihre Erfahrungen anboten; Institute, die entbehrliche Einrichtungen dem Schwesterinstitut brachten – da öffentlich meist mehr von Mißhelligkeiten die Rede war, geschah wahrscheinlich viel mehr, als bekannt wurde.

Der Bundeskanzler hatte vor allem die Bundestagswahlen im Auge und versuchte, bei West- und Ostbürgern alles zu vermeiden, was Anstoß erregen konnte. Norbert Blüm, der Steuererhöhungen wegen der Einheit für möglich erklärt hatte, bekam seinen Zorn zu spüren. Die Westdeutschen sollten denken, die Einheit gebe es umsonst; die Ostdeutschen sollten glauben, die Einheit werde ihnen nichts nehmen, sondern alles bringen, was sie sich wünschten. Die Meinungsumfragen vor Augen fand Helmut Kohl nicht den Mut zu sagen, was der »Kanzler der Einheit« hätte sagen können: Um fast fünfzig Jahre kommunistische Mißwirtschaft aufzuarbeiten, werden wir alle auf manches verzichten müssen. Um aus den getrennten Deutschen wieder ein Volk werden zu lassen, brauchen wir viel Zeit und Geduld sowie Rücksicht und Verständnis – auf beiden Seiten. Der Kanzler sagte es nicht, gewann die Wahlen und verlor die Fähigkeit, die innere Einheit der Nation zu gestalten.

Am 3. Oktober 1990 fand die dritte, die staatliche Vereinigung statt, die DDR trat in Gestalt ihrer fünf wiederhergestellten Länder der Bundesrepublik bei. Es war ein Tag der Freude. Die Generationen, die Deutschland noch gekannt, es vor Augen und viele auch im Herzen hatten, erlebten, was sie nicht mehr zu erleben geglaubt hatten. Manche hatten die neue Reisefreiheit schon genutzt und östlich der Elbe mehr vom Deutschland ihrer Jugend gefunden, als in der Bundesrepublik geblieben war. Die mittleren und jüngeren Generationen konnten, jedenfalls in der großen Mehrheit, keine Gefühle spüren oder entwickeln. Für sie geschah etwas, das neu, interessant, vielleicht auch reizvoll erschien, aber für die meisten gab es Wichtigeres. Auch bei den Ostdeutschen waren die Gefühle bei den Älteren und bei den Jüngeren vor allem der Sinn für die praktischen Möglichkeiten, die sich nun eröffneten. Viele befiel Furcht vor der Zukunft. Was die DDR geboten hatte, war meist langweilig, oft ärgerlich, aber sicher. Was der Kapitalismus bringen würde, war ungewiß, schon jetzt verwirrte, daß beinahe nichts mehr blieb, wie es war. Vor allem schreckte Arbeitslosigkeit.

Für Helmut Kohl war der 3. Oktober 1990 ein Tag berechtigten Stolzes, er sei einer der glücklichsten Tage seines Lebens. Auch die Sozialdemokraten, sagte Willy Brandt, wüßten »die Arbeit zu würdigen, die in diesen Monaten in Bonn und Berlin für Deutschland geleistet wurde«. Der Kanzler dankte allen, die außerhalb Deutschlands zur Vereinigung geholfen hätten, allen voran George Bush und Michail Gorbatschow. Die ostdeutschen Revolutionäre vom Herbst 1989 nannte er jeweils nur kurz, ihnen sei zu verdanken, daß die Einheit schon im Jahr 1990 möglich wurde.

Umstritten blieb die Entscheidung, den 3. Oktober zum neuen Nationalfeiertag zu ernennen. Viele meinten, der 9. November 1989 sei der richtige Tag, doch er wurde von drei dunklen Daten überschattet: der Revolution 1918, Hitlers Marsch zur Feldherrnhalle 1923 und dem Naziterror gegen Juden 1938. Der Mut fehlte zu erwarten, nationale Freiheit und Einheit könnten nationales Versagen überwinden. Ebenso fehlte die Einsicht, daß ein Feiertag Gefühle wecken oder an Gefühle erinnern muß: Am 9. November 1989 geschah etwas, am 3. Oktober 1990 fand ein, wenn auch wichtiger, Rechtsakt statt. Am 9. November lagen sich die Deutschen in den Armen, am 3. Oktober saßen sie am Fernseher. Es war, meinte Egon Bahr, als hätten die Franzosen nicht den Sturm auf die Bastille zu ihrem Nationalfeiertag gemacht, sondern die Kaiserkrönung Napoleons.

VII.

WAS AUS DEN DEUTSCHEN WURDE

1.

VEREINIGEN KÖNNEN SICH NUR GLEICHE

> Was war das für 'ne Einigkeit, als wir geteilt noch waren.
>
> Das Berliner Kabarett »DIE DISTEL« 1990

Ein literarisch beschlagener Kopf entdeckte nach der Vereinigung, was Theodor Fontane 1867 über die preußische Vereinnahmung Schleswigs und Holsteins geschrieben hat: »Ohne uns zu fragen, werfen sie die wichtigsten Einrichtungen hier über den Haufen und oktroyieren dafür nach Gutdünken andere. (...) Da kommt doch jeder Kerl von dort mit der Miene eines kleinen persönlichen Eroberers und als müsse er uns erst die höhere Weisheit bringen. (...) Auf diese Weise einigt man Deutschland nicht.«

Diese Sätze wurden im Osten mit Behagen zitiert. Das Übergewicht der »Besser-Wessis« und noch mehr die Formen, in denen es sich oft äußerte, verdarben wahrscheinlich mehr als die tatsächlichen Schwierigkeiten. Jens Reich, Wissenschaftler, Oppositioneller und später Bundespräsidentschaftskandidat, beobachtete im Sommer 1990 »ein völlig neuartiges Selbstgefühl: die DDR-Identität nach dem Tode der DDR«. Es war eine Identität, die den Zusammenbruch der DDR und auch die deutsche Einigung bejahte, »aber gegen unsere zweite Objektwerdung revoltiert«.

Von den fünf Elementen, die Ost- und Westdeutsche bis 1989 voneinander fernhielten, verschwanden mit der Vereinigung drei: die *Teilung* in zwei Staaten, die *Trennung* der Menschen und bis auf geringe Reste auch die *Feindschaft*. Es blieben aber die *Entfremdung* und das *Ungleichgewicht*. Daher genügte es nicht, Deutschland politisch, wirtschaftlich und rechtlich zu vereinen, ebenso nötig war, daß aus Ost- und Westdeutschen wieder Deutsche würden, eine gemeinsame Nation.

Nach fast einem halben Jahrhundert Leben im Osten wollten dessen Bewohner vor allem eins: leben wie im Westen. Die beiden Hauptwünsche wurden schnell erfüllt: Die begehrten Westwaren überschwemmten das Land, Reisen in alle Welt wurden zu erschwinglichen Preisen möglich. Auch sonst kam der Westen in den Osten, indem er reparierte, restaurierte und modernisierte. Das begann bei Straßen ohne Achsenbruchgefahr und endete bei Telefonen für jedermann, die beim Gespräch von Halle nach Leipzig nicht den Eindruck vermittelten, man sei mit Ulan Bator verbunden. Nach 1990 wurde im Osten manches sogar moderner, weil neuer, als im Westen.

Sichtbar viel geschah, um den Verfall aufzuhalten. Die DDR war noch gerade so rechtzeitig zusammengebrochen, daß sich eine Menge retten ließ. Leipzig, Erfurt, Weimar wurden zu Schmuckstücken, nicht nur die Innenstädte, auch die Außenbezirke erfuhren teilweise Erneuerung. Erstaunlich und besonders erfreulich war die Restauration zahlreicher kleiner Städte, deren Namen im Westen kaum jemand kannte und deren Zentren allmählich in neuem Glanz sich zeigten. Der Osten wurde heller, freundlicher, manche Schönheit kam erst jetzt wieder zum Vorschein.

Alle kapitalistische Kunst vermochte jedoch nicht, die Wirtschaft in den »neuen« Ländern auf eigene Beine zu stellen. Inseln kräftiger Entwicklung entstanden, ganze Regionen verödeten. In anderen Formen ging es weiter wie seit 1945: Ein Leben wie im Westen war vielerorts auf absehbare Zeit nicht zu erwarten, also wanderten die jüngeren Jahrgänge, Frauen mehr noch als Männer, in den Westen, wie es die Generationen der Eltern und Großeltern getan hatten. Halb verborgen setzte sich die Teilung fort, noch fünfzehn Jahre nach der Vereinigung war die Arbeitslosigkeit in den östlichen Bundesländern doppelt so hoch wie in den westlichen.

Nicht nur die wirtschaftliche Einheit ließ auf sich warten,

auch das, was man die »innere Einheit« nannte, tat es. Erst allmählich wurde überhaupt bewußt, daß hier eine Aufgabe lag und wie groß sie war. Als die Teilung vor vierzig Jahren begann, war die Einheit selbstverständlich gewesen, als nun die Vereinigung kam, war die Teilung selbstverständlich geworden. Entfremdung und Ungleichgewicht wurden zu akuten Problemen.

Die Entfremdung zeigte sich, seit man im selben Staat zusammenlebte, besonders in der Politik. Die DDR war nicht zuletzt daran gescheitert, daß sie gar nicht oder falsch rechnete, der Staat bezahlte alles und ging pleite. In dem vereinten Land, so schien es Ostdeutschen, mußte sich alles »rechnen«, aber wohin führt es, fragten sie, wenn es kaum mehr einen Lebensbereich gibt, der nicht ökonomisch bestimmt wird. Kultur, Bildung, Ausbildung, Gesundheit, Wohnen – darf alles den Marktgesetzen unterworfen werden? Nur was ökonomisch geht, geht überhaupt, jedenfalls auf die Dauer, hieß die Westreplik. Für beide Seiten handelte es sich nicht nur um politische, sondern auch um moralische Fragen.

Wie soll das Verhältnis zwischen Eigeninteresse und Gemeinwohl sein? Im Westen hatte eher das erste Vorrang, im Osten eher das zweite. Was erwarten wir vom Staat? Soll er wie die DDR für alle und alles sorgen oder wie die Bundesrepublik soviel Eigenständigkeit wie möglich lassen?

Wie halten wir es mit der Demokratie? Die Westdeutschen wußten, wie man sie handhabt, in den Ostdeutschen lebte noch mehr Sinn für das Warum und Wozu. Die Westdeutschen führten im Osten ihren gewohnten taktisch-demokratischen Routinebetrieb weiter, niemand kam auf den Gedanken, daß man nicht Werte predigen, sondern Vorbild sein müßte, um die Landsleute von der Demokratie zu überzeugen. Die Ostdeutschen hegten nach vierzig Jahren Willkürherrschaft hohe, oft zu hohe, Erwartungen an das neue System und fühlten sich bald enttäuscht. Ihre Zufriedenheit damit lag fünfzehn Jahre lang etwa zwanzig Prozent unter der westdeutschen.

Was ließ sich, wenn Ost- und Westdeutsche einander begegneten, aus der Erfahrung von Erfolg und Scheitern gewinnen? Die einen wußten, wie man immer »auf der Überholspur« bleibt, Erfolg erringt und zur Not erzwingt, aber waren außerstande, sich vorzustellen, daß es so nicht ewig weitergehen und ihr System scheitern könnte. Die anderen, die das Scheitern eines Systems erlebt hatten, vermochten existenzbedrohende Alarmzeichen eher zu erkennen und hielten es durchaus für möglich, daß auch Demokratie und Kapitalismus einmal ein Ende finden. Der Erfolg hatte Energie und Selbstbewußtsein gesteigert, das Scheitern hatte den Realitätssinn geschärft, manchmal sogar weise gemacht.

Das Ungleichgewicht. Die Unterschiede wären erträglich und allmählich überwindbar gewesen, wenn nicht der Westen eine erdrückende Überlegenheit gehabt und genutzt hätte. Was sich von gleich zu gleich mit Argument und durch Erfahrung hätte ausgleichen lassen, blieb bestehen, weil Macht auf der einen Seite und hohe Empfindlichkeit auf der anderen die Verständigung erschwerten oder blockierten.

Stärkere setzten sich immer gegen Schwächere durch, aber unter Brüdern nicht mit blinder Rücksichtslosigkeit. Doch viele Westdeutsche meinten, durchaus brüderlich zu handeln. Im Osten alles so einzurichten, wie sie es bei sich hatten, war das Bequemste, doch es geschah auch im guten Glauben: Was sich bei uns bewährt hat, wird sich auch bei euch bewähren: Ihr seid Deutsche wie wir, habt die Kommunisten vertrieben und wollt Marktwirtschaft und Demokratie – also macht es wie wir.

Für die Bundesregierung und die Mehrheit der politischen Klasse in Bonn war die Vereinigung eine Frage von Macht, Geld und Organisation. Ihnen fehlte der Sinn für die immateriellen Bedürfnisse der Ostdeutschen, er fehlte, weil es an der Anteilnahme fehlte. Spätestens seit den siebziger Jahren hatten sich die glücklicheren Deutschen nicht mehr ernstlich für die anderen interessiert. Ihnen blieb schwer verständlich, daß man die SED zum Teufel wünschen und doch nicht alles schlecht finden konnte in der DDR. Daß man tief dankbar war für die Freiheit und doch den Umsturz fast aller Lebensverhältnisse kaum bewältigte, weil er »geradezu einen Abschied von sich selbst verlange«, wie eine Frau dem Bundespräsidenten schrieb. Ostdeutsche hatten wie Westdeutsche ihre Eigenart entwickelt, von der etwas bewahrt werden mußte, wenn die Vereinigung mehr werden sollte als ein Staatsakt.

Solange die Mauer dafür gesorgt hatte, daß man sich nicht zu nahe kam, waren auf beiden Seiten Illusionen übereinander möglich. Als man sich nun unmittelbar begegnete, breitete sich Enttäuschung aus. Im Westen kehrten die alten Zerrbilder vom seelisch verkrüppelten kommunistischen Untertanen wieder, das versachlichte Bild der siebziger und achtziger Jahre verflüchtigte sich. Im Osten fragten sich auch Gegner der SED, ob die Parteiredner so unrecht hatten mit allem, was sie über den Kapitalismus sagten.

Anderthalb Jahrzehnte nach der Vereinigung der Staaten war die innere Einheit nicht erreicht. Die Ostdeutschen teilten sich. Eine Minderheit identifizierte sich ganz mit den neuen Verhältnissen, es waren meist Jüngere und gut Ausgebildete, von denen viele in den Westen übersiedelten. Die Mehrheit verharrte in gewisser Distanz, nahm die Verbesserungen allmählich als selbstverständlich und behielt großenteils das Gefühl, immer noch, wie seit fünfzig Jahren, Deutsche zweiter Klasse zu sein. Die meisten Westdeutschen meinten, mit den jährlichen etwa zehn Milliarden für den »Aufbau Ost« sei genug getan, manche glaubten, schon etwas zu viel, weil auch westliche Bundesländer in Not gerieten.

Als Problem und Aufgabe blieb die »innere Einheit« im Westen kaum mehr bewußt, soweit sie es überhaupt je war. Im Osten herrschte weithin Resignation: Die wissen gar nicht, wovon wir reden. Realisten verwiesen auf die Jahrgänge, die erst im vereinten Land aufwuchsen und kaum mehr unterscheidbar seien. In ein bis zwei Generationen werde das für alle Deutschen gelten und der Ärger der »Ossis« über die »Wessis« ebenso vergessen sein wie Fontanes Empörung über die Preußen in Schleswig und Holstein.

2.

EINE NEUE DEUTSCHLANDKARTE

> Wir wollen nicht ein deutsches Europa,
> sondern ein europäisches Deutschland.
>
> HANS-DIETRICH GENSCHER

Das Ende der Nachkriegszeit wurde mehrmals für Deutschland proklamiert, immer zu Unrecht. Die Nachkriegszeit war die Zeit, die von den Folgen des Zweiten Weltkriegs bestimmt blieb, die Zeit eines besonderen, nicht normalen Zustands, der Spaltung in zwei rivalisierende Staaten mit begrenzter Souveränität. Dieser Zustand endete am 3. Oktober 1990. Mit der Vereinigung und Souveränitätsrückgabe wurde Deutschland frei von den Provisorien, Einschränkungen und Lasten, die ihm die Sieger und der Kalte Krieg auferlegt hatten.

Die Aufsicht der ehemaligen vier Siegermächte fiel fort, sie war aber auch längst nicht mehr nötig. Regierungen und Parteien der Bundesrepublik hatten eine außenpolitische Tradition geschaffen, die das vereinte Land fortsetzte. Es sollte sich nichts ändern und tat es auch kaum: Freundschaft mit Frankreich, soweit es das in der Politik gibt; Verklammerung mit Westeuropa, die Krieg technisch unmöglich macht, selbst wenn einer ihn wollte. Umgekehrt blieb Deutschland durch die Verklammerung kontrollierbar für Europa und verzichtete auf seine letzte Waffe, die D-Mark, von der manche Nachbarn eine deutsche Überwältigung fürchteten: Der Euro war Kohls Preis für die nationale Vereinigung. Nicht zuletzt blieb auch das vereinte Land fest verbunden mit den Vereinigten Staaten von Amerika, obwohl die stärkste Bindung sich gelöst hatte. Nach dem Ende der Sowjetunion brauchten die Deutschen die Schutzmacht und die Amerikaner den zentraleuropäischen Verbündeten weit weniger als vorher.

Auch im Osten gab es feste Grundlagen, auf denen das vereinte Land weiterbauen konnte. Bundesrepublik und DDR hatten, auf ganz unterschiedliche Weise, ein besonderes Verhältnis zu Moskau bekommen oder erworben. Was von Brandt und Breschnew begonnen, von Kohl und Gorbatschow fortgeführt worden war, erneuerten Bundeskanzler Gerhard Schröder und Präsident Wladimir Putin Ende der neunziger Jahre. Jedes Mal übertrafen die Erwartungen die Möglichkeiten, und die Ergebnisse blieben hinter den Absichten zurück, sofern die Absichten überhaupt konsequent verfolgt wurden. Dennoch blieb etwas von der Tradition deutsch-russischer Beziehungen, die sich vom Verhältnis anderer europäischer Staaten zu St. Petersburg oder Moskau unterschieden.

Die Verstümmelung, der Verlust fast eines Viertels deutschen Reichs- und Siedlungsgebiets, der nicht vergessenen Heimat von Millionen, wurde vertraglich uneingeschränkt anerkannt. Polen erhielt endgültig territoriale Sicherheit. Keine juristische Spitzfindigkeit konnte die »deutsche Frage« mehr auf die Gebiete östlich der Oder-Neiße ausdehnen, wie es zwei Minister in Kohls Kabinett, Friedrich Zimmermann und Theo Waigel, noch bis Ende der achtziger Jahre getan hatten. Die große Mehrheit der Deutschen hatte sich bereits seit Jahrzehnten auf ein Deutschland ohne Osten eingestellt, die letzten, die es nicht taten, gaben auf, als Deutschland wenigstens zwischen Rhein und Oder wiedererstand. Ihre Organisation, der Bund der Vertriebenen, stritt sich nun mit Polen nicht mehr über Land und Eigentum, sondern nur noch über die Auslegung der Geschichte. Europa wurde eine Sorge los, die es, zwar unbegründet, aber verständlich, vierzig Jahre lang beunruhigt hatte.

Um sich einander zu nähern, hatten Deutsche und Polen jedoch nicht bis zu Kohls Grenzvertrag 1990 warten müssen. Die Ostdeutschen hatten schon seit 1950, dem Görlitzer Vertrag, kein Grenzproblem mit Polen, ihre Nachbarschaft war politisch eingeschränkt und oft gestört, doch es waren vierzig Jahre Nachbarschaft. Für Westdeutsche und Polen hatte der Warschauer Vertrag 1970 den Weg zur Gewöhnung aneinander und zur Versöhnung freigemacht. Danach kamen Wirtschaft, Gesellschaft und Menschen weiter miteinander voran als die wechselhafte Politik. So blieb es auch nach 1990.

Die Last Berlin verschwand, die weltpolitische Absurdität war in ihren Normalzustand zurückgekehrt. Die Stadt war nicht mehr geteilt und stand nicht mehr unter Besatzungsrecht. Um ihre westlichen Bezirke lief keine Mauer mehr, die neue Deutschlandkarte zeigte auch keine Transitstraßen und Luftkorridore, die fast ein halbes Jahrhundert lang die »Insel« mit ihrem »Festland« verbunden hatten. Die Karte zeigte nun die Hauptstadt Deutschlands.

Das war alles andere als selbstverständlich, denn die Neigung in Bonn, nach Berlin umzuziehen, war gering. Fast neun Monate vergingen nach der Vereinigung, bis der Bundestag über den Sitz der künftigen Hauptstadt abstimmte, und dann fiel die Entscheidung denkbar knapp aus: 338 Abgeordnete stimmten für Berlin, 320 dagegen. Es war eine Entscheidung zwischen Extremen. Bonn liegt am Westrand Deutschlands, Berlin am Ostrand, das eine so nah an der belgischen Grenze wie das andere an der polnischen. Bonn war den westdeutschen Abgeordneten gewohnt und vertraut, Berlin lag den meisten nicht nur geographisch fern, der Schrecken vor dem »Osten«, der bis weit in die siebziger Jahre viele bestimmte, war überwunden, aber fremd blieb den meisten, was da jenseits der Elbe lag.

Vor allem ging es um eine politische und historische Entscheidung. Mit Bonn verband sich für Westdeutsche und Westeuropäer die Erfahrung eines demokratischen, mit dem Westen verbundenen neuen Deutschland, Berlin war die Hauptstadt der Preußen, der Kaiser und Hitlers gewesen, eines Deutschland, das man nicht wieder haben wollte. Andererseits veränderte sich die gesamte Umgebung, nicht nur Deutschland, auch Europa endete nicht mehr an der Elbe; es war eine groteske Vorstellung, von einer liebenswerten Kleinstadt am Rhein aus ein Land zu regieren, das wieder zur Mitte Europas wurde.

Nur achtzehn Abgeordnete der vereinten Nation gaben am 20. Juni 1991 den Ausschlag für Berlin. Jahrzehntelang hatte die westdeutsche Republik die Stadt an der Spree als die Hauptstadt Deutschlands beschworen. Sie baute den Reichstag zum künftigen Sitz des gesamtdeutschen Parlaments aus, ließ Bundestag und -rat dort schon besuchsweise tagen und die Einheit Deutschlands bekunden. Sie taten es so lautstark, daß die Westmächte in den sechziger Jahren weitere Sitzungen in Berlin verboten. Danach schwand die Hauptstadt wie die Einheit allmählich aus dem politischen Bewußtsein des westlichen Deutschland, Berlin blieb ihm kaum mehr als ein schwieriger Versorgungsfall. Die große Rede für Berlin hielt zwar ein Abgeordneter aus dem äußersten Südwesten, Wolfgang Schäuble, geboren in Freiburg im Breisgau, brachte manchen Westdeutschen zum Nachdenken. Aber ohne die Stimmen der ostdeutschen Abgeordneten wäre Berlin nicht wieder Hauptstadt geworden.

Dem schlechten Anfang folgte eine überraschend gute Entwicklung. Berlin wurde nicht nur Hauptstadt des Landes, sondern der Deutschen. »Niemand bestreitet heute«, schrieb die *Frankfurter Allgemeine* im Oktober 2006, »daß Berlin der natürliche Schauplatz des Politischen und des Symbolischen in der Republik ist, nicht einmal die Münchner nennen ihre Heimat noch die ›heimliche Hauptstadt‹.«

Es bedurfte schon historischer Erinnerung, die stark nachgelassen hatte, um die Beispiellosigkeit der neuen Lage Deutschlands zu erfassen. Im Westen gab es keinen »Erbfeind« mehr, und Elsaß-Lothringen war kein Thema mehr. Im Norden freundliche Nachbarschaft mit den Dänen und Nord-Schleswig kaum mehr eine Erinnerung. Im Süden ein freundliches Verhältnis zur Schweiz und ein freundschaftliches zu Österreich, mit den Tschechen noch viel aufzuarbeiten, aber kein ernster Konfliktstoff. Im Osten drohte keine »russische Dampfwalze« und keine »Rote Armee«. Mit Polen gab es keine kriegsähnlichen Grenzlandkämpfe wie nach dem Ersten Weltkrieg; ärgerliche Streitigkeiten nur noch in Wort und Schrift.

Als im Jahr 2004 Polen und die Tschechoslowakei der Europäischen Union beitraten, verbesserte sich die Lage Deutschlands nochmals. Es blieb nicht mehr am Rande des Westens, wohin der Kalte Krieg es versetzt hatte, sondern wurde wieder, was es früher war, ein Land in der Mitte Europas. Vor allem wurde es, was es nie war: ein Land »von Freunden umzingelt«. So gut war es Deutschland in seiner ganzen Geschichte nicht gegangen.

3.

MEHR GLÜCK ALS VATERLANDSLIEBE

Wir müssen uns erst noch bewußt werden,
daß wir eine souveräne Nation geworden sind.

EGON BAHR 2005

Am 3. Oktober 1990 hatte Deutschland die politischen und rechtlichen Folgen des Zweiten Weltkriegs überwunden. Erhalten blieben jedoch die nicht materiellen Nachwirkungen der Niederlage, die tiefe innere Unsicherheit und die Vernunft in der Politik. Die Deutschen waren geschlagen und gereift, beides blieb.

1990 hob 1945 nicht auf. Die Vereinigung machte Deutschland größer, aber nicht groß. Es wurde souverän, aber nicht frei von den Rücksichten, die es vierzig Jahre lang üben mußte und klugerweise geübt hatte. Die Niederlage behielt ihre historische Bedeutung. Sie war nicht wie 1918 eine zeitweilige Niederlage, nach der Kraft und Bereitschaft zu neuer Macht- oder Gewaltpolitik wieder wachsen konnten. 1945 war eine endgültige Niederlage, danach war Schluß mit allem Ehrgeiz, Herr Europas zu werden. Der »Zusammenbruch« blieb das Schlüsselereignis, aus dem sich bis ins neue Jahrtausend die politischen Hauptlinien der deutschen Nachkriegsgeschichte ergaben.

Deutschland reihte sich damit unter die ehemaligen Großmächte Europas ein. Alle, die den Kontinent beherrschen oder maßgeblich bestimmen wollten, erlitten in unterschiedlicher Weise eine endgültige Niederlage. Die Spanier, als 1588 an der Südküste Englands ihre »unbesiegbare« Armada versank. Die Türken, als sie 1683 auch beim zweiten Versuch Wien nicht einnehmen konnten und vom Eroberer zum Verteidiger wurden, der Land für Land an die früheren Besitzer verlor. Die Schweden, als Karl XII. vor Poltawa tief in der Ukraine geschlagen wurde. Die Franzosen, als Napoleon 1815 in die Verbannung ging, Frankreich blieb eine führende Macht in Europa, aber versuchte nie mehr, Herr der Alten Welt zu werden. Die Österreicher, als sie im Ersten Weltkrieg verloren und ihr Reich in Einzelstaaten zerfiel. Die Engländer, als sie im Zweiten Weltkrieg nur einen Pyrrhossieg errangen, der ihnen die Kraft nahm, ihr Weltreich zu behalten und in Europa das entscheidende Wort zu sprechen. Auch die Deutschen müssen nach ihrer Katastrophe 1945 sich damit begnügen, in Europa zu den drei oder vier größeren Staaten zu gehören.

Das vereinte Land litt noch unter den Folgen seiner jüngsten Geschichte und unterschied sich von seiner Umgebung. Wo andere Völker weiter aus ihren Traditionen lebten, war den Deutschen nach Hitler, Krieg und Nachkriegsdepression wenig geblieben, um so mehr redeten sie von »Werten«. Wo andere Halt in ihrer Nation fanden, hatten die Deutschen nur ihre Tüchtigkeit und gute Wirtschaftszahlen. Als die Zahlen schlechter wurden, klagten sie lauter als andere, denn sie hatten nichts außer Wirtschaft und Lebensstandard, sie sahen sich abstürzen, weil sie ökonomisch nicht weiter aufstiegen. Wo andere ihrer selbst gewiß waren, ohne darüber nachzudenken, forschten die Deutschen unablässig nach ihrer »Identität«. Sie hatten zu wenig, was sich von selbst verstand.

Nach dem Germanenkult und der Deutschtümelei der Nazis blieb kaum ein Lebensbereich mehr deutsch. Kinder wurden kids, Universitätslektoren lecturers. Die Politikausbildung der Grünen übernehmen Coachs. Die Friedrich Ebert-Stiftung nennt ihre Politik-Analyse Policy. Das Deutsche Symphonie-Orchester gibt Christmas Concerts mit German Songs. Ein Wettbewerb für deutsche Schriftsteller hieß open mike. Manche Reklame enthält kein deutsches Wort. Partnersuche beginnt mit Power-, Speed- oder Fast-Dating, denn das ist lifestyle. Man kann das endlos fortsetzen.

Modische Anglizismen dringen in viele Sprachen ein, aber manche Nationen, sogar Regierungen, wehren sich. In Deutschland regt sich wenig Widerstand, obwohl hier mehr geschah als anderswo: Die Sprache wurde um ihren Wert gebracht. Deutsch genügt nicht mehr, um auszudrücken, was wichtig ist. Bedeutendes muß, um als bedeutend erkannt zu werden, englisch und wo möglich amerikanisch gesagt werden. Und das ist keine Formfrage, denn wer seine Sprache mißachtet, mißachtet sich selbst. Als Anfang 1990 auf einem internationalen Kongreß über die Arbeitssprache entschieden wurde, erklärte der Vertreter Deutschlands, deutsch sei nicht nötig: »Wir sprechen alle englisch«. Eine Französin setzte durch, daß Deutsch doch Konferenzsprache wurde.

Der von Hitler vertriebene Historiker Fritz Stern sah für Deutschland am Ende des 20. Jahrhunderts eine »zweite Chance«, vergleichbar der ersten, die machtpolitische Maßlosigkeit am Anfang des Jahrhunderts verspielt hatte. Doch die Qualitäten haben sich vertauscht. Das Deutschland der Nachkriegszeit ist politisch vernünftig, hat aber nichts mehr von der wissenschaftlichen Weltbedeutung und geistigen Anziehungskraft der Kaiserzeit, die nach Amerika übergingen. Deutschland bedroht niemanden mehr, aber fasziniert auch niemanden. Es ist braves gutes Mittelmaß.

Hans-Peter Schwarz hatte schon für die alte Bundesrepublik die oft zitierte Formel geprägt, die Deutschen seien von der Machtversessenheit in die Machtvergessenheit gefallen. Deutsche Politiker bekannten sich allmählich zwar dazu, daß sie nicht nur Frieden stiften und Europa bauen wollten, sondern auch deutsche Interessen durchzusetzen versuchten, doch es klang oft so, als müsse man sich dafür entschuldigen. Die deutsche Politik war ihrer selbst nicht sicher. Als die Amerikaner sich auch deutsche Soldaten für den ersten Irakkrieg 1990/91 wünschten, kaufte sich Kohl mit »Scheckbuchdiplomatie« los, er bezahlte den Krieg, aber kämpfte nicht mit. Als der Bundestag später unter dem Dach von UNO oder Nato Soldaten stellte, achtete er ängstlich darauf, daß sie nicht schießen mußten, sondern nur halfen, versorgten, heilten, bewachten, sicherten, kontrollierten und Aufklärung flogen, damit andere treffsicher bomben konnten. Das souveräne Deutschland war nicht souverän. Ihm fehlte die Kraft, Nein zu sagen (außer dem Extremfall des sinnlosen zweiten Krieges gegen den Irak), ihm fehlte aber auch die Kraft, der Nation zu erklären, daß die Schonfrist vorbei war. Es wollte Gleichrangigkeit erreichen, aber wagte nicht, sich den gleichen Gefahren wie andere auszusetzen.

Das Kreuz, das Schuld und Niederlage den Deutschen gebrochen hatten, war nicht geheilt. Aber die politische Klugheit und demokratische Zuverlässigkeit, die daraus folgten, bildeten die Grundlage, auf der eine Wiederkehr Deutschlands möglich wurde. So wurde die Überwindung der Teilung zu einer großen Stunde der deutschen Geschichte, verständlich nur aus der Gebrochenheit wie aus der Reife der Nation. Das vereinte Deutschland wurde nicht das alte Deutschland. Die Bundesrepublik, auf die es 1990 ankam, hatte über Jahrzehnte in der Welt langsam, aber stetig Vertrauen erworben, weil sie von der Wandlung der Deutschen überzeugte. Kohl und Genscher konnten auf der Arbeit ihrer Vorgänger aufbauen. Adenauers Westpolitik, die alle Kanzler fortsetzten, ermöglichte die entscheidende Hilfe der Amerikaner und die Duldung der Westeuropäer. Brandts Ostpolitik, die Schmidt und Kohl fortsetzten, ermöglichte, daß sich die mißhandelten Völker im Osten und ihre mißtrauischen Regierungen mit einem vergrößerten Deutschland abfanden und manche sogar noch Hoffnungen darauf setzten. Der Ost- und der Westpolitik gemeinsam war zu verdanken, daß sich die zweite Vereinigung Deutschlands anders als die erste 1871 vollziehen konnte. Preußen brauchte drei Kriege, um zur Einheit Deutschlands zu kommen, die Vereinigung des Jahres 1990 wurde nicht gegen, sondern mit Europa zustande gebracht.

Es war eine Vereinigung in Formen, die friedlicher kaum sein konnten. Die Ostdeutschen machten eine Revolution, bei der kein Tropfen Blut vergossen wurde; die Westdeutschen organisierten die Zusammenführung und machten kein nationales Getöse. Trotz Trennung und Entfremdung bedeutete die Einheit beiden noch etwas. Vielen Ostdeutschen war sie eine Hoffnung, nicht für alle Zukunft »Osten« sein zu müssen. Für die meisten im Westen war sie nur noch ein Tabu, allerdings ein auffallend strenges: Man glaubte nicht mehr, daß es wieder ein einziges Deutschland geben werde, aber weigerte sich strikt, das Kreuz auf die Teilung zu machen. Keine Partei und keine größere Gruppe wagte jemals, das Tabu zu verletzen. Einige Sozialdemokraten, welche die Präambel des Grundgesetzes ändern wollten, und einige Christdemokraten, die nichts mehr von Wiedervereinigung im CDU-Programm wissen mochten, verfielen einem politisch-moralischen Verdikt. Trotz aller Selbstbezogenheit in Bundesrepublik und DDR blieb den Deutschen etwas, das sie nicht voneinander loskommen ließ.

Deutschland war nicht vergessen, aber es war ins Unabsehbare vertagt, dennoch bekam es plötzlich, fast über Nacht, die Einheit. Hatten die Franzosen und Polen recht, die meinten, eine Nation sei auf die Dauer nicht zu teilen? War es die Kraft der deutschen Nation, die sich ihre Vereinigung erzwang? Die Revolution der Ostdeutschen schuf einen Zustand, der nur noch eine Vereinigung Deutschlands zuließ. Aber die Revolution kam nicht zufällig erst im Herbst 1989 und blieb nicht zufällig vom Schicksal aller früheren Aufstände im Sowjetimperium verschont, der gewaltsamen Niederschlagung. Auch die Demonstranten in Leipzig und anderen Städten hätten nicht widerstehen können, wenn sowjetische Panzer gegen sie aufgefahren und die Staatssicherheitstruppen mobilisiert worden wären.

Die Ursache der Ursachen für die Vereinigung Deutschlands lag in der Niederlage des Ostens im »Wettkampf der Systeme« mit dem Westen. Nikita Chruschtschow hatte diesen Wettkampf in der Gewißheit proklamiert, der Sozialismus sowjetischer Form werde ihn gewinnen. Doch er verlor ihn, weil die Völker es mit dem Sowjetsystem nicht aushielten und weil dessen Kraft und schließlich Selbstgewißheit verloren gingen. Die

Vereinigung Deutschlands gelang nicht deshalb, weil die Nation zu stark war, um die Teilung für immer zu ertragen; sie wurde möglich, weil die Sowjetunion zu schwach war, um sich für immer in Mitteleuropa zu behaupten. Den Demonstranten vom Herbst 1989 bleibt das historische Verdienst, die Möglichkeit genutzt und die deutschen Kommunisten von der Macht verdrängt zu haben, damit wurde die Stellung der Sowjetunion in Deutschland unhaltbar. Die Vereinigung mit der Bundesrepublik war nicht das Ziel der Revolution, wohl aber ihre Folge.

Es hätte auch anders kommen können. Bundeskanzler Brandts Formel von den zwei Staaten und *einer* Nation hat bis 1990 getragen, aber hätte sie unbegrenzt weitergetragen, wenn die Sowjetunion bei Kräften geblieben wäre? Nochmals vierzig Jahre Teilung hätten aus zwei Staaten zwei Nationen werden lassen – schon nach 1990 war es für West- und Ostdeutsche ein Schock zu erfahren, wie weit sie sich voneinander entfernt hatten. Das sowjetische Imperium brach gerade rechtzeitig zusammen: Bundesrepublik und DDR konnten sich vereinigen, als es Deutschland noch gab und die Deutschen sich noch als Nation empfanden – wir hatten Glück.

ERINNERN UND VERGESSEN

Deutsche Geschichte 1945 und 1989

Vor zwölf Jahren legte der Althistoriker Christian Meier ein Forschungsergebnis vor, das einen Glaubenssatz der Bundesrepublik in Frage stellte. Allgemeine und unangefochtene Überzeugung ist: Um eine schlimme Vergangenheit zu »bewältigen«, muß man die Erinnerung an sie ständig wachhalten. Meier berichtete, nicht erinnern, sondern Vergessen sei das Heilmittel, mit dem alle früheren Zeiten versuchten, mit einer bösen Erbschaft fertigzuwerden. Der Historiker war die Weltgeschichte durchgegangen, um herauszufinden, was die Menschen früher taten, wenn sie nach Kriegen oder Bürgerkriegen Versöhnung brauchten, um wieder zusammenleben zu können. Sein Befund war erstaunlich eindeutig. Allein die Juden schworen auf Erinnerung, und das nicht erst seit Hitlers Holocaust, sondern schon seit den Zeiten des Alten Testaments. Die übrige Welt setzte seit den alten Griechen auf Vergessen: »Immer wieder wird beschlossen, vereinbart, eingeschärft, daß Vergessen sein soll, Vergessen von vielerlei Unrecht, Grausamkeit, Bösem aller Art.«

Manche Beschlüsse, die Meier anführt, beeindrucken schon durch die Kraft ihrer Worte, dahinter wird der Wille spürbar, eine Zeit des Schreckens zu beenden. So nach dem Dreißigjährigen Krieg: »Beiderseits soll das ewig vergessen und vergeben, alle Beleidigungen, Gewalttätigkeiten, Schäden und Unkosten derart gänzlich abgetan sein, daß alles in ewiger Vergessenheit begraben sei.« Normalerweise, schrieb Meier, gingen Friedensverträge einher mit »abolitio (Aufhebung), oblivio (Vergessen) oder remissio (Vergeben) des Geschehenen«.

Ganz ähnlich klingt es im Edikt von Nantes, mit dem Heinrich IV. 1598 die französischen Religionskämpfe beendete: Die Erinnerung an das Geschehene solle »ausgelöscht und eingeschläfert sein, wie wenn nichts geschehen wäre« – und das nach der Bartholomäusnacht mit Tausenden von Morden. Der König verbietet Erwähnung und Verfolgung der Untaten, untersagt Erneuerung der Erinnerung. Man solle sich zufriedengeben und friedlich zusammenleben »wie Brüder, Freunde und Mitbürger«. Wer zuwiderhandelt, sei als Friedensbrecher und Feind der öffentlichen Ordnung zu bestrafen.

Natürlich läßt sich Vergessen nicht befehlen und Erinnerung nicht verbieten. In der politischen Praxis ging es daher immer nur darum, tätige Erinnerung zu verhindern: Die Wunden nicht wieder aufreißen und die Täter, von den allerschlimmsten abgesehen, nicht verfolgen, also den Schmerz nicht verlängern und nicht Anlaß schaffen für neue Kämpfe. Auch das ließ sich meist schwer durchsetzen und war nur manchmal von Dauer – immerhin war erst einmal Ruhe geschaffen und die schlimmste Leidenschaft gebändigt. Später hatten sich die Gemüter meistens, wenn auch nicht immer, abgekühlt, und die Zeit tat das ihre.

Was Meier als historische Erfahrung mitteilt, entspricht allgemeiner Lebenserfahrung. Schon im Alltag gilt: Wenn zwei sich nach großem Streit wieder vertragen sollen, dürfen sie nicht dauernd davon reden, was sie einander angetan haben. Auch wenn sie weder vergessen noch vergeben können, müssen sie schweigen davon, sonst gibt es keinen Neuanfang, keine Versöhnung, kein Zusammenleben. »Seid nicht nachtragend«, sagten schon unsere Mütter.

Meiers Untersuchung blieb ohne nennenswerte Resonanz. Er ist einer der bedeutendsten Historiker des Landes, wurde aber weder diskutiert noch kritisiert; niemand, soweit ich sehen kann, fragte, was seine Ergebnisse für uns Deutsche bedeuten. Zweimal im vergangenen halben Jahrhundert befanden wir uns in einer Lage, wie er sie mit vielen Beispielen beschrieb. Wir brauchten äußeren und inneren Frieden, mußten in ein normales, wo möglich gutes Verhältnis zu unseren Kriegsgegnern kommen und mit der Hinterlassenschaft zweier Fehlentwicklungen fertigwerden, der nationalsozialistischen und der kommunistischen. Am schwersten wog die Last beispielloser Verbrechen. Bei der Bewältigung dieser Aufgaben taten wir das Gegenteil dessen, was frühere Zeiten empfahlen. Wir verdammten jegliches Vergessen und schwuren auf Erinnerung.

Das nationale Interesse gebot es. Mit einer nazistischen Nation, einem Volk ganz ohne Einsicht in seine Untaten und ohne Willen zur Wandlung konnte kein Land, das unter den Deutschen gelitten hatte, ein normales Verhältnis schaffen. Umgekehrt stand auch die deutsche Außenpolitik unter dem Diktat der Erinnerung, sie mußte sich bewußt bleiben, daß es nach dieser Vergangenheit nicht das gleiche war, wenn Deutsche das gleiche taten wie andere.

Aber das Erinnern der Nachkriegszeit war nicht allein politisch begründet, sondern auch moralisch. Darin lag seine historische Besonderheit. Normalerweise ziehen Staaten und Völker nur politische Konsequenzen aus einer Niederlage, sie planen einen neuen Krieg oder suchen sich eine friedliche Zukunft, aber sie tun nicht Buße. Normalerweise leugnen und verdrängen Nationen ihre Untaten, die Deutschen aber bekannten sich zu den Verbrechen, die Deutsche zwischen 1933 und 1945 begangen hatten. Zugleich suchten Historiker nach Schuldigen in der deutschen Geschichte, die das Land auf einen Sonderweg geführt und Hitlerherrschaft und -gefolgschaft ermöglicht hätten. Die Politiker schufen eine Bundesrepublik, die frei ist von Machtwahn und Nationalismus und am liebsten nur noch dem Frieden dienen und die Menschenrechte fördern möchte. All das nicht allein aus politischer Erfahrung und Vernunft, sondern aus moralischer Verpflichtung. Vor allem konnte Auschwitz nicht vergessen werden. Für die Opfer war es unmöglich und das Volk der Täter konnte sich, je weiter die Untaten und deren Dimension bekannt wurden, der Verantwortung nicht entziehen. Erinnerung wurde Pflicht.

Die kritische Erinnerung an sich selbst und die praktischen Folgerungen daraus gehören zu den unbestrittenen Leistungen der Nachkriegszeit. Sie hatten kein Vorbild und werden in dieser Konsequenz kaum Nachahmer finden. Doch sie geben keinen Anlaß für »Sündenstolz«, denn sie waren das Ergebnis einmaliger Umstände. Nur die Beispiellosigkeit der Untaten und die Totalität der Niederlage machten Selbstbesinnung und Umkehr möglich und nötig. Wir waren 1945 nicht nur militärisch und politisch, sondern vor allem moralisch geschlagen und leben seitdem mit gebrochenem Kreuz: Vor der Einsicht war der Fall und vor der Moral die Schwäche.

Das deutsche Erinnern in der Nachkriegszeit ist ein historischer Sonderfall und ändert nichts an Christian Meiers grundlegender Erkenntnis, daß es nach schwerer Zeit kein Weiterleben gibt ohne Vergessen. Auch die Deutschen brauchten nach Hitler Vergessen, ohne Beschweigen ihrer Verbrechen wären sie außenpolitisch und ohne Verdrängen innenpolitisch nicht vorangekommen. Der Krieg war kaum zu Ende, als sie für den nächsten benötigt wurden, für den Kalten Krieg der Systeme. Ost wie West wollten sie benutzen, mußten sich an sie gewöhnen, sich mit ihnen verbünden und allmählich versöhnen. Sie konnten nicht vergessen, was Deutsche getan hatten, aber durften es ihnen nicht dauernd vorhalten. So redeten die Westmächte immer seltener davon und schließlich kaum noch. So unterschied Stalin rigoros zwischen Deutschen und Faschisten und befahl den Völkern seines Imperiums, in der DDR nur noch Deutsche zu kennen. Im Geist der Versöhnung schrieben die polnischen Bischöfe 1965 ihren Amtsbrüdern in der Bundesrepublik: »Versuchen wir zu vergessen (...) Wir vergeben und bitten um Vergebung.« Ohne Beschweigen der Untaten war ein Neubeginn nicht möglich. Historisch neu war jedoch, daß eine Seite, die Deutschen, sich erinnern mußte, damit die andere vergessen konnte. Ein Franzose brachte es auf die Formel: »Wir können vergessen, wenn ihr nicht vergeßt.«

Auch die innere Befriedung kam nicht ohne Vergessen aus,

genauer: nicht ohne Vergessen-machen. Als sich 1948 alle vier Besatzungsmächte aus der Entnazifizierung zurückzogen, standen die deutschen Politiker in West wie Ost einem Volk gegenüber, dessen große Mehrheit sich weigerte, Schuld oder auch nur Verantwortung für Krieg und Verbrechen anzuerkennen. Ohne Volk war kein Staat zu machen, Vorsicht war geboten, Kompromisse wurden nötig. Die Entnazifizierungsmaschinerie in den Westzonen begann leerzulaufen und produzierte schließlich fast nur noch Freisprüche. Die Kompromittierten durften, soweit es irgend ging, in ihre alten oder in gleichwertige Stellungen zurückkehren. Vergessen wurde nicht angeordnet, aber ermöglicht, geduldet und stillschweigend begünstigt. Von der Nazizeit und ihren Verstrickungen redete man möglichst wenig, weil es die Ruhe und den Aufbau störte. Nur engagierte Minderheiten störten noch, die Politiker mieden das Thema, auch Rundfunk und Zeitungen konzentrierten sich auf Tagesfragen, und die Geschichtsprofessoren und -lehrer hörten am liebsten mit Bismarck auf.

Mit der Masse der kleinen Nazis verfuhren die Kommunisten der Ostzone wie die Demokraten der Westzonen. »Wir wissen«, sagte Walter Ulbricht 1946, »daß ihr Nazis wart, wir werden aber nicht weiter darüber sprechen, es kommt auf euch an, ehrlich mit uns zusammenzuarbeiten.« Später suchte die SED Entlastung noch auf andere Weise. Da sie die einst herrschenden Klassen, »Träger des Faschismus«, enteignet hatte, erklärte sie, die DDR sei von den Übeln der deutschen Geschichte gereinigt und gehöre nun zu den »Siegern der Geschichte«. Alte und neue Nazis gebe es nur noch in der Bundesrepublik. Die Ostdeutschen bekamen Ruhe vor den Irritationen der NS-Vergangenheit. Was die Faschisten verbrochen hatten, erfuhr jedes Kind schon in der Schule, aber die Bürger der Deutschen Demokratischen Republik hatten damit nichts zu tun. Sie durften vergessen.

Die große Selbstbesinnung der Deutschen begann erst Mitte der sechziger Jahre, als Abstand gewonnen und die Nachkriegsnot überwunden war. Erinnern wurde möglich, als Vergessen nicht mehr nötig war. Erinnern konnte man fordern, als eine Generation erwachsen wurde, die nicht mehr sich selbst prüfen mußte, sondern nur noch ihre Väter zu befragen brauchte. Das geschah konsequent, gründlich, zuweilen allzu selbstgerecht, bis beinahe nichts und niemand unbefragt blieb. Keine Gesellschaftsschicht, keine Berufsgruppe, keine Institution, Organisation oder Konfession und nicht einmal die Wehrmacht, an der die ganze Nation teilgehabt hatte, konnte sich der Prüfung auf Verstrickung oder Duldung von Verbrechen entziehen. Vertuschen, Verdrängen, Vergessen wurde schwerer, großenteils unmöglich.

In der DDR vollzog sich seit Mitte der siebziger Jahre eine ähnliche Entwicklung, jedoch sehr viel schwächer. Wachsende Zweifel am System auch bei denen, die es trugen oder billigend hinnahmen, beschädigten das schöne Bild, das die SED von der Vergangenheit malte. So klar und einfach – böse Faschisten, heroische Kommunisten – konnte es nicht gewesen sein, und warum die Ostdeutschen weniger Nazis gewesen sein sollten als die Westdeutschen, war nicht einzusehen. So fragten Junge auch in der DDR die Alten, wie es damals wirklich gewesen sei und wie sie sich verhalten hätten.

Was bleibt als Bilanz? Erinnerung an die Nazi-Verbrechen war nötig, nützlich und verdienstvoll, aber die Lehre der Geschichte, daß Vergessen sein muß, wenn das Leben weitergehen soll, blieb davon unberührt. Gilt das auch für unser zweites Problem, die Hinterlassenschaft der DDR? Anscheinend nicht, denn als es um die Sünden der SED-Herrschaft ging, gab es keine Ruhepause des Vergessens. In der DDR drängten Feinde und Opfer des Regimes sogleich auf Entlarvung und Bestrafung aller Verantwortlichen. Viele Westdeutsche wollten es beim zweiten Mal besser machen als beim ersten, also schlimme Zeiten nicht beschweigen und Schuldige nicht schonen. Vergessen erschien ganz widersinnig, konnte nur der Versuch von Übeltätern sein, unerkannt zu bleiben. Tätige Erinnerung wurde Programm.

Es lohnt sich, noch einmal auf Christian Meiers Funde zurückzugreifen. Im Jahr 403 vor Christus gelang in Athen, was auch in der DDR gelang, eine Gewaltherrschaft wurde beendet und die Demokratie (wieder-)hergestellt. Um den inneren Frieden zu sichern, beschlossen die Athener, keine Rache zu nehmen und niemanden anzuklagen. Ausgenommen von der allgemeinen Amnestie blieben nur die dreißig Gewaltherrscher sowie eigenhändig verübte Morde und Körperverletzungen.

Dreieinhalb Jahrhunderte später erinnerte sich Cicero an die Weisheit der Athener. Zwei Tage nach den Iden des März standen sich Caesars Mörder und Caesars Anhänger im Senat gegenüber, Bürgerkrieg drohte, Cicero beantragte und erreichte eine Amnestie der Mörder: Um den Frieden zu retten, sei es nötig gewesen, »jede Erinnerung an die Wirren in ewigem Vergessen zu begraben«. Der Bürgerkrieg kam etwas später doch, aber der Gedanke, Vergessen sei das beste Mittel gegen ihn und zur Versöhnung unerläßlich, lebte weiter.

Im Jahr 1660 kehrte der vertriebene König Karl II. nach England zurück und ordnete general pardon an, Straffreiheit und Vergessen. Ausgenommen blieben nur die Leichen des verhaßten Bürgerkriegsfeindes Cromwell und einiger seiner Anhänger, die man ausgrub und schändete. Verfolgt wurden auch die Königsmörder.

1814 hatte der aus dem Exil heimkehrende König Ludwig XVIII. zwei Vergangenheiten zu überwinden, die Revolution von 1789 und die Herrschaft Napoleons. Er mußte »die Kette der Zeiten neu knüpfen«, die Kette, die von »unheilvollen Abweichungen« unterbrochen worden war. Die Aufgabe war so groß, daß er sie in großem Stil zu lösen unternahm und proklamierte: »Wir haben aus unserer Erinnerung sämtliche Übel, die während unserer Abwesenheit die Heimat bedrückten, ebenso getilgt, wie Wir wollen, daß man sie aus der Geschichte tilgen könnte.« Der König verfügte:

Das Vergessen gilt ohne Ausnahme, sogar für die Mörder seines Bruders Ludwig XVI. Es gilt auch für politisches Verhalten:

»Sämtliche Nachforschungen über Meinungsäußerungen und Abstimmungen sind verboten. Dasselbe Vergessen wird den Gerichten und den Bürgern auferlegt.« Das Personal der Napoleonischen Zeit wird großenteils übernommen. Vergessen gilt schließlich für Enteignungen: keine Rückgabe von Gütern an Emigranten. Erst nach dem Tode des Königs 1824 wurde die Frage wieder aufgegriffen und vorsichtig entschieden, die Besitzwechsel der Revolutions- und Napoleonzeit wurden meistens respektiert.

Im Deutschland der neunziger Jahre des 20. Jahrhunderts wurde fast alles anders gemacht, anders auch als beim Umgang mit der Nazi-Hinterlassenschaft. Die Erklärung liegt nicht nur im Geist dieser Jahre, der Abrechnung verlangte; der Drang und der Druck, Täter und Feinde zu strafen, waren in früheren Fällen nicht schwächer. Der entscheidende Unterschied lag in den Machtverhältnissen. Verzicht auf Aufklärung und Verfolgung war nötig, wenn der unterlegene Gegner noch eine politische Kraft bildete, die man ernstnehmen mußte. Auch die störrische Masse der unbelehrbaren Deutschen nach 1945 war das gegenüber der Minderheit derer, die im Bewußtsein deutscher Schuld einen Neubeginn suchten. Anfang der neunziger Jahre aber stand die erdrückende Masse der West- und der meisten Ostdeutschen gegen die demoralisierten letzten Vertreter eines gescheiterten Systems. Da gab es keine Kraft mehr, die man zu respektieren hatte, mit der man sich arrangieren und aussöhnen mußte. Keine politische Rücksicht hinderte die geschlagenen Ex-DDR-Bürger daran, ihren Gefühlen freien Lauf zu lassen, zumal diese überzeugend begründet und für jedermann begreiflich waren. So unterschied sich, was mit der Hinterlassenschaft der DDR geschah, von den meisten vergleichbaren Fällen.

Für die Verantwortlichen der DDR gab es keine Amnestie. Auch wurde die strafrechtliche Verfolgung nicht auf die Verantwortlichen beschränkt. Man begann vielmehr bei den Kleinen, den »Mauerschützen«, gegen die sich am schnellsten ein Verfahren eröffnen ließ. Grenzen setzte nicht die Politik, sondern der Rechtsstaat, der sich auf die Ahndung schwerer Menschenrechtsverletzungen konzentrierte. Darin lag eine Ähnlichkeit zu früheren Zeiten, als Verbrecher und Mörder von Amnestien ausgenommen wurden. Im übrigen führten die Gerichte des vereinten Landes fort, was die nicht mehr SED-bestimmte DDR-Justiz begonnen hatte, Verfahren wegen Wahlfälschung, Amtsmißbrauch und Korruption. Die strafrechtliche Aufarbeitung erstreckte sich über fünfzehn Jahre.

Weit größere Bedeutung hatte die Einseitigkeit des Erinnerns, wie sie sich in der Aufgabenstellung einer Bundesstiftung ausdrückte: Nicht die Geschichte der DDR sollte aufgearbeitet werden, sondern die SED-Diktatur. So geschah es. Politik, Medien, Literatur, Film und teilweise auch die Wissenschaft konzentrierten oder beschränkten sich ganz auf die dunklen Seiten des untergegangenen Staates. Die Stasi-Akten lieferten Stoff in Überfülle. Nie zuvor lag eine Herrschaft durch Geheimpolizei, lagen deren Methoden bis in die letzten Einzelheiten so offen zu Tage. Nie zuvor bekamen die Verfolgten so weitreichende Möglichkeiten, ihre einstigen Verfolger zu verfolgen – sie zu identifizieren, zur Rechenschaft zu ziehen, Rache zu nehmen. Es wäre ein Wunder gewesen, wenn das Thema Stasi nicht für Jahre den Blick auf die DDR beherrscht hätte.

Die überaus heikle Frage, wem enteignetes Gut zustehe, dem einstigen Eigentümer oder dem gegenwärtigen Besitzer, wurde anders entschieden als im Frankreich Ludwig XVIII. Der eine wollte wiederhaben, was ihm gewaltsam entrissen worden war, der andere wollte behalten, was er vom Staat bekommen, genutzt und erhalten hatte. Beide waren auf ihre Weise im Recht, entschieden wurde zu Gunsten der Alteigentümer, die sich nicht mit einer Entschädigung begnügen mußten, sondern Rückgabe fordern durften.

Spätestens der Rückblick zeigt: Wir sind nicht gut gefahren mit der tätigen Erinnerung. Die juristische Aufarbeitung empörte nicht nur die verbliebenen Anhänger der SED, die von Siegerjustiz sprachen. Sie enttäuschte alle, die eine Generalabrechnung mit dem Regime verlangten, das nicht nur im Auftrag Moskaus vierzig Jahre lang siebzehn Millionen Menschen eingezäunt und eingemauert, bis ins Privatleben überwacht, mit politischer Justiz niedergehalten, ihrer Bürgerrechte beraubt, ideologisch verblödet und mit einem widersinnigen Wirtschaftssystem um viele Früchte ihrer Arbeit gebracht hatte. Aber das waren politische Taten, die sich den Strafgesetzen entziehen. Das wußte man auch, versuchte es trotzdem und endete bei grotesken Mißverhältnissen. Ermittelt wurde gegen etwa 100000 Personen, 1286 kamen vor Gericht, weniger als 800 wurden verurteilt und nur 40 mußten ins Gefängnis.

Die Hauptverantwortlichen kamen meist davon. Den Schlimmsten, den Stasi-Chef Erich Mielke, konnte man nur anklagen, weil er sechzig Jahre vorher an einem politischen Mord beteiligt war, und die anderen Politbüro-Mitglieder nur, weil sie das Grenzregime mit »Schießbefehl« zumindest gebilligt hätten. Auf die wichtigsten Verfahren mußte man verzichten, da die Schuldigen starben oder nur noch reif fürs Altersheim waren, nicht mehr für Prozeß und Haft. Die Verfahren gegen »Mauerschützen« endeten fast durchweg mit Bewährungsstrafen, für die Tötung eines Menschen war das empörend wenig, für einen kleinen Befehlsempfänger war schon die Anklageerhebung fragwürdig.

Ob die Öffnung der Stasi-Akten den Deutschen geholfen oder geschadet hat, wird vermutlich immer umstritten bleiben. Je größer der Abstand zu den erregten Jahren nach 1990 wird, desto mehr wachsen die Zweifel. Arbeitet der öffentliche Dienst in den östlichen Bundesländern besser und ist er vertrauenswürdiger, weil alle draußen bleiben mußten, die als »inoffizieller Mitarbeiter« in den Akten erscheinen? Sind die Bespitzelten glücklicher, weil sie ihre Spitzel kennen? Wissen wir mehr über die inneren Verhältnisse der DDR, weil jeder Journalist sich aus den Akten suchen darf, was eine spannende Geschichte ergibt?

Wie immer man hier antwortet, unübersehbar ist die Zerstörung vieler menschlicher Beziehungen durch erwiesene Spitzelei, oft nur durch Verdacht und Verleumdung. Akteneinsicht brachte häufig böse Überraschung, Mißtrauen erfaßte Kollegen, Freunde, sogar nahe Verwandte. Solidarisch demonstrierend hatten die Ostdeutschen eine große Gemeinsamkeit erlebt, hatten das Regime gestürzt und »Schild und Schwert« der Partei entmachtet – mit ihren Akten nahm die Stasi Rache und höhlte die Solidarität aus.

Unübersehbar ist der Mißbrauch der Akten zum politischen Kampf. In den Medien wimmelte es von Indizien für »Kontakte« Prominenter zur Staatssicherheit, Andeutungen genügten, bewiesen werden mußte nicht der Verdacht, sondern die Unschuld. Auch wenn das gelang, blieb immer etwas hängen, ein Name, der einmal mit dem Wort Stasi in einem Satz gestanden hatte, war gezeichnet.

Übersehen wurde meist, was die Aktenöffnung im Verhältnis zwischen Ost- und Westdeutschen angerichtet hat. Die Geschichten über die Stasi und ihre heimtückischen Machenschaften waren das Schlimmste, das es aus dem Osten zu berichten gab. Da ging es nicht nur um das Herrschaftsinstrument einer Diktatur, sondern um die Gemeinheiten, die Menschen anderen Menschen antaten. Stasigeschichten erregten Abscheu und Anteilnahme, sie enthielten, was man braucht, um Leser, Hörer und Zuschauer gefangenzunehmen. Sie wurden zum wichtigsten, für manche Blätter fast zum einzigen Thema. Auch seriöse Zeitungen folgten dem Herdentrieb. Weil ein renommierter junger DDR-Autor gespitzelt hatte, schrieb die »Frankfurter Allgemeine« die gesamte DDR-Literatur ab. »Die Zeit« zog nach. Eine bekannte, als moralische Instanz respektierte Journalistin meinte, nur wenige hätten nicht denunziert.

Das Problem der Aktenöffnung hatte eine neue Dimension erreicht. Ursprünglich stand die große Mehrheit der Deutschen gegen eine kriminelle DDR-Minderheit, jetzt bildete sich eine zweite Front, in der die Alt-Bundesbürger ihre neuen Mitbürger beargwöhnten. Das Bild, das die Stasigeschichten und die einseitige DDR-Betrachtung schufen, glich fatal dem Bild, das sich viele im Westen schon immer von ihren Landsleuten im Osten gemacht hatten. Konnte man vierzig Jahre unter Ulbricht und Honecker leben, ohne vergiftet zu werden? Was sind das für Leute, die wir in unsere wohlgeordnete Bundesrepublik bekommen? Werden sie unsere Demokratie ruinieren, das mauerlose West-Berlin von allen Seiten her »verosten«? Auch engagierte Linke, die sonst wenig Gutes an der Bundesrepublik fanden, machten sich Sorgen um sie.

Die Ostdeutschen fühlten sich mit dem Staat identifiziert, den sie sich gerade vom Halse geschafft hatten. Sie sahen sich und ihr Leben in Zweifel gezogen, weil ihr Staat nichts getaugt hatte. Sie spürten eine Front des Mißtrauens, die sie nötigte, ebenfalls Front zu machen gegen die moralische Überheblichkeit von Leuten, die nie eine Probe auf ihre politische Moral hatten bestehen müssen. Fast alle Ostdeutschen (97 Prozent) meinten, über ihr Leben könne nur urteilen, wer es geteilt habe. Mancher geschworene Feind der DDR fühlte sich erstmals fast als Bürger der DDR.

Die Stasi-Akten haben die Front nicht geschaffen, auch die penetrante Einseitigkeit in der Darstellung der DDR war es nicht, aber beides hat entscheidend mitgewirkt, West- und Ostdeutsche einander zu entfremden. Beides hat der Vereinigung geschadet.

Das gleiche gilt für die Regel »Rückgabe vor Entschädigung«. Viele Jahre erzeugte sie Unsicherheit: »Hat sich ihr Hausbesitzer schon gemeldet?« stand an Mauern und Wänden. Vielleicht wäre die Regel erträglicher gewesen, wenn Alteigentum nur zur eigenen Nutzung rückerstattet worden wäre. Aber allzu oft bekamen es Erben, die kein Verhältnis mehr dazu hatten und es verkauften. Allzu oft mußten die Bewohner ausziehen. Kaum ein Ost-West-Streit hat im Osten soviel böses Blut gemacht und das nicht nur, weil zu Gunsten des Stärkeren entschieden wurde. Hier siegte die tätige Erinnerung, also die Vergangenheit, über Gegenwart und Zukunft.

Es war wenig Weisheit in der Art, wie die Deutschen vereinigt wurden. Auch wenig Souveränität, sich den Forderungen des Tages zu entziehen und das Ganze und die Zukunft zu bedenken. Es fehlte der Maßstab, an dem alles zu messen war: Was hilft dem Zusammenwachsen der Deutschen, was schadet ihm? An dieser obersten Notwendigkeit hätten die begreiflichen Wünsche nach Aufklärung, die Forderungen nach Bestrafung der Schuldigen, das Verlangen nach Wiederherstellung des Rechts ihre Grenze finden müssen. Auch Recht und Gerechtigkeit haben zu weichen, wenn ein gedeihliches Zusammenleben möglich werden soll. Christian Meier liefert Beispiele.

Deutschland hätte eine Politik des Vergessens gebraucht, Vergessens im Sinne des Nicht-Erinnerns an alles, das Unruhe schuf und den unendlich mühevollen Prozeß der Vereinigung störte. Verzicht also nicht auf das Erforschen, wohl aber auf das Ausbreiten von Schrecklichkeiten, Bändigung des Furors, alles ans Licht bringen zu wollen. Der Mensch muß nicht alles wissen, auch nicht, wie ihn sein Nachbar oder Freund in dunkler Zeit verraten hat. Die Öffnung der Stasi-Akten glich der Öffnung der Pandora-Büchse – es wäre uns viel erspart worden, wenn die giftigen Gaben unter Verschluß geblieben wären. Die Bürgerrechtler und viele ihrer Anhänger hätten wütend entgegnet: Alles bis auf den grünen Pfeil nehmt ihr uns und nun auch noch unsere Akten. Die Bonner Politik, die fast alles im Osten bestimmte, hätte sich durchsetzen müssen, wie sie es sonst überall tat, wenn es um ihre Grundsätze und Interessen ging. Sie hatte die Macht, aber nicht den Mut.

Deutschland wurde fast ohne Vergessen vereinigt, aber wird es ohne Vergessen »zusammenwachsen« können? Bildet es die Ausnahme von der welthistorischen Regel, daß Vergessen sein muß, damit nach vielerlei Konflikt ein friedlich-freundliches Zusammenleben möglich wird? Zwanzig Jahre hat die tätige Erinnerung Zeit gehabt, aber die »innere Einheit«, die das Land braucht und die alle Parteien wünschten, hat sie nicht erreicht. Auch Christian Meier fragte bereits: »Was bewirkt (…) das einseitige Vorrechnen der Vergangenheit von West nach Ost, bevor aus diesen und jenen schon ein Volk geworden ist?« Und zog schon vor zwölf Jahren die Konsequenz: »Wahrscheinlich ist es an der Zeit zu fragen, ob wir in diesem Punkt nicht besser täten, der welthistorischen Regel im Verhältnis von Erinnern, Verdrängen, Vergessen zu folgen.«

Die Verantwortlichen, gleich welcher Couleur und Tätigkeit, haben nichts unternommen, um dieser Aufforderung zu folgen, sie tun vielmehr das Gegenteil. In der Gedenkstättenkonzeption vom Juni 2008 bekräftigt die Bundesregierung wieder die Pflicht zu einseitiger DDR-Betrachtung, die sie nun ausdrücklich auf das »Alltagsleben in der DDR« ausdehnt: Es sei »im Kontext der Diktatur darzustellen«. Auch die Stasi-Behörde bleibt, entgegen früherer Ankündigung, bis auf weiteres bestehen. Einheit ist nur noch eine ökonomische Frage, die »innere Einheit« ist abgebucht. Doch wo die Politik versagt, setzt sich allmählich die Natur des Menschen durch, die Vergessen braucht und es sich schafft. Es ist ein Vergessen wie zu allen Zeiten: Das Leben gebietet, hinderliche Vergangenheit fernzuhalten. Nach Nazi-Herrschaft, Krieg und Niederlage verdrängten die Deutschen alle schreckliche Erinnerung, um ihre Kräfte zu sammeln und ihr Land wieder aufzubauen. Erst als sie sich erholt hatten, begannen sie, sich zu erinnern. Nach dem Ende der DDR war es umgekehrt: Zuerst hatten Zorn und Eifer freie Bahn, jetzt kommt Vergessen, weil die Forderungen einer neuen Zeit die Kräfte beanspruchen. Für die Ostdeutschen hatte sich 1990 außer Tages- und Jahreszeit fast alles verändert, sie mußten ihr Leben auf völlig neue Bedingungen einstellen. Die Westdeutschen erfuhren einen schleichenden, immer tiefer greifenden Wandel der wirtschaftlichen und sozialen Umstände. Nicht die Probleme der Vergangenheit beschäftigen beide, sondern eine verwirrende Gegenwart und eine unsichere Zukunft. Globalisierung wurde wichtiger als Geschichte.

Die vierzig Jahre Teilung und ihr Ende entgleiten langsam dem Gedächtnis. In den Gedenkjahren 2009 und 2010 wird noch einmal viel, wahrscheinlich zu viel, von der ostdeutschen Revolution und der Vereinigung Deutschlands geredet und geschrieben werden, aber ein lebendiges Interesse besteht nicht mehr. Über die DDR ist alles gesagt, was an Erregendem zu sagen ist. Man weiß, wie die Partei herrschte und die Stasi wühlte, Überraschungen sind nicht mehr zu erwarten, das Thema ist ausgeschöpft. Die Einheit ist staatlich vollzogen, und für die große Mehrheit der Westdeutschen ist damit auch dieses Thema erledigt. Bei den Ostdeutschen zeigt sich ein Unwille zurückzusehen: Was war, das war, aber damit möchten viele, vielleicht sogar die meisten, nichts mehr zu tun haben. Diese Abwendung von schwierigen Verhältnissen, unter denen man leben und mit denen man sich arrangieren mußte, hat Ähnlichkeit mit der Vergangenheitsverweigerung der ersten Nachkriegsjahre.

Vergessen breitet sich aus. Es wird Mühe kosten zu verhindern, daß es auch das Erinnerungswürdige erfaßt: Wie die Deutschen geteilt wurden und sich dann auch noch selbst teilten, aber nie ganz voneinander loskamen; wie und wo eine Mauer und Grenzzäune, schußwaffenbestückt, eine Stadt und Dörfer spalteten; wie man in der DDR lebte und was man litt und was man leistete; und nicht zuletzt wie die Bürger der DDR die einzige gelungene deutsche Revolution zustandebrachten – all das gehört in unser historisches Gedächtnis.

Aufs Ganze gesehen wird das Vergessen jedoch heilsam sein. Die Wunden der Teilung und die Schäden der Vereinigung waren politisch nicht zu heilen, sie müssen wie alles unbewältigte Böse vergessen werden, damit sie nicht mehr schmerzen. Ein schönes Beispiel zeigt, wie das geht. Bald nach der Vereinigung zitierten ehemalige DDR-Bürger mit bitterem Vergnügen einige Sätze, die Theodor Fontane 1867 über die preußische Vereinnahmung Schleswigs und Holsteins geschrieben hatte: »Ohne uns zu fragen, werfen sie die wichtigsten Einrichtungen hier über den Haufen und oktroyieren dafür nach Gutdünken andere (...) Da kommt doch jeder Kerl von dort mit der Miene eines kleinen persönlichen Eroberers und als müsse er uns erst die höhere Weisheit bringen (...) Auf diese Weise einigt man Deutschland nicht.« Sätze von schlagender Aktualität waren das für viele Ostdeutsche, aber ihre Wut auf die »Wessis« wird in ein bis zwei Generationen ebenso vergessen sein wie der Ärger über die Preußen in Schleswig und Holstein. Die »innere Einheit« wird kommen, wenn nur noch die Historiker von dem reden, was sie heute hindert.

Christian Meier hat eine allgemeingültige Entdeckung gemacht, als er beobachtete, daß vergangene Schrecklichkeiten vergessen oder verdrängt, zumindest beschwiegen werden müssen, wenn Menschen sich versöhnen und gemeinsam weiterkommen wollen. Deutschland ist keine Ausnahme von dieser Regel, obwohl es allein auf Erinnern setzt und davon alles erwartet. Das Leben ist stärker als menschliche Absichten, Vergessen setzte und setzt sich durch, wenn es nötig ist. Erinnern ist zu allen Zeiten unentbehrlich, ohne historisches Gedächtnis lebt kein Gemeinwesen. Erinnern war auch unvermeidlich, um der geschlagenen und verachteten Nation Wege aus der Katastrophe und zu sich selbst zu schaffen. Aber Erinnern ist nicht alles, es kann Unheil stiften, wenn es allein den Maßstab bildet. Es wäre viel gewonnen für die deutsche Politik und Meinungsbildung, wenn sie zur Kenntnis nähme, was Jahrtausende vor uns wußten: Vergessen ist ebenso unentbehrlich.

ANHANG

HINWEISE UND NACHWEISE

Dies ist das Buch eines Historikers und Zeitzeugen, zweier Gruppen von Vergangenheitsbetrachtern, die sich meist mehr Feind als Freund sind. So sind die Quellen, auf denen es beruht, nur zu einem Teil schriftlich nachweisbar, die Hauptquelle läßt sich nicht dokumentieren, sondern nur beschreiben. Sie besteht aus persönlichen Eindrükken, Erfahrungen, Erlebnissen und Gesprächen in beiden Teilen Deutschlands, nicht zuletzt auch aus der Teilnahme an den Kontroversen der Zeit – zwischen Ost und West wie innerhalb der Bundesrepublik. All das hat sich seit Mitte der fünfziger Jahre angesammelt und zu einem Gesamtbild vereinigt.

Dieses Bild blieb sich über die Zeiten im wesentlichen gleich, veränderte sich aber in manchen wichtigen Zügen. Vor allem Quellen, die erst nach dem Ende der DDR zugänglich wurden, haben einiges verdeutlicht, anderes korrigiert. Das Gespräch zum Beispiel, besser der Monolog, mit dem Breschnew am 28. Juli 1970 Honecker in die neue Lage nach der westlichen Anerkennung der DDR einweist, frappiert durch seine Unverblümtheit und Rücksichtslosigkeit. So ähnlich hatte man sich den Umgang des Herrn mit dem Gefolgsmann vorgestellt, aber daß er wirklich so war, erschien doch als eine erstaunliche Bestätigung.

Die Schwierigkeit bei der Abfassung des Buches lag darin, Bundesrepublik und DDR gleichermaßen zu bedenken – wie sonst sollte man über Deutschland schreiben. Dabei genügte es nicht, beide nebeneinander zu stellen, Deutschland war mehr als die Summe seiner Teile. Nötig war, beide von denselben Gesichtspunkten aus ins Auge zu fassen, wobei sich außer den meist bekannten Unterschieden manche überraschende Ähnlichkeiten ergaben. Ich habe das schon zweimal früher versucht, zuerst in einem Buch für das Jahr 1989, als beide Teilstaaten sich feierten und es nötig erschien, auf das Gemeinsame hinzuweisen: *Deutsche Parallelen. Anmerkungen zu einer gemeinsamen Geschichte zweier getrennter Staaten.* Das Buch ging in der Vereinigung unter. Der zweite Versuch, eine stark überarbeitete und ergänzte

Fassung, erschien 1996 unter dem Titel *Episode oder Epoche? Zur Geschichte des geteilten Deutschland.*

Die Literatur über Deutschland nach 1945 ist kaum mehr zu überblikken. Für die Zeit bis zur Gründung der beiden Staaten sei auf ein Handbuch verwiesen, das alles Wesentliche aller Lebensgebiete enthält: Wolfgang Benz (Hrsg.), *Deutschland unter alliierter Besatzung 1945–1949/55*, Berlin 1999. Im Oldenbourg Grundriß der Geschichte stehen neben summarischer Darstellung ausführlich Forschungsprobleme und -stand sowie die Literatur: *Die Bundesrepublik Deutschland*, Rudolf Morsey bis 1969, Andreas Rödder 1969–1990. Die jüngste und umfangreiche und sehr gut lesbare Darstellung der Bundesrepublik schrieb Edgar Wolfrum: *Die geglückte Demokratie*, Stuttgart 2006; das vereinte Land nach 1990 ist schon einbezogen. Der Altmeister der DDR-Historiographie, Hermann Weber, verfaßte auch den Oldenbourg-Band mit Forschung und Literatur: *Die DDR 1945–1990*, 3. Auflage München 2000.

In einem Handbuch wurde der bisher umfassendste Versuch unternommen, beide Teile Deutschlands miteinander zu verbinden: Clemens Burrichter, Detlef Nakath, Gerd-Rüdiger Stephan (Hrsg.), *Deutsche Zeitgeschichte von 1945 bis 2000. Gesellschaft – Staat – Politik*, Berlin 2006. Zwei der Herausgeber stammen aus der DDR, Clemens Burrichter ist ein alter DDR-Kenner aus der Bundesrepublik. Das Werk, 1350 Seiten stark, entsprang einer Initiative ostdeutscher Historiker, die auch etwa zwei Drittel der Autoren stellen. In 34 Beiträgen wurden die deutschen Staaten, Gesellschaften und ihre Wirtschaft verglichen, von der Außenpolitik bis zur Sport- und Forschungspolitik, die Rechtssysteme, Kunst und Kultur sowie Opposition und Widerstand nebeneinandergestellt. Einleitend verfaßte Jörg Roesler eine Geschichte beider Staaten bis 1990 »mit dem Schwerpunkt ihrer wirtschaftlichen und sozialen Entwicklung«, Johannes L. Kuppe betrachtete kritisch das vereinte Deutschland.

Die folgenden Literaturangaben sollen lediglich wichtige Zitate nachweisen und auf Bücher hinweisen, in denen ein Thema näher ausgeführt wird. Zwei mehrfach genannte Dokumentationen werden abgekürzt genannt.

Dokumente: Bundesministerium für gesamtdeutsche Fragen (später: innerdeutsche Beziehungen) (Hrsg.) *Dokumente zur Deutschlandpolitik*, Frankfurt am Main und Berlin seit 1961.

Texte: Derselbe Herausgeber, *Texte zur Deutschlandpolitik*, Bonn und Berlin seit 1968.

Das vergessene Land

Charles de Gaulle über die Wiedervereinigung: *Dokumente IV/1*, S. 1268; Rakowski in Gesprächen mit dem Autor. Werner Dahlheim über die Nachwirkung Roms: *An der Wiege Europas*, Frankfurt a.M. 2000, S. 17. Drei Kanzler zur staatlichen Einheit: Brandt am 30. 10. 1969 im Bundestag; Schmidt am 30. 8. 1979 im ZDF, am 1. 10. 1982 und am 10. 9. 1986 im Bundestag; Kohl am 27. 2. 1983 im Deutschlandfunk. Daß Kohl wie seine beiden Vorgänger den Begriff Wiedervereinigung (bis zum Herbst 1989) vermied, vermerkt auch Matthias Zimmer, *Nationales Interesse und Staatsräson. Zur Deutschlandpolitik der Regierung Kohl 1982–1989*, Paderborn 1992, S. 88.

Schuld, Schande und Schicksal

Der Nationalsozialismus als Ursache der deutschen Verluste: Brandt im Bundestag am 16. 1. 1970, *Texte Bd. IV*, S. 255 sowie in einer Fernsehansprache aus Warschau am 7. 12. 1970, *Texte Bd. 6*, S. 263. Weizsäcker in seiner Rede zum 40. Jahrestag des Kriegsendes, *Texte III, Bd. 3*, S. 244ff.

Das gebrochene Kreuz

Rudolf von Thadden über das ökonomisierte und technisierte Nationalbewußtsein: *Nicht Vaterland, nicht Fremde. Essays zu Geschichte und Gegenwart*, München 1989, S. 122f.

Die Aufsicht

Dulles über amerikanisch-russisches Einverständnis, kein vereintes, bewaffnetes Deutschland zwischen Ost und West zu dulden: Willy Brandt, *Begegnungen und Einsichten*, Hamburg 1976, S. 84. Zu Breschnew und der Ablösung Ulbrichts durch Honecker siehe die Nachweise zu »Wege über die große Grenze«. Die peinliche Hilflosigkeit der SED-Führer am 17. Juni 1953 beschrieb Rudolf Herrnstadt, *Das Herrnstadt-Dokument*, hrsg. von Nadja Stulz-Herrnstadt, Reinbek 1990, S. 82ff.

Die Teilung

Das Motto, Adenauers Satz über die »Wiedervereinigung – wer weiß wann«, stammt aus dem Tagebuch seines Vertrauten Heinrich Krone:

Aufzeichnungen zur Deutschland- und Ostpolitik 1954–1969. In: Rudolf Morsey und Konrad Repgen (Hrsg.), *Adenauer-Studien III,* Mainz 1974.

Die Feindschaft

Adenauers Rekrutierung der himmlischen Heerscharen gegen den Kommunismus findet sich in seiner Weihnachtsansprache am 25. 12. 1952: Konrad Adenauer, *Reden 1917–1967,* hrsg. von Hans-Peter Schwarz, Stuttgart 1975, S. 288ff. Gustav Heinemann, *Christus nicht gegen Karl Marx gestorben: Dokumente III/4,* S. 405. Ulbrichts Fast-Staats-Besuch in Ägypten beschrieben von seiner Frau Lotte Ulbricht, *Eine unvergeßliche Reise.* Verlag für die Frau, Leipzig–Berlin 1966, S. 12ff. Sebastian Haffner über Kommunisten als »Tote auf Urlaub« im *Stern* vom 5. 5. 1963, nachgedruckt und ergänzt durch die DDR-Reaktion in *Dokumente IV/9,* S. 304.

Die Trennung

Das Gefahrenbild der SED-Führung, von militärischer Intervention bis zum ökonomischen und ideologischen »Eindringen«, ist ausführlich dargestellt in einer Studie des Londoner Internationalen Instituts für strategische Studien: Peter Bender, *6 × Sicherheit. Befürchtungen in Osteuropa,* Köln 1970. Die zitierten Sätze standen im *Neuen Deutschland* am 30. 7. 1968. Adenauer äußerte seine Sorge, Moskaus »friedliche Koexistenz« sei noch gefährlicher »als das alte brutale Vorgehen«, 1956 in der Yale-Universität: *Bulletin des Presse- und Informationsamts der Bundesregierung* 12. 6. 1956, S. 1202. Ernst Lemmer über die Überlegenheit des Kommunismus in *Welt am Sonntag* 24. 4. 1966.

Die Last

Über die Notfallplanung für West-Berlin berichtet Hans-Peter Schwarz im 3. Band der *Geschichte der Bundesrepublik Deutschland, Die Ära Adenauer 1957–1963,* Stuttgart 1983, S. 88ff. Zu West-Berlin als Mythos, Kampfplatz der Großmächte, Hindernis für die DDR, Last für die Bundesrepublik und Brücke für die Deutschen in Ost und West: Peter Bender, *Wenn es West-Berlin nicht gäbe,* Berlin 1987.

Wege aus der Schuld

Die Literatur über den Umgang mit der nationalsozialistischen Vergangenheit ist kaum mehr zu überblicken, genannt seien hier nur: Klaus-Dietmar Henke und Hans Woller (Hrsg.), *Politische Säuberung in Europa. Die Abrechnung mit Faschismus und Kollaboration nach dem Zweiten Weltkrieg*, München 1991. Wolfgang Benz (Hrsg.), *Antisemitismus in Deutschland. Zur Aktualität eines Vorurteils*, München 1995. Norbert Frei, *Vergangenheitspolitik. Die Anfänge der Bundesrepublik und die NS-Vergangenheit*, München 1999. Kritische Stimmen zur DDR-Vergangenheitsaufarbeitung: Markus Meckel/ Martin Gutzeit, *Opposition in der DDR. Zehn Jahre kirchliche Friedensarbeit – kommentierte Quellentexte*, Köln 1994, S. 266ff. Stephan Hermlin in *Junge Welt* 16. 9. 1988, dokumentiert im *Deutschland Archiv 12/1988*. Konrad Weiß in *Kontext. Beiträge aus Kirche, Gesellschaft, Kultur*, 8. 3. 1989. Ulbrichts Satz »Wir wissen, daß ihr Nazis wart« ist einem Artikel von Jochen Arntz in der *Berliner Zeitung* vom 20./21. 8. 1994 entnommen, der Artikel beruht auf Arntz' Magisterarbeit. Das Verhältnis der DDR zu Juden und jüdischen Organisationen ist ausführlich behandelt im *Deutschland Archiv 12/1988* und *1, 7, 8/1989*.

Wege zur Souveränität

Die Polemik des Auswärtigen Amts gegen den französischen Ministerpräsidenten: *Dokumente III*, Bd. 2, S. 238. Hermann Weber, *Die DDR 1945–1990*, München 2000 über die DDR als Partner der Sowjetunion S. 47 und über »Ulbrichts Modellversuche« S. 75ff. Sehr aufschlußreich dazu Julij A. Kwizinskij, *Vor dem Sturm. Erinnerungen eines Diplomaten*, Berlin 1993, S. 169ff. Adenauers Mahnung »Nutzen Sie die Zeit, solange ich noch lebe«, wurde von dem damaligen Spiegel-Redakteur Lothar Rühl belauscht, der unbemerkt hinter einer Säule saß, als der Kanzler mit dem belgischen und luxemburgischen Außenminister sprach: *Der Spiegel* vom 6. 10. 1954. Die gleichzeitigen Tagungen des Bundestages und der 2. Parteikonferenz der SED sind blendend dargestellt vom früheren Spiegel-Redakteur und späteren Historiker Dietrich Staritz, *Die Gründung der DDR. Von der sowjetischen Besatzungsherrschaft zum sozialistischen Staat*, München, 3. Auflage 1995, S. 9–33.

Wege nach Europa

Die Mahnung Breschnews an Honecker, die deutsche Überheblichkeit gegenüber den Nachbarn einzustellen, ist dokumentiert bei Peter Przybylski, *Tatort Politbüro. Die Akte Honecker,* Berlin 1991, S. 284ff. Der polnische Schrecken vor einem sozialistischen Gesamtdeutschland: Peter Bender, *6 × Sicherheit. Befürchtungen in Osteuropa,* Köln 1970, S. 114ff. Die späteren Beziehungen zwischen Warschau und Ost-Berlin: Burkhard Olschowsky, *Einvernehmen und Konflikt. Das Verhältnis zwischen der DDR und der Volksrepublik Polen 1980–1989,* Osnabrück 2005. Den Mitteleuropa-Hoffnungen und -diskussionen seit den siebziger Jahren ist ein Sammelband gewidmet: *Traumland Mitteleuropa? Beiträge zu einer aktuellen Kontroverse,* hrsg. von Sven Papcke und Werner Weidenfeld, Darmstadt 1988.

Entspannung und Koexistenz

Das Kennedy-Motto entstammt der großen Friedensrede, die der Präsident am 10. Juni 1963 hielt und damit, kurz vor seinem Tode, einen politischen Weg zur Überwindung des Kalten Krieges wies. »Der Friede ist ein Weg, Probleme zu lösen«, sagte er und empfahl Amerika: »Wir müssen unsere Politik so betreiben, daß es schließlich das eigene Interesse der Kommunisten wird, einem echten Frieden zuzustimmen.« *Dokumente IV/9,* S. 382ff. Das zweite Motto entstammt der Rede, mit der Chruschtschow den Abzug der sowjetischen Raketen von Kuba 1962 rechtfertigte: N. S. Chruschtschow, *Den Krieg verhindern – den Frieden verteidigen!,* Berlin (Ost) 1963, S. 341. Kennedys machtpolitisches Verständnis für Chruschtschows Problem in der Berlinkrise 1961: Walt W. Rostow, *The Diffusion of Power. An Essay in Recent History,* New York 1972, S. 231. Chruschtschow über die Berliner Mauer als Kompromiß: Hans Kroll, der westdeutsche Botschafter in Moskau mit guten Beziehungen zum ersten Mann des Landes: *Lebenserinnerungen eines Botschafters,* Köln 1967, S. 512.

Vergebliche Versuche

Die Weigerung der Westmächte, zwecklose Initiativen für die Wiedervereinigung zu unternehmen: *Dokumente IV/11,* S. 595. Adenauers Sorgen über die Entspannungsziele der Amerikaner: Krone a.a.O., S. 176–180. Franz Josef Strauß über die Aussichtslosigkeit der

Wiedervereinigung: *Die Zeit* 8. 4. 1966, *Dokumente IV/12,* S. 439. Außenminister Gerhard Schröder will Großmächte-Entspannung von Fortschritten zur Wiedervereinigung abhängig machen: *Dokumente IV/9,* S. 7600ff. Die Versuche der Großen Koalition, mit der DDR zu praktischen Vereinbarungen zu kommen: *Dokumente V/I,* S. 902ff.

Wege über die große Grenze

Die »neue Ostpolitik« der sozialliberalen Koalition seit 1969 schildern die Hauptbeteiligten in ihren Erinnerungen: Willy Brandt, *Begegnungen und Einsichten* a.a.O.; *Erinnerungen,* Berlin/Frankfurt am Main 1989. Egon Bahr, *Zu meiner Zeit,* München 1996. Helmut Schmidt, *Die Deutschen und ihre Nachbarn. Menschen und Mächte II,* Berlin 1990. Hans-Dietrich Genscher, *Erinnerungen,* Berlin 1995. Aus DDR-Erfahrung: Karl Seidel, *Berlin-Bonner Balance. 20 Jahre deutsch-deutsche Beziehungen. Erinnerungen und Bekenntnisse eines Beteiligten,* Berlin 2002. Detlef Nakath (Hrsg.), *Deutschlandpolitiker der DDR erinnern sich,* Berlin 1995. Außerdeutsche Erinnerungen: Henry A. Kissinger, *Memoiren 1968–1973,* München 1973. Valentin Falin, *Politische Erinnerungen,* München 1993.

Ausführliche Darstellung bei Peter Bender, *Die »Neue Ostpolitik« und ihre Folgen. Vom Mauerbau bis zur Vereinigung,* München 1995. Aus DDR-Erfahrung Detlef Nakath, *Deutsch-deutsche Grundlagen. Zur Geschichte der politischen und wirtschaftlichen Beziehungen zwischen der DDR und der Bundesrepublik in den Jahren von 1969 bis 1982,* Schkeuditz 2002. Dort die wichtigste Literatur. Unverändert unentbehrlich Arnulf Baring, *Machtwechsel. Die Ära Brandt-Scheel,* Stuttgart 1982. Die beste Hilfe für das juristische und politische Verständnis der Vertragstexte gibt Benno Zündorf (Pseudonym), der an den meisten Verhandlungen beteiligt war: *Die Ostverträge. Die Verträge von Moskau, Warschau, Prag, das Berlin-Abkommen und die Verträge mit der DDR,* München 1979.

Die Reaktionen auf der Ostseite waren geprägt einerseits von Breschnews Interesse an der Bundesrepublik und seiner Sorge um die DDR, andererseits vom Machtkampf zwischen Ulbricht und Honecker. Die aufschlußreichen Dokumente stehen bei Peter Przybylski, *Tatort Politbüro. Die Akte Honecker,* Berlin 1991, S. 280–319. Die grundlegende Untersuchung leistete Monika Kaiser, *Machtwechsel von*

Ulbricht zu Honecker. Funktionsmechanismen der SED-Diktatur in Konfliktsituationen 1962 bis 1972, Berlin 1997.

Einzelnachweise: Bundeskanzler Erhard gegen Berliner Passierscheine: *Dokumente IV/11,* S. 17. Brandts Antwort »Was gut ist für die Menschen im geteilten Land, das ist auch gut für die Nation« in *Begegnungen und Einsichten* a.a.O., S. 107. Den viel zitierten Kissinger-Satz »Wenn Entspannungspolitik, dann machen wir sie« bekam Staatssekretär Paul Frank zu hören: NDR III, *Zeugen der Zeit* am 30. 7. 1982.

Die Rückkehr Europas

Über die gesamteuropäische Konferenz 1975 in Helsinki informiert: *KSZE. Konferenz über Sicherheit und Zusammenarbeit in Europa in Beiträgen und Dokumenten aus dem Europa-Archiv,* Bonn 1976. Ähnliche Veröffentlichungen folgten über die Nachfolgekonferenzen. Die Perspektive der DDR gaben im Rückblick Peter Steglich/Günter Leuschner, *KSZE – Fossil oder Hoffnung?,* Berlin 1996. Brandts skeptischer Kommentar: *Begegnungen und Einsichten* a.a.O., S. 558. Die neue Ost-West-Konstellation – die USA und Sowjetunion auf dem Weg in einen neuen Kalten Krieg, die Europäer beider Seiten einig in dem Bemühen, die Entspannung zu retten – war das Thema in: Peter Bender, *Das Ende des ideologischen Zeitalters. Die Europäisierung Europas,* Berlin 1981.

Emanzipationen

Die Deutschlandpolitik der christlich-liberalen Koalition beschreibt ausführlich und kenntnisreich Karl-Rudolf Korte, *Deutschlandpolitik in Helmut Kohls Kanzlerschaft. Regierungsstil und Entscheidungen 1982–1989,* Stuttgart 1998. Der Kanzler selbst gab zwei Journalisten Auskunft: Helmut Kohl, *Ich wollte Deutschlands Einheit,* Berlin 1996. Franz Josef Strauß berichtete über seine Rolle bei den Milliardenkrediten an die DDR in: *Die Erinnerungen,* Berlin 1989, S. 470ff.

Zu den Emanzipationsbemühungen Honeckers: Kwizinskij a.a.O., S. 255ff. Detlef Nakath/Gerd-Rüdiger Stephan, *Das Dreiecksverhältnis Bonn – Moskau – Ostberlin. Aspekte der sowjetischen Einflußnahme auf die deutsch-deutschen Beziehungen in den siebziger und achtziger Jahren,* Berlin 1999, S. 33ff. Über das Gespräch Schmidt–Honecker 1980 in Belgrad berichtet Klaus Bölling, *Die fernen Nachbarn. Erfahrungen in der DDR,* Hamburg 1989, S. 179.

Die Mühen der Ebene

Altparteienübereinstimmung: Die Bundesregierung durfte »nichts tun, um die Staatsführung der DDR zu destabilisieren oder gar zu unterminieren«, Helmut Schmidt, *Menschen und Mächte,* Berlin 1987, S. 44. »Wir wollen auch in Zukunft die DDR nicht destabilisieren«, Hans-Dietrich Genscher in *Der Spiegel* vom 25. September 1989. »Sie sprechen hier mit einem Mann, der nichts unternehmen wird, um Sie in eine ungute Lage – ich will es nicht näher interpretieren – in eine ungute Lage zu bringen«, Helmut Kohl am 19. 12. 1983 im Telefongespräch mit Honecker. Detlef Nakath/Gerd-Rüdiger Stephan, *Von Hubertusstock nach Bonn,* Berlin 1995, S. 168.

Zwei Deutschland in Europa?

Richard von Weizsäcker, auch das geteilte Deutschland bleibt die Mitte Europas: *Texte III/3,* S. 273. Über das viel diskutierte SPD-SED-Papier, in dem sich die tief verfeindeten Parteien auf zivile Formen des Streits einigten und sich gegenseitig Reformfähigkeit bescheinigten, informiert Rolf Reißig, der auf der SED-Seite wesentlich zum Kompromiß beitrug: *Dialog durch die Mauer. Die umstrittene Annäherung von SPD und SED vor der Wende,* Frankfurt am Main/New York 2002.

Niedergang einer Weltmacht

Gorbatschow selbst schrieb *Erinnerungen,* Berlin 1995. Sehr aufschlußreich ist der Bericht seines Vertrauten Anatoli Tschernajew, *Die letzten Tage einer Weltmacht. Der Kreml von innen,* Stuttgart 1993. Kritisch fiel die Bilanz aus, die Valentin Falin zog: *Konflikte im Kreml. Zur Vorgeschichte der deutschen Einheit und Auflösung der Sowjetunion,* München 1997.

Krankheit zum Tode

Genschers bedeutende Rede am 1. 2. 1987 vor dem World Economic Forum in Davos wurde vor allem in den USA und Großbritannien mit Skepsis oder sogar offener Anfeindung aufgenommen: *Unterwegs zur Einheit,* Berlin 1991, S. 146. Zeugnisse für die Kritik im Politbüro an Honeckers »Westdrall« bei Przybylski a.a.O., S. 345–356. Die DDR am goldenen Angelhaken: Kwizinskij a.a.O., S. 261. Über den finanziellen Ruin der DDR informiert das *Deutschland Archiv 2* und *10/1992, 6/1994,* über die Wirtschaftsbeziehungen zwischen Bundesrepublik und DDR *5/1993.*

Einheit am Horizont

Über die Bürgerrechtler berichtet ausführlich Ehrhart Neubert, *Geschichte der Opposition in der DDR 1949–1989,* Berlin 1997. Alle offiziellen Dokumente zur Einheit aus den Jahren 1989/1990 sind in den *Texten III/7* und *8* versammelt: Regierungserklärungen, Bundestagsdebatten und die Texte des Zwei-plus-Vier-Vertrages sowie des Einigungsvertrages. Höchst informativ ist der tagebuchartige Bericht von Horst Teltschik, Kohls engstem außenpolitischen Helfer: *329 Tage. Innenansichten der Einigung,* Berlin 1991.

Zum Mauerfall: Hans-Hermann Hertle, *Chronik des Mauerfalls,* Berlin 1998. Modrows Eingeständnis, die Zweistaatlichkeit sei nicht mehr zu halten: Gorbatschow, *Erinnerungen,* Berlin 1995, S. 714. Vgl. *Texte III/8a,* S. 49.

Frieden mit Deutschland

Die außenpolitische Seite der Vereinigung erscheint aus der Sicht des Kanzleramts bei Teltschik a.a.O.; aus der Sicht des Außenministeriums bei Richard Kiessler/Frank Elbe (Büroleiter Genscher): *Ein runder Tisch mit scharfen Ecken. Der diplomatische Weg zur deutschen Einheit,* Baden-Baden 1993. Aus der Sicht der USA bei Philip Zelikow/Condoleezza Rice, *Sternstunde der Diplomatie. Die deutsche Einheit und das Ende der Spaltung Europas,* Berlin 1997. Aus sowjetischer Sicht bei Gorbatschow und Falin a.a.O. Aus französischer Sicht bei Jacques Attali (Mitterrands Sonderberater), *Verbatim III,* Paris 1995.

Mehr Machtpolitik als Brüderlichkeit

Wolfgang Schäuble, Innenminister der Bundesrepublik, berichtete selbst über seine Verhandlungen mit der DDR: *Der Vertrag. Wie ich über die deutsche Einheit verhandelte,* Stuttgart 1991.

Vereinigen können sich nur Gleiche

Über die mentalen Eigenheiten der Ostdeutschen gibt die beste Auskunft Wolfgang Engler, *Die Ostdeutschen. Kunde von einem verlorenen Land*, Berlin 1999. Die DDR-Identität nach dem Tode der DDR beobachtete Jens Reich, *Rückkehr nach Europa. Zur neuen Lage der deutschen Nation*, München 1991, S. 251.

Eine neue Deutschlandkarte

Die nachdenklichste und vielseitigste Betrachtung zur Hauptstadtentscheidung für Berlin schrieb Hermann Rudolph im *Merkur* Juli 2006. Den Erfolg der Hauptstadt Berlin schilderte Heinrich Wefing im Leitartikel der *Frankfurter Allgemeinen Zeitung* am 26. 10. 2006.

Mehr Glück als Vaterlandsliebe

Der 3. Oktober 1990 war politisch der Tag des Wiedergewinns voller Souveränität für Deutschland, rechtlich trat der Zwei-plus-Vier-Vertrag erst mit der Ratifizierung durch die vier ehemaligen Besatzungsmächte im Frühjahr 1991 in Kraft. Über Deutschlands zweite Chance schrieb Fritz Stern: *Verspielte Größe. Essays zur deutschen Geschichte des 20. Jahrhunderts*, München 1996.

ZEITTAFEL

1945

30. 4.	Hitler begeht Selbstmord.
8. 5.	Bedingungslose Kapitulation der deutschen Wehrmacht.
5. 6.	Übernahme der »obersten Regierungsgewalt in Deutschland« durch die Vier Mächte.
17. 7. bis 2. 8.	Potsdamer Konferenz zwischen Stalin, Truman und Churchill (am Ende Attlee). Ziele für Deutschland: Entnazifizierung, Entmilitarisierung, Demokratisierung, Behandlung als »wirtschaftliche Einheit«. Das nördliche Ostpreußen wird sowjetischer, das übrige deutsche Gebiet östlich der Oder und Lausitzer Neiße polnischer Verwaltung unterstellt. Briten und Amerikaner stimmen einer Aussiedlung der Deutschen zu.

1946

21. 4. bis 22. 4.	Vereinigung von SPD und KPD in der Sowjetischen Besatzungszone; die West-Berliner SPD hatte durch Urabstimmung am 31. 3. die Teilnahme verweigert.
30. 9. bis 1. 10.	Urteilsverkündung in Nürnberg. Zwölf »Hauptkriegsverbrecher« zum Tode, sieben zu hohen Freiheitsstrafen verurteilt, drei freigesprochen. Anschließend »Nachfolgeprozesse« gegen Diplomaten, Militärs, Wirtschaftsführer, Juristen.

1947

12. 3.	Truman-Doktrin verspricht »freien« Staaten materielle Hilfe gegen kommunistische Bedrohung.
5. 6.	Verkündung des Marshall-Plans für Wiederaufbau Europas.
6. 8. bis 8. 8.	Münchner Treffen der Länderministerpräsidenten aller Zonen bleibt ergebnislos.
25. 11. bis 15. 12.	Fünfte Außenministerkonferenz in London, keine Einigung über Deutschland.

1948

23. 2. bis 6. 3. Gründung eines westdeutschen Staats und dessen Einbeziehung in den Marshall-Plan von der Londoner Sechs-Mächte-Konferenz (Westmächte und Benelux-Staaten) empfohlen.

20. 3. Ende der Vier-Mächte-Regierung über Deutschland; aus Protest gegen die Londoner Beschlüsse verläßt der sowjetische Vertreter den Kontrollrat.

20. 6. Währungsreform in den drei Westzonen; Streit, ob Ost- oder West-Währung in den Westsektoren Berlins gelten soll; anschließend Beginn der sowjetischen Blockade West-Berlins.

26. 6. Beginn der Luftbrücke zur Versorgung West-Berlins.

1. 7. bis 26. 7. Die elf westdeutschen Ministerpräsidenten finden sich zur Gründung eines Weststaats bereit.

1. 9. Konstituierung des Parlamentarischen Rats zur Ausarbeitung einer Verfassung.

14. 11. Bekanntgabe eines Verfassungsentwurfs für eine Deutsche Demokratische Republik in Ost-Berlin.

1949

25. 1. Gründung des Rats für gegenseitige Wirtschaftshilfe (RGW oder Comecon) in Warschau.

4. 4. Gründung der Nato.

12. 5. Ende der Blockade West-Berlins.

23. 5. Verkündung des Grundgesetzes.

14. 8. Wahl zum ersten Deutschen Bundestag, der am 15. 9. Adenauer zum Bundeskanzler wählt.

7. 10. Gründung der Deutschen Demokratischen Republik (DDR).

1950

25. 6. Beginn des Koreakrieges, Militarisierung des Kalten Krieges.

6. 7. Die DDR erkennt die Oder-Neiße-Grenze an, »Görlitzer Vertrag«.

12. 9. bis 18. 9. Westdeutscher Wehrbeitrag von Außenministerkonferenz der Westmächte in Washington beschlossen.

1951

18. 4. Vertrag über die Montanunion, die Europäische Gemeinschaft für Kohle und Stahl (Frankreich, Italien, Bundesrepublik, Benelux), erster Schritt zur Integration Westeuropas.

27. 9. Handelsabkommen der DDR mit der Sowjetunion, es folgen langfristige Abkommen mit den Volksdemokratien.

1952

10. 3. Erste sowjetische Note mit dem Angebot, ein neutralisiertes Deutschland wiederzuvereinigen. Grundriß eines Friedensvertrages.

25. 3. Antwort der Westmächte: zuerst freie gesamtdeutsche Wahlen, dann Gespräche über Friedensvertrag.

9. 4. Zweite sowjetische Note: Gleichzeitig Gespräche über Friedensvertrag und freie gesamtdeutsche Wahlen, aber unter Kontrolle der Vier Mächte, nicht der Vereinten Nationen, wie die Westmächte vorschlugen. Der Notenwechsel setzt sich bis zum 23. 9. ergebnislos fort.

26. 5. Unterzeichnung des »Deutschlandvertrages« über die Souveränität der Bundesrepublik.

27. 5. Unterzeichnung des Vertrages über die Europäische Verteidigungsgemeinschaft (EVG) in Paris durch die Außenminister der sechs Montanunion-Staaten.

9. 7. bis 12. 7. Die 2. Parteikonferenz der SED beschließt den »Aufbau des Sozialismus« und reiht sich damit unter die Volksdemokratien ein.

23. 7. Statt der fünf Länder wird die DDR in vierzehn Bezirke gegliedert, dem Föderalismus der Bundesrepublik steht nun der Zentralismus der DDR gegenüber.

10. 9. Wiedergutmachungsabkommen Bonns mit Israel und der Jewish Claims Conference unterzeichnet.

23. 10. Verbot der neonazistischen Sozialistischen Reichspartei durch das Bundesverfassungsgericht.

1953

5. 3. Stalin stirbt.

15. 4. Das Politbüro der KPdSU empfiehlt dem ZK der SED eine Milderung der Politik.

28. 5. Verkündung höherer Arbeitsnormen.

9. 6. Auf sowjetisches Drängen Einleitung des »Neuen Kurses«; Zurücknahme zahlreicher Verschärfungen beim »Aufbau des Sozialismus«.

16. 6. Demonstration der Bauarbeiter in der Ost-Berliner Stalinallee, ausgelöst durch die nicht zurückgenommene Erhöhung der Arbeitsnormen.

17. 6. Demonstrationen, Streiks, Aufruhr in Ost-Berlin und mindestens 450 Orten in der DDR mit fast einer Million Teilnehmern. Niederschlagung durch die sowjetische Armee.

9. 7. Politbüromitglied und Innenminister Berija in Moskau aller Ämter enthoben.

24. 7. bis 26. 7. Staatssicherheitsminister Zaisser und der Chefredakteur von ›Neues Deutschland‹, Herrnstadt, aus dem ZK ausgeschlossen. Ulbricht »Erster Sekretär des ZK«.

1954

25. 1. bis 18. 2. Außenministerkonferenz der Vier Mächte in Berlin ohne Ergebnis für die deutsche Frage.

25. 3. Sowjetunion erklärt die DDR für souverän.

30. 8. Ablehnung des EVG-Vertrages durch die französische Nationalversammlung.

27. 9. bis 23. 10. Als Ersatz für die EVG wird Aufnahme der Bundesrepublik in die Nato beschlossen.

29. 11. bis 2. 12. Konferenz der europäischen Oststaaten erklärt in Moskau: Remilitarisierung der Bundesrepublik schließe Abkommen über Wiedervereinigung aus.

1955

14. 1. Sowjetische Regierung erklärt, gesamtdeutsche »freie Wahlen« unter »internationaler Aufsicht« zuzulassen, wenn alle Teile Deutschlands frei bleiben von militärischen Bindungen.

5. 5. bis 6. 5. Die Bundesrepublik wird souverän, tritt der Nato bei, die drei Westmächte verpflichten sich zur Unterstützung der Wiedervereinigung.

14. 5. Gründung des Warschauer Pakts unter Teilnahme der DDR.

18. 7. bis 23. 7. Erster Versuch zur Ost-West-Entspannung, Gipfelkonferenz der Vier Mächte in Genf über europäische Sicherheit und Wiedervereinigung.

26. 7. Der Erste Sekretär der KPdSU, Chruschtschow, erklärt auf der Rückreise von Genf in Ost-Berlin, die »politischen und sozialen Errungenschaften« der DDR könnten nicht preisgegeben werden, eine Wiedervereinigung sei nur möglich durch ein »System der kollektiven Sicherheit in Europa« und eine »Entwicklung wirtschaftlicher und politischer Kontakte zwischen beiden Teilen Deutschlands«.

9. 9. bis 13. 9. Adenauer auf sowjetische Einladung in Moskau: Aufnahme diplomatischer Beziehungen, die Entlassung der letzten Kriegsgefangenen zugesichert.

20. 9. Ulbricht in Moskau, die DDR erhält die Kontrolle über die Land- und Wasserwege nach West-Berlin – abgesehen vom Verkehr der drei Westmächte.

23. 10. Die Saarländer lehnen mit 67,7 Prozent das Saarstatut ab, Frankreich gesteht Rückkehr des Saargebiets nach Deutschland zu.

27. 10. bis 6. 11. Genfer Außenministerkonferenz der Vier Mächte über europäische Sicherheit und Deutschland – ohne Ergebnis.

27. 10. bis 10. 11. DDR-Außenhandelsminister Rau besucht Indien und Ägypten, wird von Nehru und Nasser empfangen.

8./9. 12. Einführung der Hallstein-Doktrin, die Maßnahmen bis zum Abbruch der diplomatischen Beziehungen androht, wenn ein Staat die DDR anerkennt.

1956

18. 1. Schaffung der Nationalen Volksarmee (NVA), die aus der Kasernierten Volkspolizei hervorgeht.

14. 2. bis 25. 2. XX. Parteitag der KPdSU. Entstalinisierung, Kriege nicht mehr unvermeidlich, friedliche Koexistenz.

7. 7. Bundestag beschließt allgemeine Wehrpflicht.

18. 8. Das Bundesverfassungsgericht verbietet die KPD.

19. 10.	Chruschtschow fliegt unangemeldet nach Warschau und versucht vergeblich, die Wahl Gomulkas zum Parteichef zu verhindern. Beginn der polnischen »Besonderheiten«.
21. 10. bis 11. 11.	Aufstand in Ungarn, Niederschlagung durch sowjetische Streitkräfte.
31. 12.	Ulbricht empfiehlt erstmals Konföderation zwischen beiden deutschen Staaten als »Zwischenlösung« bis zur Wiedervereinigung.

1957

1. 1.	»Kleine Wiedervereinigung«: Das Saarland kehrt zu Deutschland zurück.
7. 3. bis 9. 3.	Prozeß gegen intellektuelle Parteiopposition, Wolfgang Harich zu zehn Jahren Zuchthaus verurteilt.
25. 3.	Unterzeichnung der »Römischen Verträge«: Die Montanunion wird durch die europäische Wirtschaftsgemeinschaft (EWG) und Atomgemeinschaft (Euratom) mit dem Ziel erweitert, einen gemeinsamen Markt zu schaffen.
3. 10.	Der polnische Außenminister Rapacki schlägt, vor den Vereinten Nationen, eine atomwaffenfreie Zone in Mitteleuropa vor.
19. 10.	Bonn bricht diplomatische Beziehungen zu Jugoslawien ab, das die DDR anerkannt hatte; erste Anwendung der »Hallstein-Doktrin«.

1958

3. 2. bis 6. 2.	Ulbrichts »Kronprinz« Schirdewan und andere Vertreter eines »entstalinisierten« Sozialismus entmachtet.
19. 3.	Adenauer schlägt Moskau vor, der DDR den Status Österreichs zu geben.
27. 11.	»Chruschtschow-Ultimatum«. Die sowjetische Regierung erklärt die Rechte der Westmächte in Berlin für verwirkt und verlangt, binnen sechs Monaten einen Freie-Stadt-Status für West-Berlin zu vereinbaren, sonst würden die sowjetischen Berlin-Rechte an die DDR übertragen.
31. 12.	Die Westmächte erklären sich bereit, über Berlin im Rahmen der Probleme Deutschland und europäische Sicherheit zu verhandeln.

1959

Januar bis März	Unter dem Druck des Berlin-Ultimatums entstehen neue Deutschlandpläne: Friedensvertrag mit zwei deutschen Staaten oder deren Konföderation (Sowjetunion). Völkerrechtliche Anerkennung beider Staaten, getrennte Volksabstimmungen über Wiedervereinigung (Geheimplan des Staatssekretär im Kanzleramt Globke). Vereintes blockfreies Deutschland in einem gesamteuropäischen Sicherheitssystem (SPD, ähnlich FDP). Verstärkte Beziehungen zwischen Bundesrepublik und DDR »auf allen praktischen Gebieten« bis zur Wiedervereinigung unter Anerkennung der Oder-Neiße-Grenze (de Gaulle).
11. 5. bis 5. 8.	Genfer Außenministerkonferenz der Vier Mächte und, an »Katzentischen«, der Bundesrepublik und der DDR – ohne Ergebnis. Der Herter-Plan ist der letzte gemeinsame Vorschlag des Westens für eine Wiedervereinigung.
24. 12.	Hakenkreuzschmierereien in Köln, weltweite Zweifel an Wandlung der Deutschen.

1960

Januar bis April	In einer feldzugähnlichen Kollektivierungskampagne werden in der DDR 500000 Bauern in die Genossenschaften gebracht, Einzelbauern gab es danach – fast – nicht mehr.
16. 5. bis 17. 5.	Die Gipfelkonferenz der Vier Mächte in Paris scheitert, bevor sie beginnt.
30. 6.	Bundestagsrede Herbert Wehners, mit der die SPD Adenauers West-Verträge und -Bindungen akzeptiert und als Grundlage künftiger Außen- und Einheitspolitik betrachtet.
10. 8.	Der Philosoph Karl Jaspers sagt öffentlich, was auch Adenauer denkt: Freiheit in der DDR wichtiger als Wiedervereinigung.

1961

3. 6. bis 4. 6.	Chruschtschow trifft den neuen amerikanischen Präsidenten Kennedy in Wien und setzt ihn wegen Berlin unter Druck.
25. 7.	Kennedy proklamiert seine Entschlossenheit, West-Berlin zu verteidigen.

13. 8. Abriegelung Ost-Berlins, drei Tage später Beginn des Mauerbaus. Davor Anschwellen der Flüchtlingsflut, seit Anfang 1961: 155402.

27. 10. Konfrontation amerikanischer und sowjetischer Panzer am »Checkpoint Charlie« in Berlin.

1962

24. 1. Allgemeine Wehrpflicht in der DDR.

6. 6. Adenauer schlägt der Sowjetunion, vertraulich, einen zehnjährigen »Burgfrieden« vor, wenn die Menschen in der DDR freier leben könnten.

18. bis 28. 10. Atomkriegsgefahr, verursacht durch die Stationierung sowjetischer Raketen auf Kuba.

19. 12. Die Bundesregierung schließt sich dem Röhren-Embargo der Nato an, zwingt unter amerikanischem Druck deutsche Firmen zum Vertragsbruch mit Moskau.

1963

22. 1. de Gaulle und Adenauer unterzeichnen den Vertrag über deutsch-französische Zusammenarbeit (Elysée-Vertrag).

7. 3. Beginn der Einrichtung westdeutscher Handelsmissionen im Osten. Auf Warschau folgen Missionen in Bukarest, Budapest und Sofia, mit Prag erst am 3. 8. 1967.

15. 7. Vortrag Egon Bahrs in Tutzing: »Wandel durch Annäherung«.

5. 8. »Teststopp-Abkommen«. Vereinbarung der USA, Englands und der Sowjetunion, Atomwaffenversuche, außer den unterirdischen, einzustellen.

15. 10. Rücktritt Adenauers, Ludwig Erhard Nachfolger.

22. 11. Präsident Kennedy ermordet, Nachfolger Lyndon B. Johnson.

17. 12. Unterzeichnung des ersten Passierschein-Abkommens, das West-Berlinern über Weihnachten und Neujahr Verwandtenbesuche in Ost-Berlin ermöglicht.

20. 12. Beginn der Auschwitzprozesse.

1964

12. 6. DDR erhält Freundschafts- und Beistandsvertrag mit Moskau, wie alle anderen Paktmitglieder ihn haben.

28. 7. Bundeskanzler Erhard empfängt Chruschtschows Schwiegersohn Adschubej, Einvernehmen über Chruschtschow-Besuch in Bonn.

28. 7. bis 3. 8. Der rumänische Ministerpräsident Maurer besucht als erster Regierungschef des östlichen Europa (außer der UdSSR) Paris. Im Laufe eines Jahres folgen der tschechische, bulgarische und ungarische Außenminister.

9. 9. DDR-Rentner dürfen die Bundesrepublik besuchen.

15. 10. Sturz Chruschtschows, Nachfolger Breschnew (Parteichef) und Kossygin (Regierungschef).

25. 11. Einführung eines Pflichtumtauschs für West-Besucher der DDR.

1965

24. 2. bis 2. 3. Besuch des Staatsratsvorsitzenden Ulbricht in Ägypten.

7. 4. Letzte Plenarsitzung des Bundestags in Berlin, Westmächte verweigern weitere Genehmigung, um Konflikt mit Moskau zu vermeiden.

8. 10. IOC beschließt, zwei getrennte deutsche Mannschaften bei Olympischen Spielen 1968 zuzulassen.

1966

11. 2. bis 29. 6. Briefwechsel und Verhandlungen zwischen SPD und SED über einen »Rederaustausch«.

25. 3. »Friedensnote« der Bundesrepublik an alle Staaten, auch in Osteuropa, aber nicht an die DDR.

21. 6. bis 1. 7. de Gaulle besucht, genau 25 Jahre nach dem deutschen Angriff auf die Sowjetunion, Moskau und das frühere Stalingrad.

4. bis 6. 7. »Bukarester Erklärung« der Spitzen des Warschauer Pakts: Auflösung der Militärblocks, Europäische Konferenz für Sicherheit und Zusammenarbeit.

6. 10. Ende der Berliner Passierschein-Regelung, es bleibt nur

eine »Härtestelle« für dringende Familienangelegenheiten.

1\. 12. Große Koalition in Bonn. Bundeskanzler Kiesinger (CDU), Außenminister Brandt (SPD).

1967

31\. 1. Bonn vereinbart diplomatische Beziehungen mit Rumänien.

8\. bis 10. 2. »Ulbricht-Doktrin«. Die Außenminister des Warschauer Pakts einigen sich: Kein Pakt-Mitglied solle sein Verhältnis zur Bundesrepublik normalisieren, bevor die DDR dies getan habe.

15\. und 17. 3. Die DDR wird in das bilaterale Vertragsnetz des östlichen Europa einbezogen: Verträge über »Freundschaft, Zusammenarbeit und gegenseitigen Beistand« mit Polen und der Tschechoslowakei, mit Ungarn am 18. 5. und Bulgarien am 7. 9.

13\. 6. Kiesinger beantwortet – als erster Bundeskanzler – einen Brief des DDR-Ministerpräsidenten.

6\. bis 12. 9. de Gaulle besucht Polen und nennt Zabrze, das frühere Hindenburg, »die polnischste aller polnischen Städte«.

18\. 9. DDR-Ministerpräsident Stoph schickt Kiesinger einen Vertragsentwurf, der »normale« Beziehungen zwischen »souveränen Staaten deutscher Nation« schaffen soll und auch alle anderen Forderungen des Warschauer Pakts enthält.

28\. 9. Kiesinger antwortet, zur Wiedervereinigung könne ein Programm praktischer Zusammenarbeit helfen, um wenigstens »die Not der Spaltung zu mildern«.

14\. 12. »Harmel-Bericht«: Die Nato gründet ihre Sicherheit auf Verteidigung und Entspannung.

1968

31\. 3. Erste Revision der Hallstein-Doktrin: Zu Jugoslawien nimmt Bonn die diplomatischen Beziehungen wieder auf.

11\. 6. DDR führt Paß- und Visumzwang im Reiseverkehr mit der Bundesrepublik sowie für den Transit nach West-Berlin ein.

11\. 7. Die Sowjetunion bricht die Gewaltverzichts-Verhandlungen mit Bonn ab, indem sie die sowjetischen Dokumente dazu veröffentlicht.

21. 8. Der Warschauer Pakt (außer Rumänien) besetzt die Tschechoslowakei, Ende des »Prager Frühlings«.

1969

20. 1. Richard Nixon neuer Präsident der USA, Sicherheitsberater Henry Kissinger.

24. 1. FDP legt Entwurf eines Generalvertrages mit der DDR vor.

26./27. 2. Nixon besucht die Bundesrepublik und West-Berlin und regt Gespräche über Spannungsminderung in Berlin an.

2. 3. Kämpfe zwischen sowjetischen und chinesischen Truppen am Grenzfluß Ussuri.

5. 3. Letzte Bundesversammlung in Berlin, vorher starke Störungen im Verkehr nach West-Berlin.

17. 3. »Budapester Appell« des Warschauer Pakts empfiehlt nochmals Konferenz aller europäischen Staaten über Sicherheit und Zusammenarbeit (später KSZE genannt).

28. 4. Erstes sowjetisch-westdeutsches Minister-Gespräch in Hannover seit Mikojan-Besuch 1958. Lieferung von Großröhren gegen Erdgas vereinbart, Ende des Embargos von 1962.

8. 5. bis 11. 7. Anerkennung der DDR durch Kambodscha, Irak, Sudan, Syrien, Süd-Jemen, Ägypten.

17. 5. Der polnische Parteichef Gomulka schlägt der Bundesrepublik einen zweiseitigen Grenz- und Normalisierungs-Vertrag vor, ohne die Anerkennung der DDR zur Bedingung zu machen.

21. 10. Bildung der sozialliberalen Koalition. Bundeskanzler Brandt (SPD), Außenminister Scheel (FDP).

28. 10. Regierungserklärung von Bundeskanzler Brandt: Zwei Staaten in Deutschland, die füreinander nicht Ausland sind.

17. 11. Die USA und die Sowjetunion beginnen Vorgespräche über die Begrenzung strategischer Waffen (SALT).

18. 11. Die Bundesregierung unterzeichnet den Nicht-Verbreitungsvertrag für Kernwaffen und entsagt damit militärischem Atomehrgeiz.

18. 12. Ulbricht schickt einen Vertragsentwurf für die Beziehungen Bundesrepublik–DDR an Bundespräsident Heinemann.

1970

30. 1. bis 22. 5.	Verhandlungen zwischen Staatssekretär Bahr und Außenminister Gromyko. Thema: Gesamtverhältnis der Bundesrepublik zum östlichen Europa.
19. 3.	Treffen zwischen Brandt und Stoph in Erfurt.
21. 5.	Treffen zwischen Brandt und Stoph in Kassel.
12. 8.	Unterzeichnung des Moskauer Vertrages.
27. 11.	Erstes Treffen der Staatssekretäre Bahr und Michael Kohl, Eröffnung einer ständigen deutsch-deutschen Verhandlungsschiene.
7. 12.	Unterzeichnung des Warschauer Vertrages.

1971

3. 5.	Ulbricht wird als Parteichef von Erich Honecker abgelöst.
3. 9.	Unterzeichnung des Vier-Mächte-Abkommens über Berlin, das aber erst in Kraft treten kann, wenn die deutsch-deutschen Zusatzvereinbarungen ausgehandelt und die Ostverträge ratifiziert sind.
20. 10.	Brandt erhält den Friedens-Nobelpreis.
17. 12.	Bahr und Kohl unterzeichnen das Transit-Abkommen, die deutsche Ergänzung zum Vier-Mächte-Abkommen.

1972

23. bis 25. 2.	Beginn der Bundestagsdebatte über die Ostverträge.
29. 3.	DDR-Regierung setzt die Reiseerleichterungen des Berlin-Abkommens vorzeitig und befristet auf Ostern und Pfingsten in Kraft. Weit über eine Million West-Berliner besuchen erstmals seit 1966 Ost-Berlin und erstmals seit 1952 die DDR.
23. 4.	Die sozialliberale Koalition verliert die absolute Mehrheit im Bundestag.
26. 4.	Abschluß der Verhandlungen über einen Verkehrsvertrag zwischen Bundesrepublik und DDR, Ankündigung von »menschlichen Erleichterungen«.
27. 4.	Scheitern des konstruktiven Mißtrauensvotums Barzel gegen Brandt.

9. 5. Einigung aller Parteien über eine gemeinsame Bundestagsentschließung zu den Ostverträgen.

17. 5. Der Bundestag billigt – bei weitgehender Stimmenthaltung der CDU/CSU – den Moskauer und Warschauer Vertrag.

26. 5. Unterzeichnung des SALT-I-Abkommens zwischen USA und Sowjetunion über Begrenzung strategischer Waffen.

22. 9. Der Bundestag billigt ohne Gegenstimmen, bei neun Enthaltungen, den Verkehrsvertrag mit der DDR.

8. 10. Indien erkennt die DDR an.

15. 11. Pakistan erkennt die DDR an.

19. 11. Bundestagswahlen geben der sozialliberalen Koalition eine sichere Mehrheit.

22. 11. Alle Staaten Europas (außer Albanien) sowie die USA und Kanada beginnen in Helsinki Vorgespräche für eine »Konferenz über Sicherheit und Zusammenarbeit in Europa« (KSZE).

7. 12. Iran erkennt die DDR an. Im Laufe des Dezember folgen 20 weitere Staaten, darunter die Schweiz, Schweden, Österreich und als erstes Nato-Land Belgien.

21. 12. Bahr und Kohl unterzeichnen in Ost-Berlin den Grundlagenvertrag.

1973

5. 1. Die Niederlande erkennen die DDR an. Im Laufe des Jahres folgen 46 weitere Staaten, darunter auch Großbritannien und Frankreich (8. und 9. 2.).

18. bis 22. 5. Staatsbesuch von Generalsekretär Breschnew in der Bundesrepublik.

28. 5. Die Bayerische Staatsregierung ruft das Bundesverfassungsgericht gegen den Grundlagenvertrag an.

31. 5. Herbert Wehner und Wolfgang Mischnick, die Fraktionsvorsitzenden von SPD und FDP, bei Honecker.

18. bis 25. 6. Staatsbesuch Breschnews in den USA.

18. 6. Das Bundesverfassungsgericht lehnt den zweiten bayerischen Antrag ab, durch einstweilige Anordnung die Inkraftsetzung des Grundlagenvertrags anzuhalten.

20. 6. Durch Notenaustausch mit der DDR tritt der Grundlagenvertrag am 21. 6. in Kraft.

3. bis 7. 7.	Eröffnung der KSZE durch die Außenminister in Helsinki.
31. 7.	Das Bundesverfassungsgericht erklärt den Grundlagenvertrag für vereinbar mit dem Grundgesetz.
18. 9.	Bundesrepublik und DDR werden Mitglieder der Vereinten Nationen.
25. 9.	USA und Sowjetunion beginnen in Genf die SALT-II-Verhandlungen.
30. 10.	Beginn der MBFR-Verhandlungen in Wien über eine Truppenverringerung in Mitteleuropa.
11. 12. bis 21. 12.	Aufnahme diplomatischer Beziehungen der Bundesrepublik mit Prag, Warschau, Sofia und Budapest.

1974

14. 3.	Bundesrepublik und DDR eröffnen ihre Ständigen Vertretungen in Ost-Berlin und Bonn.
6. 5.	Rücktritt von Bundeskanzler Brandt, Nachfolger Helmut Schmidt.
4. 9.	Die USA erkennen die DDR an.
7. 10.	Die deutsche Nation wird aus der DDR-Verfassung getilgt.

1975

4. 3.	Bundesrepublik und DDR erstmals als neue Mitglieder bei der Genfer Abrüstungskonferenz.
30. 7. bis 1. 8.	Unterzeichnung der KSZE-Schlußakte durch die Staats- und Regierungschefs der 35 Teilnehmerstaaten. Am Rande Gespräche zwischen Schmidt und Honecker.
19. 12.	Vereinbarung Bonn–Ost-Berlin über Grunderneuerung der Autobahn Marienborn – Berlin.

1976

7. 1.	Tindemans-Bericht: EG soll sich zur Europäischen Union weiterentwickeln.
30. 3.	Vereinbarung Bonn–Ost-Berlin über Post und Fernmeldeverkehr.
24. 7. bis 14. 8.	Mehrere Grenzzwischenfälle verschlechtern deutsch-deutsche Beziehungen.

1977

27. 9. Bundesvorstand der DDR-Gewerkschaften (FDGB) besucht Vorstand der bundesdeutschen Gewerkschaften (DGB).

21. bis 25. 11. Bundeskanzler Schmidt besucht Polen, hält Rede in Auschwitz.

1978

10. 1. DDR schließt Ost-Berliner Büro des Nachrichtenmagazins ›Der Spiegel‹.

6. 3. Entspannung im Verhältnis Kirche–Staat nach Gespräch Honeckers mit DDR-Kirchenleitungen.

11. 9. Bundesbauminister Haack als erster Fachminister zu Besuch in der DDR.

16. 11. Vereinbarung über Bau einer Autobahn Berlin – Hamburg.

29. 12. Abschluß der Arbeit der Grenzkommission zur Markierung der Grenze zwischen Bundesrepublik und DDR.

1979

16. 9. DDR-Bauminister Junker als erster DDR-Minister in der Bundesrepublik.

12. 12. Nato-Doppelbeschluß: 572 US-Mittelstreckenraketen sollen ab 1983 in Westeuropa stationiert werden, zugleich Angebot an Moskau, über Mittelstreckenraketen in Europa zu verhandeln.

27. 12. Sowjetische Truppen marschieren in Afghanistan ein.

1980

4. 1. US-Regierung kündigt wirtschaftliche und politische Sanktionen gegen die Sowjetunion an.

30. 1. Das für Februar und März vorgesehene Treffen Schmidt – Honecker wird wegen Verschlechterung des Ost-West-Klimas abgesagt, ohne daß Verstimmung entsteht.

16. 4. Günter Mittag, ZK-Sekretär für Wirtschaft, besucht Schmidt in Bonn.

30. 4. Ausbau der Autobahn Berlin – Eisenach vereinbart.

8. 5.	Schmidt und Honecker sprechen am Rande der Beisetzung Titos. Einigung, daß beide deutsche Staaten Auswirkungen der Afghanistan-Krise von sich fernhalten sollten. Honekker empfiehlt Schmidt, am geplanten Moskau-Besuch festzuhalten.
10. 6.	Erstmals Wahlen zu einem (west)europäischen Parlament.
30. 6. bis 1. 7.	Schmidt in Moskau: Beide Seiten erklären Fortsetzung der Entspannung für nötig.
22. 8.	Schmidt sagt Treffen mit Honecker wegen kritischer Lage in Polen ab.
9. 10.	DDR erhöht Mindestumtausch für Westbesucher auf 25.– DM.
13. 10.	Honecker betont in Gera die Grundsatzforderungen an die Bundesrepublik: Anerkennung der DDR-Staatsbürgerschaft, Botschaften statt der Ständigen Vertretungen, Regelung des (noch umstrittenen) Grenzverlaufs an der Elbe. Auflösung der Staatsanwaltschaft in Salzgitter, die politische Verbrechen in der DDR ermittelt.

1981

20. 1.	Ronald Reagan wird Präsident der USA.
10. 10.	Massendemonstrationen der Friedensbewegung gegen die Stationierung amerikanischer Raketen.
20. 11.	Weiteres Röhren-Gas-Abkommen mit der Sowjetunion: Die westdeutsche Industrie liefert Großröhren zum Bau von Erdgas-Leitungen aus Sibirien, die Sowjetunion zahlt mit Gaslieferungen.
22. bis 25. 11.	Der sowjetische Parteichef Breschnew besucht die Bundesrepublik zum dritten Mal.
11. bis 13. 12.	Bundeskanzler Schmidt trifft sich mit Parteichef Honecker am Werbellinsee nördlich von Berlin: Die deutsch-deutschen Beziehungen sollen nach Möglichkeit ausgebaut werden.
13. 12.	Ministerpräsident General Wojciech Jaruzelski verhängt den Ausnahmezustand, genannt »Kriegsrecht«: Solidarność wird aufgelöst, das Streikrecht aufgehoben, ein Versammlungsverbot erlassen, die Führer und Träger von Solidarność werden interniert.
29. 12.	Präsident Reagan verfügt Sanktionen gegen Polen.

1982

4. bis 6. 6. Auf dem Weltwirtschaftsgipfel in Versailles wird die Fortführung des Ost-West-Handels zum Streitpunkt.

10. 6. Nato-Gipfel in Bonn, dort Massendemonstrationen der Friedensbewegung.

20. 9. Abkommen zwischen Bundesrepublik und DDR über Jugendaustausch.

28. 9. Abkommen zwischen Bundesrepublik und DDR über Umweltschutz.

1. 10. Durch konstruktives Mißtrauensvotum von CDU/CSU und FDP wird Helmut Kohl zum Bundeskanzler gewählt.

10. 11. Tod von Parteichef Leonid Breschnew, Juri Andropow wird Nachfolger.

1983

6. 3. Wahlen zum Bundestag, Bestätigung der christdemokratisch-liberalen Koalition.

29. 4. Honecker verschiebt geplanten Besuch in der Bundesrepublik.

29. 6. Erster »Milliardenkredit«, von Franz Josef Strauß »eingefädelt«, für die DDR. Die Bundesregierung garantiert Bankenkredit und darf im Garantiefall auf die Transitpauschale zurückgreifen.

24. 7. Der bayerische Ministerpräsident und CSU-Vorsitzende Strauß trifft sich bei Berlin mit Honecker, vorher Besuche in Prag und bei Jaruzelski in Warschau.

1. 9. Die ev. Kirchen in Bundesrepublik und DDR appellieren gemeinsam an beide deutsche Regierungen, für Rüstungsbegrenzung zu wirken, besonders bei Mittelstreckenraketen.

15. 9. Als erster Regierender Bürgermeister des westlichen Berlin trifft Richard von Weizsäcker mit Honecker zusammen.

10. 11. Lutherfeier in Eisleben mit Honecker, Johannes Rau, Ministerpräsident von Nordrhein-Westfalen, Friedrich Vogel, Staatsminister im Kanzleramt.

22. 11. Der Bundestag stimmt der Stationierung amerikanischer Mittelstreckenraketen in der Bundesrepublik zu, SPD und Grüne stimmen dagegen.

1984

9. 2. Tod von Staats- und Parteichef Andropow, Nachfolger Konstantin Tschernenko.

13. 2. Am Rande der Trauerfeierlichkeiten für Andropow treffen Kohl und Honecker erstmals zusammen.

30. 4. 25000 DDR-Bürger durften seit Jahresanfang in die Bundesrepublik übersiedeln.

25. 7. Zweiter »Milliardenkredit«: 950 Millionen von der Bundesregierung garantiert; am 1. 8. setzt DDR Pflichtumtausch für Rentner von 25.– DM auf 15.– DM pro Tag herab.

4. 9. Zweite Verschiebung des Honecker-Besuchs in der Bundesrepublik.

1985

10. 3. Tod von Staats- und Parteichef Tschernenko, Nachfolger als Parteichef Michail Gorbatschow.

8. 5. Bundespräsident Richard von Weizsäcker spricht zum 40. Jahrestag des Kriegsendes.

19. 6. Vertragsentwurf von SPD und SED für eine chemiewaffenfreie Zone in Mitteleuropa.

19. bis 21. 11. Erstes Treffen zwischen Präsident Reagan und Parteichef Gorbatschow in Genf.

1986

28. 2. Die Regierungen der EG-Mitgliedsstaaten unterzeichnen die »Einheitliche Europäische Akte« in Den Haag, die bis 1992 zum gemeinsamen »Binnenmarkt« führen soll.

6. 5. Nach zwölfjährigen Verhandlungen wird ein Kulturabkommen zwischen Bundesrepublik und DDR unterzeichnet.

6. 10. Saarlouis und Eisenhüttenstadt vereinbaren die erste deutsch-deutsche Städtepartnerschaft.

10. bis 12. 10. Zweites Treffen zwischen Präsident Reagan und Parteichef Gorbatschow in Reykjavik.

21. 10. Gemeinsame Erklärung von SPD und SED über atomwaffenfreien Korridor in Mitteleuropa.

1987

25. 1. Wahlen zum Bundestag, Bestätigung der christdemokratisch-liberalen Koalition.

25. 3. Erste offizielle Manöverbeobachtung zweier Bundeswehroffiziere in der DDR, wo die Sowjet- und DDR-Armee gemeinsam üben.

12. 6. Präsident Reagan besucht West-Berlin, spricht vor der Mauer und fordert Gorbatschow auf, sie einzureißen.

27. 8. Gemeinsames »Papier« von SPD und SED »Der Streit der Ideologien und die gemeinsame Sicherheit«.

7, bis 11. 9. Der Staatsratsvorsitzende Honecker wird in Bonn mit allen Ehren eines Staatsoberhaupts empfangen und besucht vier Bundesländer.

21. 10. Erstmals seit der Teilung Berlins begegnen sich beide Bürgermeister in der Ost-Berliner Marienkirche.

8. 12. Präsident Reagan und Parteichef Gorbatschow unterzeichnen in Washington einen Vertrag über die Abschaffung aller atomaren Mittelstreckenwaffen.

1988

1. 6. Viertes Treffen zwischen Präsident Reagan und Parteichef Gorbatschow in Moskau.

23. 6. Zwanzig Thesen des Wittenberger Pfarrers Friedrich Schorlemmer zur politischen und gesellschaftlichen Erneuerung der DDR.

9. 11. Gedenkveranstaltungen zur Erinnerung an die Judenverfolgung fünfzig Jahre vorher; Teilnahme westdeutscher Politiker an Veranstaltungen in der DDR und umgekehrt.

1989

20. 1. George Bush (sen.) wird Präsident der USA.

25. 2. Der Abzug der sowjetischen Truppen aus Afghanistan wird abgeschlossen.

17. 4. Solidarność wird wieder legalisiert.

2. 5. Ungarn öffnet seine Grenze zu Österreich.

7. 5. Kommunalwahlen in der DDR, beobachtet von Oppositionellen, die Fälschungen feststellen.

4. 6.	Blutige Niederschlagung chinesischer Demonstranten auf dem »Platz des Himmlischen Friedens«.
12. bis 15. 6.	Gorbatschow besucht Bonn, Begründung persönlichen Verhältnisses zu Kohl.
13. 6.	In Ungarn beginnen Gespräche am »eckigen Tisch«.
18. 6.	Erste halbfreie Wahlen in Polen, Solidarność gewinnt alle ihr erreichbaren Sitze (35 % im Sejm, 99 von 100 im Senat).
Anfang Juli	Beginn der großen Fluchtbewegung aus der DDR über westliche Botschaften.
9. bis 12. 7.	Präsident Bush besucht Polen und Ungarn.
19. 7.	General Jaruzelski wird zum Staatspräsidenten Polens gewählt.
24. 8.	Tadeusz Mazowiecki, katholischer Politiker und Solidarność-Berater, wird Ministerpräsident.
28. 8.	Initiative zur Gründung einer sozialdemokratischen Partei in der DDR.
9. 9.	Gründung der Bürgerrechtsbewegung »Neues Forum« in der DDR.
10. 9.	Ungarn öffnet seine Westgrenze auch für DDR-Bürger, etwa 50000 überschreiten sie.
25. 9.	Tausende demonstrieren in Leipzig.
30. 9.	Etwa 5500 DDR-Bürger dürfen die bundesdeutsche Botschaft in Prag verlassen und in Sonderzügen, die durch die DDR fahren, in die Bundesrepublik ausreisen.
1. bis 5. 10.	Botschaftsbesetzer in Warschau und Prag dürfen in die Bundesrepublik ausreisen, auf dem Dresdner Hauptbahnhof schwere Auseinandersetzungen der Polizei mit Ausreisewilligen, die auf den Zug aufspringen wollen.
2. 10.	Etwa 15000 demonstrieren in Leipzig, die Polizei geht gewaltsam vor.
6. 10.	Die Feiern zum 40. Jahrestag der DDR beginnen mit einem Fackelzug von (laut ADN) 100000 FDJlern.
7. 10.	Feiern zum 40. Jahrestag der DDR unter Teilnahme Gorbatschows und anderer Parteiführer. Gründung der sozialdemokratischen Partei in der DDR (SDP).
9. 10.	Etwa 70000 demonstrieren in Leipzig: »Wir sind das Volk.« Die Polizei greift nicht ein.

16. 10. Etwa 120000 demonstrieren in Leipzig, Demonstrationen auch in anderen Städten.

18. 10. SED-Generalsekretär Honecker tritt zurück, Nachfolger Egon Krenz.

23. 10. Mehr als 300000 demonstrieren in Leipzig.

4. 11. Massenkundgebung in Berlin (höchste Schätzung eine Million) unter Teilnahme literarischer Prominenz: Christa Wolf, Stefan Heym, Christoph Hein.

6. 11. Etwa 500000 demonstrieren in Leipzig.

9. 11. Öffnung der Berliner Mauer und der Grenze zwischen Bundesrepublik und DDR, Polen-Besuch von Bundeskanzler Kohl, unterbrochen durch kurze Reise nach Berlin.

10. 11. Rücktritt des bulgarischen Partei- und Staatschefs Todor Schiwkow.

13. 11. Hans Modrow wird Ministerpräsident der DDR.

17. 11. DDR-Regierung schlägt »Vertragsgemeinschaft« mit der Bundesrepublik vor.

20. 11. Etwa 20000 demonstrieren in Prag, Demonstrationen auch in anderen Städten der ČSSR. Auf der Leipziger »Montagsdemonstration« erstmals auch: »Wir sind *ein* Volk.«

28. 11. Um die Meinungsführerschaft in der deutschen Frage vor FDP und SPD zu gewinnen, legt Kohl einen Zehn-Punkte-Plan vor, der über »konföderale Strukturen« zu einer bundesstaatlichen Ordnung in Deutschland führen soll.

1. 12. Die führende Rolle der SED, ihr Anspruch auf permanente Leitung auf allen Ebenen in Staat und Gesellschaft, wird aus der Verfassung gestrichen.

3. 12. Demonstrierende SED-Mitglieder zwingen die gesamte Parteiführung zum Rücktritt: Generalsekretär Krenz, das Politbüro und das Zentralkomitee.

4. 12. DDR-CDU und LDPD erklären ihren Austritt aus dem Demokratischen Block der Parteien und Massenorganisationen.

6. 12. Die Präsidenten Mitterrand und Gorbatschow treffen sich in Kiew zu Gesprächen über die deutsche Entwicklung.

7. 12. Beginn der Gespräche am Runden Tisch unter Teilnahme der Parteien und Oppositionsgruppen.

9. 12. Staats- und Regierungschefs der Europäischen Gemeinschaft bestätigen Recht der Deutschen auf Einheit durch Selbstbestimmung.

10. 12. Neue Regierung in Prag, geführt von Nicht-Kommunisten. Massendemonstrationen in Sofia.

16. 12. Ein Sonderparteitag der DDR-CDU wählt Lothar de Maizière zum neuen Vorsitzenden und erklärt sich für soziale Marktwirtschaft und deutsche Einheit. Auf einem außerordentlichen Parteitag nennt sich die SED in SED-PDS um.

19. 12. Bundeskanzler Kohl von großer Menge in Dresden begrüßt, verabredet mit Ministerpräsident Modrow eine Vertragsgemeinschaft.

20. bis 21. 12. Staatspräsident Mitterrand macht als erstes und letztes Staatsoberhaupt der Westmächte Staatsbesuch in der DDR.

25. 12. Der rumänische Partei- und Staatschef Nicolae Ceauşescu wird standrechtlich erschossen.

29. 12. Václav Havel wird Staatspräsident der Tschechoslowakei.

1990

28. 1. Ministerpräsident Modrow und der Runde Tisch vereinbaren, die Volkskammerwahlen vom 6. Mai auf den 18. März 1990 vorzuverlegen.

30. 1. Modrow bei Gorbatschow in Moskau, legt anschließend Plan zu deutscher Vereinigung vor.

8. 2. Modrow erklärt, das gesamte deutsche Volk sei für die Hitler-Vergangenheit verantwortlich.

8. bis 10. 2. US-Außenminister Baker spricht in Moskau über Wege zur deutschen Vereinigung.

10. bis 11. 2. Bundeskanzler Kohl und Außenminister Genscher erhalten in Moskau Gorbatschows Einverständnis mit einer Vereinigung der Deutschen.

12. bis 14. 2. Gemeinsame Konferenz der Außenminister der Nato- und Warschauer-Pakt-Staaten in Ottawa. Einigung über die Form »Zwei-plus-vier«: Die zwei deutschen Staaten und die vier Mächte verhandeln über die außenpolitische Seite der deutschen Vereinigung.

13. bis 14. 2. Ministerpräsident Modrow mit Ministern der ehemaligen Opposition in Bonn. Keine Kredite für die DDR, Vorbereitung für Wirtschaftsunion.

19. 2. Die Teilnehmer des Runden Tisches lehnen einen Beitritt

nach Artikel 23 Grundgesetz und eine Nato-Mitgliedschaft des künftigen Deutschland ab.

24. 2. Bundeskanzler Kohl bei Präsident Bush.

12. 3. Letzte Sitzung des Runden Tisches.

18. 3. Erste und einzige freie Wahlen in der DDR zur Volkskammer. »Allianz für Deutschland« (CDU, DSU [Deutsche Soziale Union], DA [Demokratischer Aufbruch]) gewinnt 48 Prozent der Stimmen, SPD 21,9, PDS 16,4, die Freien Demokraten 5,3, Bündnis 90 (Oppositionsgruppen-Zusammenschluß) 2,9, Bauernpartei 2,2, Grüne Partei und Unabhängiger Frauenverband 2 Prozent.

12. 4. Lothar de Maizière (CDU) bildet Koalitionsregierung und erklärt Einverständnis zum Beitritt der DDR zur Bundesrepublik nach Artikel 23 des Grundgesetzes.

5. 5. Erste »Zwei-plus-vier«-Verhandlungen der Außenminister in Bonn.

30. 5. bis 3. 6. Die Präsidenten Bush und Gorbatschow treffen sich in Washington.

4. 6. Seit Anfang des Jahres sind 184361 Übersiedler aus der DDR in die Bundesrepublik gekommen, die Zahl beweist einen deutlichen Rückgang seit der Volkskammerwahl: Vom 1. 1. bis 15. 3. fast 142000, vom 16. 3. bis 1. 6. rund 42000.

5. bis 6. 6. Bundeskanzler Kohl spricht mit Präsident Bush in Washington.

11. und 13. 6. Der CDU-Vorsitzende Kohl erklärte CDU-Vorstand und Vertriebenenpolitikern, daß es ohne die endgültige Anerkennung der Oder-Neiße-Grenze keine Vereinigung Deutschlands geben werde.

1. 7. Vertrag über Währungs-, Wirtschafts- und Sozialunion tritt in Kraft, Grenz- und Zollkontrollen in Deutschland sowie das Aufnahmeverfahren für Übersiedler in die Bundesrepublik fallen fort.

1. bis 13. 7. Parteitag der KPdSU, Bestätigung Gorbatschows.

5. bis 6. 7. Nato-Gipfel in London reicht dem Warschauer Pakt »die Hand zur Freundschaft«.

6. 7. Beginn der Verhandlungen über den Einigungsvertrag.

14. bis Bundeskanzler Kohl und Außenminister Genscher in Mos-

16. 7.	kau und im Kaukasus, Gorbatschow stimmt Nato-Mitgliedschaft des vereinten Deutschland zu.
22. 7.	Volkskammer erlaubt DDR-Parteien, sich mit bundesdeutschen Parteien zu vereinigen, und beschließt Neugliederung der DDR durch Wiederherstellung der alten fünf Länder am 14. 10. 1990.
23. 8.	Volkskammer beschließt Beitritt zur Bundesrepublik.
31. 8.	Unterzeichnung des Einigungsvertrages zwischen Bundesrepublik und DDR.
8. 9.	Die Präsidenten Bush und Gorbatschow treffen sich in Helsinki.
11. bis 12. 9.	Vierte und abschließende »Zwei-plus-vier«-Verhandlungen in Moskau, Unterzeichnung der Vereinbarungen.
20. 9.	Beide deutschen Parlamente billigen den Einigungsvertrag. Bundestag: 442 Ja- und 47 Nein-Stimmen, 3 Enthaltungen. Volkskammer: 299 Ja- und 80 Nein-Stimmen, eine Enthaltung.
24. 9.	DDR tritt aus dem Warschauer Pakt aus.
1. 10.	Aufhebung der Vier-Mächte-Rechte über Deutschland.
3. 10.	Vereinigung Deutschlands durch Beitritt der DDR zur Bundesrepublik.
9. 11.	Bundeskanzler Kohl und Präsident Gorbatschow unterzeichnen Verträge über gute Nachbarschaft und wirtschaftliche Zusammenarbeit in Bonn.
14. 11.	Unterzeichnung des deutsch-polnischen Grenzvertrages durch die Außenminister in Warschau.
19. bis 21. 11.	Gipfeltreffen der 34 KSZE-Staaten: Charta von Paris für ein neues Europa.
2. 12.	Erste gesamtdeutsche Bundestagswahlen, Bestätigung der christdemokratisch-liberalen Koalition.

PERSONENREGISTER